作者 1968 年在中国驻蒙古大使馆门前

目　录
CONTENTS

第三章 如入炼狱，触目惊心

第四章 “军”还是“民”彻夜争论

第五章 紧急回国向周总理汇报

第六章 揭开三叉戟256号坠毁之谜

第十一章 乌市友谊街 5 号

第十二章 蒙古昔日的辉煌

第十三章 “有限主权”的枷锁

第十四章 中蒙关系恶化再恶化

第十五章　意外的一次旅行

第十六章　度过奇冷的冬天

再版前言

当年惊心动魄、震撼中华大地的“九一三”事件，已经过去41个年头了。两年前中共中央党史研究室编的《中国共产党历史》第二卷，概要叙述了它的过程，明确指出这是一次“林彪反革命集团策动的武装政变阴谋”，由于其叛国外逃，在蒙古国坠机身亡而破产。

对于“九一三”事件的研究，特别是对林彪“折戟沉沙”的追索，最近10年来有了长足的发展。掬其要者如：2003年凤凰卫视驻莫斯科记者，对前苏联克格勃官员的采访，及其后凤凰网2004年播出《林彪死亡之谜》的视频；2012年中国青年出版社出版《真相：“九一三”事件考证》；以及256号专机第二副驾驶康廷梓等人陆续在报刊上发表的回忆等等。但是，仍有若干不解之迷等待析解。

本书《在大漠那边——亲历林彪坠机事件和中蒙关系波折》，在2001年初出版后，受到广大读者的青睐，加印了4次，并在2006年出版了删节本，仍然销售一空。现在，应广大读者，尤其是研究界对第一手资料的需求，由中国青年出版社修订再版。

修订再版书的结构有所调整，并在文字上作了一些订正，模糊不清的照片予以更换。当然，不足之处可能尚有，敬希批评指正。

孙一先

2012年11月30日

第一部分

亲历林彪坠机事件

第一章　突如其来的紧急约见

中蒙两国关系终于走向了缓和，我国外交部率先派出了空位 4 年零 8 个月的大使。然而谁也没有料到，我国驻蒙大使到任不满一个月，就发生了震惊世界的特大事件。

新大使莅任

1971 年 8 月 20 日，新任驻蒙古的许文益大使和夫人，乘北京—乌兰巴托—莫斯科国际列车，到达乌兰巴托莅任。蒙古外交部礼宾司司长明珠尔扎布、女副司长图门登贝尔勒等到车站迎接。中国大使馆的

许大使夫妇与使馆人员在一起

（后排左一为作者）

全体外交官和工作人员,除值班人员外,全体来到车站迎接。

许大使个子不高,体健挺拔,方方的面庞,有些黝黑,微笑着与欢迎的人们握手,微笑中带有几分严肃。大使夫人卓文,身材苗条,面肤白皙,谈吐和婉,与许大使形成对照。她来蒙古前一直在外交部工作。据了解,许大使是一位老八路,现年54岁,解放战争末期,任解放军一支部队的团副政委。全国解放后,调入外交系统工作。来蒙古前,在非洲赤道上的刚果共和国任中国大使馆的政务参赞,赤道上的阳光和热风把他的面庞熏黑。为了解决中国驻蒙古大使长达五年的空缺问题,外交部于7月初将他紧急调回,在国内仅仅停留一个多月,就被派到蒙古。

中国新任驻蒙古大使到任,标志着中蒙关系已经开始正常化,虽然两国之间依然较冷,并且尚有棘手的问题有待解决。

许大使到任后的第一个外交活动是递交国书。鉴于过去几年中蒙关系的艰难曲折,估计至少要等待一个星期到10天,才能得到安排。然而没想到,仅仅过了3天,蒙古外交部就于8月24日安排许大使向蒙古大人民呼拉尔主席团主席桑布递交国书。新到任的大使,能够迅速地递交国书,这是驻在国的友好表示。

呼拉尔意译为"会议",大人民呼拉尔即全国的人民会议,相当于我国的全国人民代表大会,是蒙古最高权力机构。它建立于1924年11月,即彻底废除了君主立宪制,宣告成立蒙古人民共和国之际,蒙古的第一部宪法由它通过。当时,首届大呼拉尔会议,还选举产生了小呼拉尔,作为大呼拉尔的常设机构。1949年2月,在第九次大呼拉尔会议上,将大呼拉尔定名为大人民呼拉尔,小呼拉尔改为大人民呼拉尔主席团。主席团在大人民呼拉尔闭会期间行使国家最高权力,主席团主席即为国家元首。

递交国书,这在国家关系上是一种重要仪式,中国大使馆全体外交官出席,蒙方参加的有外交部副部长云登,二司司长策伦朝达勒和礼宾司司长明珠尔扎布。我来蒙古已六年之久,经历了蒙古的一个又一个"冬天",没想到能赶上国家关系转向正常化,参加了新大使递交国书仪式。

许大使递交国书之后，工作分作两方面进行，对外根据蒙古外交部的安排，开始进行到任拜会活动。拜会活动中，气氛是相当友好的。对内，听取使馆各部门工作汇报，一般一个单位讲不到半天，而经援工作，一个整天也没有讲完，诸多问题等待许大使去解决，其中突出的是援蒙未完工程的处理。许大使传达了国内有关通过谈判妥善移交的指示，他让王琨会同驻蒙古建筑公司领导人抓紧准备资料和意见，提交使馆党委作一次系统讨论。

中国新任大使向蒙方呈递国书之后留影

［前排左起：许文益大使、蒙古大呼拉尔主席团主席桑布、蒙古副外长云登。第二排左二为作者，左四为吕子波参赞，第六人王琨经济专员。第三排右二为王中远，右三为沈庆沂（戴眼镜者）］

许大使意识到，他来蒙古工作绝非轻松，而是面临一个困难的局面，但他哪里知道一个更为困难复杂的意外事件就要到来。

9 月 14 日，中国大使馆里，人们刚吃过早饭还没有上班，蒙古外交部忽然打来紧急电话，说蒙古副外长额尔敦比列格上午 8 时 30 分要约见许大使。外交约见一般应提前一天，至少提前半天打招呼，而今天的约见这样急促，即使在中蒙关系十分紧张的那几年也是很少见的，更何况许大使还没有拜会过他。

究竟发生了什么事？刚到任二十几天的许大使，给大家的印象是沉着持重，富有外交经验，但遇到这种异乎寻常的约见，也不由得心中掂量起来。他随即找来政务参赞老吕和使馆各部门的负责人共同研究。大家都感到来得突然，如果两国间不发生大事，不会有这样紧急的约见，然而，却找不出发生“大事”的任何迹象。中蒙关系已开始走上正常化的轨道，双方在处理相互关系问题上都比较慎重，一般不会发生大的问题。到会同志设想了各种可能，最坏的估计是中蒙边境上出现了什么意外冲突。

8点20分刚过，许大使和译员刘振鲁匆匆登车而去。大家抱着不安的心情等待着。我根据自己在蒙古多年的工作经验，顿时产生了一种不祥的感觉。

中国飞机在蒙古坠毁

许大使在蒙古外交部只停留了45分钟，回来后立即召开了全体外交官会议。在会上，许大使让小刘简要叙述了会见经过：蒙古副外长额尔敦比列格为了显示亲切，不是在会客室，而是在他的办公室接见许大使的，长条茶几上还摆了糖果、点心和烟茶，似有欢迎新任大使拜会的礼仪。他首先对大使刚到任20多天尚未正式拜会他就仓促约见表示了歉意，然后，接着说受政府的委托通知如下事情：

“13日凌晨2时左右（按：后来蒙方肯定为2时25分），在我国肯特省贝尔赫矿区以南10公里处，有一架喷气飞机失事。此事我们有关部门当天上午才知道，昨天虽然天气不好，我们仍然派人去了出事地点了解情况。经多方察看，所获证据表明，那架飞机是属于中国人民解放军某部的飞机，乘员9人，其中包括1名妇女，不幸全部遇难。这件事我们通知中国大使馆迟了一些，因为事情发生在夜里，我们知道得也比较晚，而且我们还要派人去了解情况。”接着，额对中国军用飞机深入蒙古领土提出口头抗议，希望中国政府就此事的原因作出正式解释，蒙方保留再提出交涉的权利。最后，额表示：现在天气还比较暖，尸体需要按照某种方式掩埋；并又一次强调："希望大使转告中国政府，要就中国军用飞机深入我国领土的原因作出正式解释，并希望最近期内作出这个解释。"

许大使说："感谢副部长通知我这件事。正当中蒙关系开始正常化的时候，我国飞机由于某种原因在蒙古领土上失事，这当然是很遗憾的。"接着，许大使在询问了蒙古方面对中国失事飞机采取了什么人道主义措施之后，明确表示：在未全部弄清楚和了解事情真相之前，不能接受蒙方的口头抗议，但可将此事报告北京，并问是否可以派人去出事地点看看，也希望蒙古方面帮助了解，中国飞机因为什么原因误入蒙古境内。

额尔敦比列格对许大使提出的问题作了一些解释后说："贝尔赫矿区有人见到飞机失事着火，马上派人去灭火，火灭了，但只发现9名乘员的尸体，当时没有一个人活着。至于尸体的处理，我们认为，天气还暖，较长时间保存尸体比较困难。"接着问："大使提出大使馆是否可以派人去的问题，我是否可以理解为你们正式提出派人去看的要求？"

许大使回答："可以这样理解。"

额表示："我们可以满足你们的要求。对于中国飞机进入我国领土的原因，相信大使会做出努力，使中国政府在近期内作出解答的。"

在许大使告辞的时候，额又说，希望大使馆尽快通知派谁去，去几个人，打算什么时候去。

小刘讲完，许大使作了一些必要说明。研究室的小沈摊开了蒙古一百五十万分之一地图，指明了贝尔赫矿区的位置，并说这里离肯特省省会温都尔汗不远，而离中蒙边界至少有350公里，是蒙古的纵深地带。

然后到会同志七嘴八舌议论起来。蒙古当局追随苏联反华，从1963年算起，已经有8年之久，大家对于蒙方的所作所为缺乏信任感。有人提问额尔敦比列格说的是真的还是假的，我国军用飞机怎么会飞到蒙古纵深地带呢？这到底是一架什么飞机？有的说，根据一般军事常识即可判断，它既不是一架歼击机也不是一架轰炸机，因为歼击机驾驶员不过1~2人，而轰炸机乘员也很少有9人的，更不会有女乘员。有的分析，可能是美国或台湾的侦察机，漆上中国人民解放军的军徽，飞到蒙古搞侦察工作（当时的外国报刊上，有此类献策之论，认为是掩护自己，挑拨中苏冲突的方式之一）。但是，哪有载这么多乘员的侦察机呢？为什么蒙方要强调是军用飞机？蒙古外交部想做什么文章？……

会议最后决定：(1)马上向国内报告；(2)派我带两位译员去察看现场，国内同意后立即动身；(3)关于派人去现场问题，立即通知蒙古外交部。

散会时已过11点，小刘抓紧给蒙古外交部打电话，告知中国大使馆决定派二等秘书孙一先和工作人员沈庆沂、王中远去现场察看。

上午11时50分，蒙古外交部来电话，同意中国大使馆派三人去现场，并说专机已在准备，下午即可动身。但是，这时使馆向国内发的电报还没有发出去。

克服通讯障碍，迅报国内

使馆内没有专设电台，拍发电报要通过蒙古邮电局的中蒙间国际有线电话，由于线路年久失修时好时坏，加上他们办事效率不高，特急电报也要四个多小时才能发到北京。不料这会儿偏偏又遇到意外麻烦，蒙古邮电局称：通往北京的线路出了故障，发电报要经过莫斯科转，何时能发到北京不知道。

为了争取时间，需要采取快捷的手段。有的同志提出，可否启用封停两年的中蒙之间专设的长途专线电话。这条线路，是50年代中苏蒙友好时期三国协议架设的高频专线电话，从莫斯科经乌兰巴托到北京，供国家领导人、中央专业部门和大使馆使用。我国“文化大革命”开始以后基本停用，但没有掐断，驻蒙古使馆就曾使用这条专线传送过紧急密码电报。设在乌兰巴托的苏军高频通讯站，也定期派人来馆维修。1969年3月，中苏“珍宝岛事件”发生后，苏联部长会议主席柯西金曾用这条电话线路找周恩来总理直接通话。总理鉴于两国关系恶化的状况，要外交部告诉柯西金通过外交途径（即双方的大使馆）谈，并下令将这条“热线”封停。于是，驻蒙古使馆把设有这条“热线”的电话间紧紧锁住，只有每年一次苏军高频通讯站派人来维修时，才临时开启一下。开启之前，当然要将电话间来一番清扫，使他们看不出已经封停。

许大使考虑当前的首要任务，是把蒙方通知的情况迅速报告中央，他出于身居前线的责任感，当机立断，决定启用这条电话专线。外交工作授权有限，未经请示就恢复这条“热线”，是冒着违抗周总理命令的风险的。

主管行政工作的贾长禹找来钥匙，打开封闭的房门，拂去电话机上厚厚的尘土，小刘立即要通北京的电话总站，请电话员接外交部，不料电话员却说不知道外交部的电话号码。小刘不耐烦地责备她，怎么可能不知道外交部的电话号码?！电话员又推说通外交部的电话线路坏了，“啪”的一声把电话挂断。小刘急得直挠腮，一再用近乎哀求的语调呼叫，可是她无动于衷，怎么也不出声了。

许大使情急生智，决定使用蒙方的国际长途电话线路要北京外交部，说使馆有紧急情况报告，须启用专设“热线”电话。蒙古的国际长途电话和它的电报服务一样缺乏效率，而且通话质量相当差，小刘要了将近一个小时才要通北京。外交部办公厅接电话的同志倒很痛快，马上请示同意启用。费尽这番周折，许大使和大家心中的一块石头总算落了地。可是，电报通过这条“热线”传送完毕，已是中午12点20分了。

午饭后不久，蒙古外交部来电话，说专机已经准备好，13点钟左右起飞去温都尔汗。许大使要我马上起草电报请示国内，称：“蒙方通知使馆人员13点可乘飞机去现场，蒙外交部领事司司长高陶布陪同。使馆拟派孙一先等三同志前去，蒙方同意。因未接国内指示，正借故推延。蒙方又称专机可推迟至14点起飞。请国内速示。”因为这份电报是通过蒙古邮电局发的,拖了许久才发出去,未接到国内指示当然不能行动。蒙古外交部于下午2时前,来电话询问孙秘书等3人能否按时到达乌兰巴托机场,小刘只好以去的人员未准备好来搪塞。后来蒙方又催问了几次,小刘按大使指示,干脆说明在等待国内指示,他们也就不再催问了。

北京收到使馆电报前后

整个使馆都在等待国内指示。那么,北京的情形怎么样呢?

人民大会堂弥漫着异常的气氛。

9月12日午夜到来之前,正在主持会议(讨论四届人大政府工作报告稿)的周总理,几次离开会场接电话,中央警卫局领导人向他报告来自北戴河的惊人消息。

周总理宣布散会,留下参加会议的政治局委员。然后,驱车去中南海见毛主席密谈,并建议毛主席移住人大会堂。

9月13日凌晨零时32分,林彪及叶群、林立果等乘256号三叉戟飞机,在山海关机场强行起飞,这无异是令人惊心动魄的晴天霹雳!

周总理紧张而有序地进行部署:派李德生前往空军司令部作战室指挥跟踪,随时报告情况;派杨德中随吴法宪去西郊机场;派纪登奎去北京军区空军司令部,并下令开动全部雷达监视天空。

凌晨1时50分,林彪所乘飞机飞越中蒙边界,随即在跟踪监视的雷达屏上消失。

周总理在向毛主席报告后,向全国发布禁空令,关闭所有机场,所有飞机停飞。同时,让秘书通知所有在京政治局委员到人大会堂新疆厅等待开会。

凌晨3时许,李德生报告有一架直升机向北飞往蒙古方向,周总理下令空军出动歼击机拦截迫降。

根据毛主席的指示,在京中央政治局委员在新疆厅举行紧急会议，周总理宣布林彪叛逃事件，主持研究布置应付各种情况的措施。

天亮以后，周总理开始亲自给各大军区和29个省、市、自治区主要负责人打电话，通报林彪外逃情况，要求各地听从党中央、毛主席的指挥。这个电话断断续续一直打到下午。

上午9时，已经10多个小时没有丝毫休息和进食的周总理，在服务人员的劝说下吃了些东西，随即让秘书通知中央军委成员、总参领导和总参作战部的负责人到人大会堂开会。

军方领导人到达人大会堂以后，作战部的负责人摊开了地图，周总理同到会的人一起分析林彪出逃可能出现的情况，着重针对外国势力可能的入侵，决定我军应采取的措施，以及军队部署的调整。其中，在北京的部署，为防止万一有内部势力与国外勾结进行军事颠覆，决定集中3个机械化师、2个坦克师、1个炮兵师和4个警卫师总共10个师的兵力，由北京卫戍区统一指挥。批准卫戍区司令吴忠提出的作战预案：重点防御地区，北面南口，京东首都机场，京南保定以北；作战方式，防空降、机降和机械化部队突袭。当晚，各部队进入了预定作战地区。吴忠向部队师以上军官传达了周总理的有关指示。事实表明，这样的部署，实际上就是内防政变，外防侵略。

13日下午，外交部代部长姬鹏飞、军代表李耀文及副部长韩念龙等被召到人大会堂。周总理向他们讲述了林彪出逃事件，要他们密切注意外电报道，研究并提出由此引起的对外交涉及应对方案。总理对他们强调要绝对保密，为局势稳定，要注意社会动态。他还让李耀文乘车到街上转转，看看有关林彪的标语都什么地方有，李出去观察后向总理作了汇报。总理向有关方面下令，关于林彪的标语一律不准改动。

9月14日上午一上班，姬鹏飞即召集外交部核心领导小组（即后来的党组）开会，根据总理指示研究外交对策，一旦林彪外逃成功，可能出现哪几种局面，如何对外交涉和表态。当时做了四种估计：

1. 由林彪出面公开发表叛国声明；

2. 由林彪或其他人通过外国广播或报纸发表谈话；

3. 林彪及其追随者暂不露面，也不直接发表谈话，由外国通讯社客观报道林彪已到达某国某地；

4. 暂不发表消息，以观国内动静。

会议详细讨论了在上述各种情况下对外交涉，以及如何表态的问题。据说，针对第一种估计，还起草了《政府声明》稿子，准备林彪在莫斯科公开出面发表声明时使用。

驻蒙古使馆14日中午的电报传送到外交部时，核心领导小组会议还没有散。中午12时50分，值班秘书顾不得敲门就闯入会议室，径直把使馆电报送到代外长姬鹏飞面前。与会的同志听说是驻蒙古使馆来的电报，顿时异常肃静地注视着姬看电报的面部表情，都急于想知道电报里说些什么，是否与林彪的外逃有关。

姬鹏飞阅完电报，脸上绽出了笑容，用一种异常的语调对到会同志讲："机毁人亡，绝妙的下场！"接着把电报读了一遍。顷刻间，会议的凝重气氛变得活跃起来。韩念龙（副部长，分工主管亚洲司）急忙把电报接过来，又仔仔细细地看了一遍。到会的同志都清楚，最紧迫的事，就是赶快把电报送给毛主席和周总理看，这是他们急切等待的消息。姬鹏飞立即要王海容（礼宾司副司长）打电话到主席和总理办公室，但得到的回答是，主席和总理从9月12日下午起一直没有合过眼，刚刚服了安眠药入睡，总理按习惯得4个小时以后才能醒来。外交部核心领导小组决定，要立即派人把电报送给主席、总理看，否则就是失职。让王海容再一次同两个办公室的秘书通电话，强调送去一份特急的、内容特别重要的电报，一定要把主席和总理叫醒。王海容先用保密电话把电报内容传到主席办公室，然后手执一份抄件送给在人大会堂办公的中央办公厅赖奎。当天值班的总理的秘书是钱嘉东和纪东，他们接到王海容打来的电话，犹豫了好一阵子，决定还是叫醒总理。

周总理已经73岁有余，在人大会堂连续工作达50多个小时，疲惫已极，刚刚入睡一会儿，便被秘书叫醒。电报送达时，总理已在卫生间漱口，纪东到卫生间把密封电报的封套拆开，递给总理。总理迅速地看完了驻蒙古使馆的电报，顿时异常兴奋，立刻驱走了困乏，两肩一耸，对着纪东连声说："你看，摔死了，摔死了！"他顾不上换衣服，仍然披着睡衣，亲自拿着电报，快步走到已移住人大会堂118厅的毛主席那里，报告这个好消息。主席和总理交谈了很长时间，无第三者在场，谁也不知道他们谈了些什么，但此时他们宽慰的心情是可以想见的。

下午2时过后，总理给姬鹏飞打电话，说刚从主席那里回来，对外交部派人迅速把电报送到并叫醒他们感到满意，对驻蒙古使馆在不了解事实真相的情况下，为了使国内尽快知道我国有一架飞机在蒙古失事，当机立断启用封停两三年之久的专线电话，以最快速度把电报传回来，表示满意。总理要求外交部将电报用3号铅字打印18份，下午6时由符浩（外交部办公厅主任，后来提升为副部长）亲自送到人民大会堂，交中办王良恩副主任。总理最后还交代，今天的电报，对凡是经办和知道的人都要打招呼，要绝对保密；从现在起，要指定专人译办驻蒙古使馆来的电报，由符浩亲自密封后送总理亲启。

下午5时58分，符浩把电报送到人民大会堂，王良恩已在走廊一端等候着，对符说："你来得很准时。参加政治局会议的同志已到齐，董老也来了，就等你送的文件了。"王良恩特别提到董老（董必武），是因为董老年事已高，一般不出席会议。董老今天来参加会议，足见会议的特殊重要性。

就在符浩办理送电报的同时，姬鹏飞与韩念龙商量起草了给驻蒙古使馆的指示。指示电草就，立即送总理审核，最后经毛主席签发。主席按他的习惯，在电报等级栏一连写了4个"A"，并在下面画一横线，表明是特急提前。

符浩送电报回来，着手落实总理的第二项指示。他把外交部办公厅副主任兼机要局长张占武找来，同张商量后，指定了机要员小王专门译办与驻蒙古使馆来往的电报，并要小王当即搬到他办公室附近的房间办公。

晚饭后，符浩本想小憩一会儿，补上昨夜不足的睡眠，但因为太兴奋了，怎么也睡不着。于是，便信步来到同院邻居外交部副部长乔冠华的家里。两人喝着茅台酒，围绕"林彪叛逃，机毁人亡"的主题交谈起来。符望着乔家墙上新挂的章太炎题写的对联，突然忆起唐朝诗人的一首《塞上曲》，脱口诵出："月黑雁飞高，单于夜遁逃。欲将轻骑逐，大雪满弓刀。"乔听后沉思了一会儿，突然把满杯茅台一饮而尽，说:“贾宝玉不是说述旧不如新编吗?我把这首诗略加改动,你看新意如何?”接着,用他的苏北口音吟了起来:“月黑雁飞高,林彪夜遁逃,无需轻骑逐,大火自焚烧。”吟后又与符碰杯饮酒,两人会意地哈哈大笑。

他们这种欣悦的心情,在看过驻蒙古使馆电报的人们中间,是很有代表性的。

国内要大使亲察坠机现场

9月14日18点多钟,驻蒙古使馆收到了国内指示电报,内容大致是:许大使立即约见蒙古副外长,奉命通知:“13日2时许失事的飞机,可能是迷失方向误入蒙古国境,我们表示遗憾。请蒙政府立即派飞机载我大使及随员亲往现场视察。”来电指示许大使去现场要详细观察飞机失事原因,如有骨骸应要求带回,未烧完的文件物品要求转交我们,写明清单和收条,并注明如有蒙方取走的物品和文件亦望查出交还我们,飞机残骸可拍照取证。国内的电报对飞机的性质、死亡人员的身份只字未提。许大使和看过电报的同志也未做任何议论,大家的心情依然比较沉重,中国飞机和这么多同胞摔死,这在蒙古是从来没有过的。我当时脑中闪了一下:是否是民航的“子爵型”飞机,由东北飞往关内,迷失方向栽到蒙古来了?

许大使要小刘马上打电话,约见蒙古副外长额尔敦比列格。这时蒙古外交部已经下班,值班员说副外长有外事活动不在家,小刘要值班员务必设法请示额,就说中国大使紧急约见。不久,值班员来电话讲,20时30分可以见面。

晚8时半,许大使准时见到了蒙古副外长额尔敦比列格,按国内指示向蒙方表示了遗憾,提出亲自带随员——二秘孙一先、译员沈庆沂和王中远前去现场视察,希望明天上午动身。额尔敦比列格的态度格外温和,对许大使所谈表示理解,但对蒙方专机下午2时未能按时起飞去现场,多少有些抱怨。

额说："早上我同您谈话时，我问您是否是正式提出的要求，您说是。因此，我按您的要求转达有关部门，要他们帮助你们采取措施。但是你们说需要做准备工作，又说要等候政府指示，所以要求明天去。今天早上我也说过，失事飞机乘员的尸体，由于天气转暖，容易腐烂。从失事到现在已有50个小时了，等明天飞机飞到以后，大约要到60多个小时了。如果尸体变化太大，我想您方不会就此提出更多问题的。"

接着，额又说："对您提出的问题，我想澄清一下。您所讲中国飞机可能由于迷失方向误入蒙古国境，我可以认为这是正式答复吗？"

"可以。"大使回答。

"是最后答复吗？"额又问。

许大使想起来蒙古后，使馆的同志向他汇报过，额尔敦比列格这个人很刁，比较难对付，因而警觉地答复说："这是我国政府在得到我的第一次报告以后给我的指示，即飞机可能是由于迷失方向误入蒙古国境的，这是正式的答复，但是我理解这不是最后的答复。"

额不顾许大使说的"不是最后的答复"而追问说："我再问一个问题，大使同志能否解释一下，那架飞机是从哪里飞向哪里，朝哪个方向飞，后来迷失方向飞入我国领土的？"

许大使坦率地告诉他，这个问题目前无法答复，立即反问："我想知道蒙方是否还有进一步的材料提供给使馆，帮助我们了解飞机失事情况？"

"除了我早上说的以外，我没有什么补充的了。我想以后会有进一步通知您的东西。"额把大使的问题挡了回去，并留下一点伏笔，接着转了话题："我早上曾提出，希望你们能派一个能独立解决问题的人去。现在您作为大使，更有全权去那里解决乘员尸体掩埋问题了吧！你们对于9名乘员的尸体掩埋有何意见？"

大使问："蒙方有无可能把尸体火化，让我们把骨灰带回去？"

额表示："这个问题我想在答复你们明天飞机何时起飞一起答复吧。据我所知，那个地方火化尸体的可能性不大，蒙古是没有火葬习惯的。在那里火化有无条件，我还要了解，今天24时以前答复您。"

许大使回到使馆，马上把约见情况电报国内，并请示由于蒙古没有火葬习惯，如果尸体不能火化，是否可以就地埋葬，将来适当时候把骨骸送回国内。

在使馆里，我和小沈、小王紧张地进行着视察现场的准备，一直工作到深夜。等到夜半，未见蒙方答复视察现场的动身时间和尸体能否火化问题，小刘打电话去询问，竟无人接电话，不知蒙方有何变故。

临睡前，我在院子里散步，放松一下紧张的神经。夜是宁静和冷清的。蒙古属高纬度地区，海拔又比较高，夜空像黑丝绒一般，布满了亮晶晶的星斗，虽然还是初秋，但院子里的草已基本枯黄，最低气温降到了 5°C 左右，比之北京一带的气候，差别可达一个半月。繁星夜空下秋虫此起彼伏的奏鸣，在这里已经听不到了，只是偶尔有几处蟋蟀的悲声。我紧裹大衣在环绕主楼的甬道上快步走着，脑海里仍然思绪翻滚。为什么我国飞机飞到蒙古来了？究竟是什么样的飞机？是不是“子爵型”民航机？它迷航的偏差为何这般大？死掉的九个人都是些什么人？难道只是一些机组人员而没有乘客？明天见到这些死难同胞该做点什么？蒙方说它是军用飞机，那会不会是迷失航向飞入蒙古领空后被苏蒙防空部队击落的？……我抱着这么一团捉摸不定的疑问，回到宿舍睡了不到五个小时。

第二天，9 月 15 日，天傍亮的时候，使馆收到国内关于死难者尸体处理的指示电，内称：“尸体尽量争取火化，将骨灰带回，如确有困难，可拍照作证，就地深埋并竖立标记，以便今后将骨骸送回国内。”这封电报没有提及这架飞机的任何情况。

时钟刚敲响 8 点，小刘就打电话询问蒙古外交部，什么时候可以动身去现场？蒙古外交部起初说不知道，后来又说温都尔汗地区气象不好，不能接受飞机降落。小刘每隔半小时催问一次，得到的答复都是这套话。其实蒙古的秋天非常晴朗，万里无云，蒙古朋友常常以此自豪地比拟他们的民族性格。“当地不能接受飞机降落”，显然是借口，昨天还催我们动身，今天却一再推托，蒙古外交部在搞什么名堂？

第二章　奔赴飞机坠毁现场

飞往温都尔汗

1971年9月15日，中午13时30分，蒙古外交部来电话讲，温都尔汗地区气象转好，专机14时30分以后可以起飞。许大使和我、研究室的沈庆沂，还有新来文化处的蒙文译员王中远，带着应用物品，并提着一箱备用的酒、烟、茶等礼品，急忙动身去乌兰巴托西南郊民航机场。这个机场离乌市中心17公里，是50年代中期扩建的，跑道长约2500米，可以起降伊尔-18和安-12等大型螺旋桨飞机，但不能起降大型喷气式飞机。自从该机场扩建后，中蒙之间按照已签订的民航协定，每个星期有一个班次的伊尔-18或伊尔-14飞机，来往于北京—乌兰巴托之间。1964年两国关系变坏，旅客大大减少，这个航班陷于停顿。

1966年初夏，由石油部唐克副部长率领的、铁人王进喜等劳模参加的访问阿尔巴尼亚的代表团，乘坐伊尔-18专机路经莫斯科回国时，在这个民航机场降落加油，并停留了一个晚上。唐克副部长是张灿明大使在新四军时的老战友。大使请他在礼堂给使馆全体人员做了一次报告，讲我国石油开发情况，以及王进喜等劳模的英雄事迹。当他激动地讲道："中国已把贫油的帽子，永远地甩到太平洋去了！"大家深受鼓舞，长时间热烈鼓掌。使馆人员对王铁人敬佩之至，几乎每个人都拉他一同照像留念。他来者不拒，待人十分平和可亲。

铁人王进喜与中国驻蒙古使馆人员合影

（左五为王进喜（戴帽者），左七为作者）

为了保障中国代表团的专机在乌兰巴托机场的安全，使馆的外交官两人一组，轮流前去同机上乘务组人员一起看守飞机。我在看守飞机时，曾向多次飞过北京—莫斯科这条航线的老飞行员询问这条航线的情况。他讲，这条航线基本上是沿着中蒙苏三国的铁路飞的，即使夜间也不会迷航，不过在沙漠戈壁上空，因气流变化无常，有时颠簸厉害。他还说，乌兰巴托这个机场，由于南、西两面有山，跑道也比较短，像伊尔-18这类大型飞机，必须刮北风时顶风才能起飞。第二天下午，专机起飞，使馆有几个同志乘机回国休假。我很羡慕他们，心想什么时候我也能乘飞机回国？

没想到，乘飞机的愿望五年后付诸实现，但不是回国，而是在蒙古境内。

9月15日下午两点一刻，许大使和我们3人，一到乌兰巴托机场，就看到在候机楼前停着一架较旧的伊尔-14飞机，螺旋桨已在缓缓转动，舷梯下站着几个人，有蒙古外交部领事司司长高陶布、外交部亚洲司专员古尔斯德，还有一个不相识的高个军人。我们走近机前相互问好后，古尔斯德用流利的中国话介绍说，这位军官是边防内务军的处长桑加上校，他是这次视察现场的蒙方首席官员。高陶布接着向许大使解释，蒙方参加视察活动的除了外交部、国防部、边防内务军事务局的官员外，还有法律小组、卫生医务小组、报纸和蒙古通讯社记者，以及电影摄制组人员。他边说边引导许大使和我们几个随员登上飞机，在前面几排座位就坐。我往后舱一瞅，嗬，无怪乎蒙方一再推延答复动身时间，原来他们组织了这么一个庞杂的班子，看来蒙方对这次视察活动是相当重视的。坐定不久，飞机就滑向跑道，随即平稳腾空。我看了看手表，时间是14时45分。

作者在劳模代表团所乘飞机前留影

机场跑道是东南—西北走向，时值9月中旬，乌兰巴托多西北风，因此飞机朝向西北起飞，升空后很快将航向转向正东，目的地是邻接中央省的肯特省省会温都尔汗，航程约300公里。

在飞机前部座位上，只有我们4个人和蒙古外交部的几个人，双方都不讲话，气氛显得冷清沉闷。许大使眼望前方，目光凝滞，似已陷于沉思。小沈、小王在打瞌睡，弥补昨夜的缺觉。我虽然也困，但却想从上空看看乌兰巴托及其附近地区。从舷窗向外看去，天气晴朗，能见度很好。首先映入眼帘的是乌兰巴托市以南的山区，海拔2257米的博格多汗山，高踞在土拉河边，它的周围是一道道东西走向的起伏山峦，来自中蒙边境的铁路，从它脚下的山谷中蜿蜒伸向乌市中心车站，然后又穿过市区往北通向蒙苏边境。从地形上看，这片山区是乌兰巴托非常好的天然屏障。山上密密层层的松林，因天气转冷而开始发黑。树都长在山的北坡，南坡只有已经开始枯黄的绵延不绝的草丛。这是由于高耸的博格多汗山，挡住了来自北冰洋经过西伯利亚吹来的湿润空气，夏季降雨和冬季积雪都比较多，因而山北坡宜于树木生长。这同我3年前到蒙古中北部旅行所见相同，只不过博格多汗山上的松林更为茂密，而乌兰巴托市也因之较蒙境同纬度地区，气候不那么十分干燥。

我转头向左方看去，在乌兰巴托市东北的乌兰花一带的北山上，苏联驻军的几部远程警戒雷达都在不停地转动。在我的印象里，这几部雷达好像有半年之久，可能是从1971年春天开始，就不这么一齐转动了，只是单部轮换转动。

飞机很快飞到了乌市东南的那来赫矿区上空，我看到矿区东南方向的苏联空军基地，大约3500米长的主跑道和滑行道组成的矩形机场，成东南—西北走向躺在略微倾斜的草原上。滑行道边停着一大排几十架喷气式歼击机，都脱去了机罩，在太阳照耀下熠熠发光。在它们的后面沿着滑行道的外缘，一串串机窝历历可数。我还是第一次看到这个机场的全貌。我突然想到在温都尔汗附近坠毁的中国飞机，会不会是这里的歼击机打下来的？脑海里顿时出现了一片幻景：浩瀚的蒙古戈壁草原上空，飞着一架迷失方向的中国飞机，几架苏军歼击机追逐着它，迫它着陆，它倔强地挣扎着摆正航向，希望飞回祖国，突然响起一阵爆炸声，它带着一团烈火，无望地坠落下去，……啊！我猛然联想，这不正是蒙古外交部强调是“军用飞机”的原因吗?!

这时，我们乘坐的伊尔-14已越过中央省东部的丘陵和山区，飞进肯特省南部的草原。一望无际的大草原，平展展像一个金黄色硕大无比的瓷盘，一簇簇白色的蒙古包，像是撒在大盘子上的疏疏落落的珍珠。这么大而平坦不下100公里宽阔的草原，是我来蒙古6年走过的省份中所没有见过的。地面上的草已变得枯黄，更显出草原的寂寥。我努力寻找着防空导弹一类的军事目标，然而，除了草原上来往汽车轧出的无数条天然公路蜿蜒伸展，白蚂蚁般游荡着的畜群外，其他什么也没找到。

15 时 46 分，飞机在温都尔汗机场降落，飞行时间恰好是一个小时零一分钟。

驰往坠机现场

肯特省是蒙古东部一个物产丰饶的大省。我原以为省会温都尔汗的机场是比较大比较正规的，却没想到竟是一个简易机场，跑道是在草原上轧出来的，上面似乎铺了一层红黏土压实，加上飞机起降摩擦，显得硬光光的。机场上没有指挥塔台，只有几部电台车，一处平房旁边一根高高的杆子上，挂着有气无力的风标筒。机场周围非常平坦开阔，既没有土包，也没有高树，只有远处一排电话线杆，与跑道平行成东西走向伸往远方。

飞机停稳后，我们首先走下飞机，肯特省的副省长、省府责任秘书（相当我国的秘书长）、机场场长以及另外几个人，在飞机旁边迎接许大使。双方寒暄几句后，高陶布司长趁着蒙方人员下飞机的机会，介绍了随行几个组的主要人员，其中有国防部副处长达木丁上校、民航局专家云登少校、法律专家达希泽伯格、法医莫尤、卫生组组长桑加道尔吉大夫、组员卓乃大夫。此外，他还介绍了就地参加视察现场的肯特省检察长乌尔金道尔吉、省边防和内务军事务处处长奥尔陶扎尔嘎勒中校，以及温都尔汗机场场长策伯格默德中校。

介绍完毕，高陶布直截了当地对许大使讲，中国飞机坠毁现场离这里还有 70 公里，趁天色尚早可以换乘汽车去看看，晚上回温都尔汗市休息。

接着，我们换乘两辆嘎斯 69 车，许大使和小沈由高陶布司长陪同在前，我和小王由古尔斯德专员陪同在后，其他人乘坐一辆大轿车，16 时整离开机场，绕过温都尔汗市区，往东北方向驶去。

起初，沙土公路沿着克鲁伦河延伸。这条在大小地图上无不标出的克鲁伦河，原来是一条比北京西郊的运河还要窄浅的小河，有些河段河中块块沙渚把水劈成股股细流，河床才显得宽阔一些。河岸上稀稀疏疏点缀着一些低矮柳树和若干灌木丛，它们还没有完全变黄，显得草原上有点生气。

同车的古尔斯德似乎看出我对蒙古东部这条名河的失望情绪，告诉我说这条河很长，大大超过乌兰巴托附近的土拉河，夏天涨水很厉害，河床宽度甚至有三五百米，雨一过水就落平，有些河段可以徒涉。

他又说，这条河的下游，在东方省边境有条小河，叫哈拉哈河，1939年在那里蒙苏军同日本侵略军曾有过一次大的会战。我说我知道，这是有名的哈拉哈河战役，是苏联朱可夫元帅指挥的，是朱可夫的"成名之作"。古尔斯德点头称是，但纠正说那个战役名称译成中文，应当是哈拉欣河战役，因为第二个哈字后面蒙文有个语尾，相当于中文"的"，所以发"欣"字音。我知道他在去蒙古外交部之前，曾在国立大学担任中文讲师，他的说法无疑是准确的。

谈到河，他又兴致勃勃地讲起蒙古北部的两条大河——色楞格河和鄂尔浑河，强调说色楞格河像中国的黄河一样，是蒙古的"母亲河"。

我说，对于这两条河，我有着深刻的印象，1968年我担任临时代办时，在您老兄的陪同下访问北部几省，不是曾到过并几次渡过这两条水量充沛的大河，还在鄂尔浑河钓过鱼吗？我告诉他，我至今仍然留恋色楞格河清澈丰满的流水，和两岸绮丽的风光。

他说，色楞格河中下游海拔在500米以下，比中央省低1200多米，正因为地势低，蒙古中北部的大河都流向北方，经苏联境内注入北冰洋，独有这条克鲁伦河同中国的几条大河一样，是流向东方的，汇入中国境内的呼伦贝尔湖，注入黑龙江，流进太平洋。

汽车在我们谈论着蒙古河流的时候，沿着平坦的克鲁伦河岸行驶约一个小时，然后转向东北，进入一片丘陵起伏的草原，除了断续的馒头形土包外，时而还可以看到一些二三十米高的石头山。无怪乎蒙古人好夸耀肯特省的丰饶，这丘陵间的草场草长得又高又壮，有些地方深可没腰。由此联想起一代天骄成吉思汗，他统帅的部落之所以迅速壮大,不正是这肥美的草原提供了营养吗?我问古尔斯德:“这里离成吉思汗的老家不远了吧?”他说:“是的,就在北面不到100公里的肯特县,那里的草场比这里还要好。”

汽车在丘陵间颠簸得很厉害,路上时而碰到塄坎,把吉普车高高弹起。汽车继续前行,向东北又走了不到一个小时,离开沙土公路拐入正北一条草丛小道。这里似乎很少有车辆通过,车胎轧得枯草吱吱作响。在小道的左边是一连串较高的山丘,右边是一片往上的漫坡,蒙古司机抬头努努嘴巴咕噜了一句,小王告诉我:“已经到现场了。”我紧张地注视着右前方。果然,随着汽车往上爬坡,逐渐看到坡顶上黑乎乎一条烧焦了的草地,有蒙古士兵在边缘上站岗。汽车又往上爬了一段,一个高高翘起的喷气飞机尾巴立即映入眼帘,它迎着夕阳,上面喷涂的五星红旗依然艳丽夺目,机号256也非常清晰。汽车开到坡顶,凄惨的景象一下子全部展现在面前。毋庸置疑,这确实是一架失事的中国飞机——喷气式民航机。

现场初勘

这是一块不太规则的长方形丘陵间盆地,平坦坦的像是人工铺成,南北长3000多米,东西宽约800米。北端是一座高20米上下的小山包,南头是几个起伏并列的大约10多米高的土丘,东边是一连串5到10米高低不等的土包,西沿则是向下倾斜的漫坡,连着我们来的小路。草长得茂盛,齐膝盖那么深,踩下去软绵绵的,原来地面全是沙土,只是因为草根盘结,人们走过才不致陷足。古尔斯德告诉说:“这块地方牧民管它叫苏布拉嘎盆地,属于南边20公里的伊德尔莫格县管辖,西北约10公里有一个著名的萤石矿——贝尔赫。”事后小沈查了一下苏布拉嘎这个词,意译是“塔形”。看来“塔形盆地”可能是指地平面的形状。

从这块盆地中央开始,由北往南长约800米,宽约30~200米的

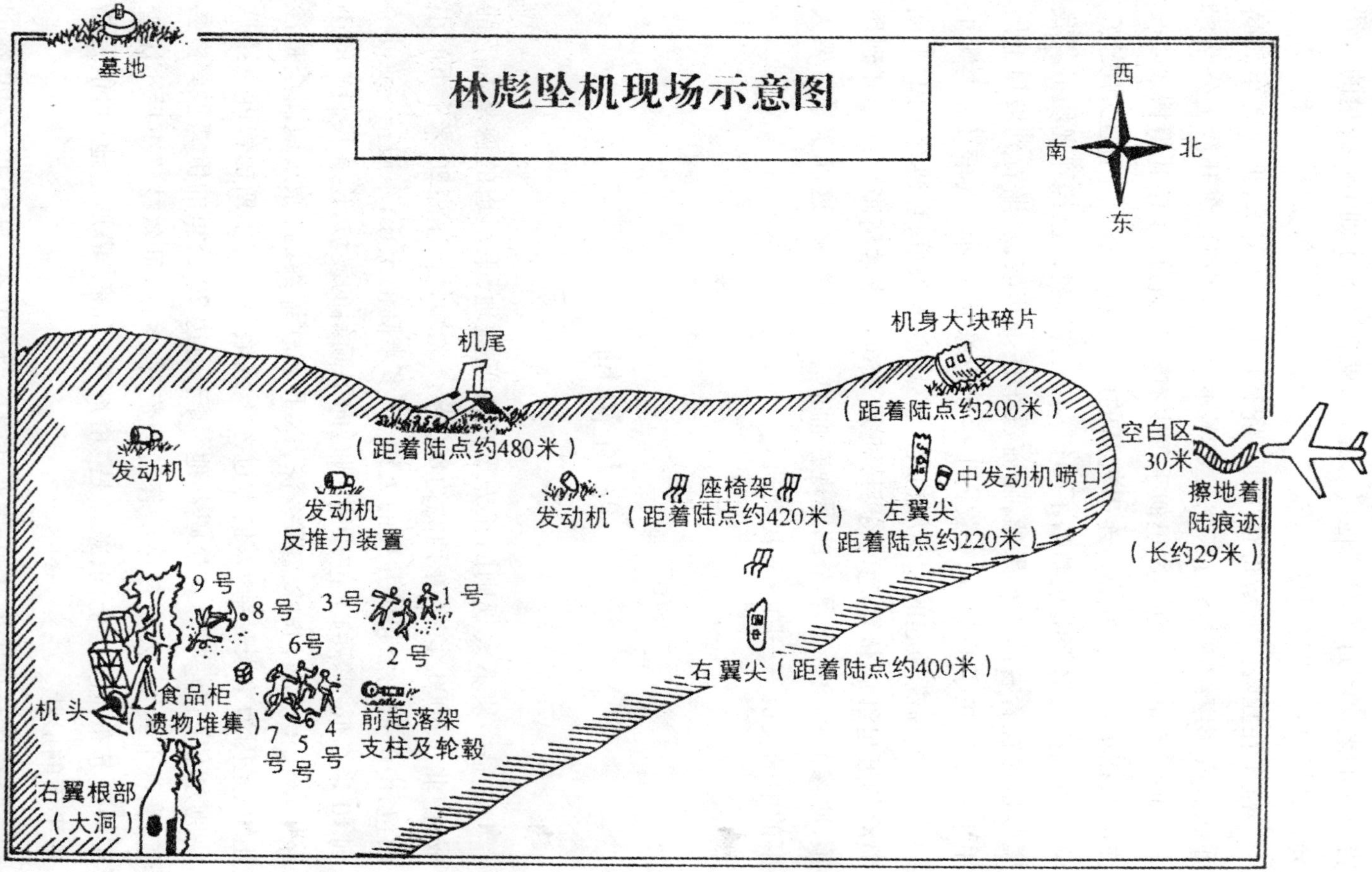
林彪坠机现场示意图
墓地
西
南
北
东
机尾
机身大块碎片
（距着陆点约480米）
（距着陆点约200米）
空白区
30米
擦地着
陆痕迹
（长约29米）
发动机
发动机
反推力装置
发动机
座椅架
（距着陆点约420米）
中发动机喷口
左翼尖
（距着陆点约220米）
9号
8号
3号
1号
2号
6号
机头
食品柜
（遗物堆集）
7号
5号
4号
前起落架
支柱及轮毂
右翼尖（距着陆点约400米）
右翼根部
（大洞）

范围内，草地全部烧焦，呈倒梯形。上面散落着一块块飞机残骸，一眼望去，一片劫余的凄惨景象。靠近焦土南部，散布着一些白点，陪同人员讲，那是盖着白单子的机上人员尸体。根据飞机炸碎的程度推测，我想遗体大概都已变成了看不出人形的焦骨。

我们从现场北端看起。高陶布对许大使讲，现场有死难者的一些遗物，是否只看不取，待视察完毕由蒙方统一移交。许大使同意。蒙方人员簇拥着我们，照相机和电影摄影机咔嗒咔嗒响个不停。桑加上校建议许大使先看看飞机擦地着陆的痕迹。我为了躲开蒙方的摄影机，以便能够自由拍照，便约了小沈同许大使分手，没有一同去看飞机擦地着陆痕迹。许大使则由小王陪同，听取蒙方空军少校指认着陆点的介绍。

许大使（左三）察看飞机残骸（左一为云登少校，左二为王中远，左四为桑加上校，左五为莫尤）

我同小沈各用一架照相机沿着烧焦草地的中轴线边往前走边拍照。飞机的小碎片零零散散，由少到多。我捡到一张英文单页的“NOTE”（注意事项），上面写明飞机型号为 Trident-1E（三叉戟 1E）。我马上明白过来，这不是普通的民航机，也不是“子爵型”，而是一架我未曾听说过型号的飞机。但由于我“文革”期间不在国内，不了解这种飞机的管理和使用情况，估计可能是一架专机。

走了约 120 米，燃烧区的横宽由 30 米扩大到约 100 米，逐渐看到机身的较大块碎片。首先看到的是机身的一块蒙皮和一块发动机的底包皮，两者间隔约 10 米。再前行不到 50 米，发现一块弧形的机身，有一辆小汽车那么大，连着摔碎的舷窗斜卧在焦土上。这块机身大碎片以东偏南 20 米左右，一截断机翼尖上有“56 号”字样，看起来是从机号 256 号的 2 与 5 之间炸断的。在这片机翼旁边看到炸瘪的发动机尾端喷口。

沿中轴线再前行 120 米，就看到了机舱内部的饰物，最突出的是一扇门，从合页连接处炸下来，没有一点着火的痕迹，门上钉着中文塑料刻字“旅客止步”。门扇东南侧 30 米左右，有一台炸裂的发动机外壳。在大片机身碎片南偏东 200 米处，有 3 个三连装座位架，有的还有坐垫，成不等边三角形分布，边距 30 ~ 50 米左右。座位架这么少，进一步肯定了这是一架专机，而不是多座的客机。座位架东 40 多米又有一截机翼，上有“中国”两个大字，从形状看这是一个完整机翼的外展部分。在南北两组座位架之间，有一条细漂白布被套，半折半展，白白的一点也没有弄脏。还有一条宽条纹的小型毛毯，上面印着 PIA 三个英文字母(巴基斯坦国际民航的缩写)。在靠南的座位架东边不远处，有一扇厚厚的机舱门，炸裂但没有散开。这里离盖着白布单子的尸体不远了，许大使和小王及大部分蒙方陪同人员走得较快，古尔斯德翻译着桑加上校说的话指着尸体做讲解。小沈拿的是许大使的照相机，正在对遗体进行拍照。我由于拍照飞机残骸，落到了后面。

为了抓紧日落前还有阳光的时间拍照，我和小沈紧忙奔向被炸掉的机尾。飞机在天上飞，机尾不过是一小部分，现在却是一个庞然大物，竖立在那里足有 3 层楼房高。这架飞机是从中间发动机进气口处炸断的，只剩下一截发动机外壳与尾部连结。机尾的位置基本上在燃烧区的中轴线上，距北缘约 480 米，这里的燃烧区横宽已扩展至 200 米左右。机尾的南北 40 多米处，各有一台发动机。在机尾东南约 18 米处，有一个外壳大部分被炸掉，露出贴近内腔的发

被炸掉之机尾(箭头所指处为机号)

(左水平翼插进泥沙，右水平翼尖卷曲)

动机反推力装置。机尾没有着火，最末端断裂处空空洞洞，露出一大堆各色各样杂乱无章的电线，有的电线还裸露出线芯的铜丝。另有一条粗电缆连着一块碎片垂在外面，随风摇曳。机尾垂直舵没有损伤，右水平舵尖有些卷曲，左水平舵插在泥沙里，支撑着斜卧的整个机尾。垂直舵前竖板上是喷涂的五星红旗，旗下方是机号:256。

后来，据当时任蒙古外交部副部长的云登讲，在中国使馆人员到飞机坠毁现场视察之前，苏联已派人检查了现场，拆走了机尾上的主发动机；机内发现的航图标出了航线，从河北省的北戴河穿过失事现场，一直画到贝加尔湖附近的伊尔库茨克。

另外，据我国民航专家讲，三叉戟飞机从"1E型"开始，已装有70年代稀有的黑匣子。它由两部分组成，一部分是飞行数据记录仪，另一部分录制机上相互通话和同地面的通话，名称是"驾驶员座舱语音记录器"，飞机一起飞它们就自动开始工作，其安装位置是在飞机尾部，万一飞机失事时易于保存下来。因此，似可做出这样的判断：三叉戟256号的黑匣子，连同中间的发动机，都被苏联人拆走了。

林彪原乘坐的子爵-810型飞机

第三章　如入炼狱，触目惊心

失事飞机粉身碎骨

我和小沈看到这架中国民航飞机已经粉身碎骨，心头都有一种说不出的滋味。这时太阳已近落山，许大使和蒙方人员边走边察看边交谈，已快走到南端的机头位置，小王招手示意我们快些过去。我不能在机尾继续逗留，就急忙奔向蒙着白单子的死难者遗体。这些遗体散作三堆，陪同人员一一把盖布揭开，我一眼望去不禁十分惊异，这和我的想象完全不同，他们不像通常失事飞机那样被摔碎烧焦，只剩下堆堆骨骸，而是有头有脚基本完整的一具具躯体。尤其是那具女性遗体，简直就是仰卧在那里熟睡的一个人，只不过脱光了衣服。我来不及细看，匆忙照了几张相就继续朝前走。

小沈走得快，正在第二、第三堆遗体之间，察看一个被炸裂的方形食品柜，它的旁边有一堆什物，是收集起来放的，有蒙方便衣人员在看守。在这堆什物中间，有驾驶人员用的两个图囊，一个烧剩了一半，另一个基本完好，打开看看，航图都没有了，只剩下几支黑铅笔和红蓝铅笔插在一边。我问航图哪里去了，陪同人员摇摇头不说话。

图囊旁边有一堆手枪，有几支枪把烧焦，里面露出空的子弹梭子，大多数完好无损，我数了数总共6支。其中5支枪身上都有“59SHI”字样，一支是苏制AK型。蒙方人员问59SHI是什么意思，我告诉他，这是手枪的型号，1959年中国制造的。此外，还有1支微型冲锋枪，样式很别致，比制式冲锋枪小得多，没有烧过的痕迹。子弹散乱地堆在一起,共有43发,统统是“五九式”手枪的子弹,估计是蒙方在收拢枪支时从枪弹夹中退出来的。我注意翻找,没有发现任何空弹壳。另有两个手枪套和几个空弹夹。

这时,小沈拿起一本64开的铅印小册子,红色塑料皮大部分烧焦了,看不出书名,但文字部分只烧了一个角,开头是“首长和同志们”,最末尾是括号里“长时间热烈鼓掌”,看来是一个讲用报告,内文讲我国空军的发展,其中有一部分讲的是技术革命和技术革新,举例说有一种微型电台超过了国际水平,其型号和数据……让小沈端着,我把这几页可能涉及到国防机密的内容拍照下来。心想:这样的小册子蒙方为什么没有拿走?

小沈从什物堆里拣出一个出入证,是嵌在塑料夹中的临时性出入证,是空军大院正门和后门的,编号0002,没有贴持有者照片,但填写着他的姓名:林立果,男,24岁,干部。小沈让我把这个出入证拍下来。我当时根本不知道林立果是何许人,按年岁及住空军大院推断,估计是机组的一名成员。

我顺手捡起一个巴掌大的拍纸本(即没有装订的空白本子,一头用胶粘住,用完一张可随时撕掉),前面几页有用铅笔写的零零散散的一些字,像是随想随记的,内容不连贯,难以猜透它的意思,我只好把有字的几张拍照下来。

此外,还有一本《法兰西内战》,一个空白的红塑料皮“学习”日记本,一个汽车驾驶执照的塑料封皮,数张一角钱的人民币,以及扑克、小勺、水果刀等。

我让小沈把枪支号码、子弹数量及其他物品登记下来。他说没带笔和纸,我说快去把小王唤来,他带着本子和笔。小王过来后,我协同他把应该登记的一一登记下来。

在这堆什物的旁边,我看到了几只散落的鞋子,有一只是模压底半高腰黄色翻毛皮鞋,烧得拧成麻花状,但黑色鞋带还系在上面;有两只乳白色半高跟浅口女皮鞋,鞋面镂有带花纹的小孔,式样新颖,做工精细,一看就是舶来品。其中一只鞋腰和后跟烧焦了,另一只就像那漂白布被套一样,连点黑灰也没有沾上;还有一只男布鞋,完好无损。我问陪同人员,为什么这些死难者的遗物要收集起来堆放?他说因为怕丢失。可是,这样一来,除了那双白色女皮鞋之外,就找不到属主了。

我们是下午将近6时抵达现场的,初步巡视花去大约一个小时,夕阳开始被地平线吞没,血红的余晖洒在这片烧焦的草滩上,也涂在这些死难者尸体盖着的苫布上,冷飕飕的秋风阵阵袭来,使人心中格外凄凉。

我和小沈来到现场南端,同许大使会合。我脑子里还在盘旋着那个涉及国家机密的小册子,我让小沈去把它拿回来。小沈过去想拿,蒙方看守人员不让,只得空手而归。

256号被烧毁的机头(箭头所指处为右机翼之大洞)

(左三为许文益大使,正在听蒙方讲解)

现场南端距飞机着陆点530米左右。飞机停在机场上或起飞时,机头那种昂然雄姿完全不见了,眼前只有烧毁了的一堆大小碎件、电线、管道和灰烬。其中倒卧着一个比大衣柜还要宽的带格子框架,看来是镶嵌各种仪表的架子,大约是驾驶舱里的仪表盘。这里燃烧火势最猛,铝合金机壳都已成灰。

机头正东20米处有一截机翼,上有"民航"两个大字,是周总理的笔体。看来这段残翼与座位架正东的有"中国"二字的残翼,同属一个完整的机翼。当民航飞机在空中飞行的时候,人们从地面可以仰望到这几个大字。它们是在机翼的下面,为什么现在跑到翼面上了呢?我问蒙方陪同人员,折断的机翼是否移动过位置?他们说现场物品除小件收拢起来,大件没有任何搬动。我仔细察看,也未发现移动的痕迹。

这截大片机翼的翼根处,有一个大洞引起了我的注意,这不正是我要找的证据吗?翼根厚度50厘米上下,我登上去仔细观察,洞在翼根处中央,“民航”的“航”字旁边,直径40多厘米,周围有不规则的铝刺,刺尖有的朝里,有的朝外。它的旁边有兔耳朵形的细长洞两个,与大洞并不连接。翼根连接机体处的铝蒙皮凹陷,但没有燃痕。我进一步探查这个洞的底部,却发现并未穿透,机翼另一面完好无损,这只是一个向一面开的大洞。我默想,这个大洞很像是一枚地空导弹打的,但它却与我过去看过的被我军击落的国民党U-2飞机不同,那枚导弹是齐翼根处穿透,打掉了整个机翼,而这个洞为什么只朝一面开口?莫非是这个飞机大、机翼厚?那又为什么洞口朝上呢?我从各个角度给这个洞拍了照片,蒙方陪同人员很注意我的举动。

离机头灰烬前方约80米处,在烧焦草地的边缘,有一个从根部炸断的起落架,而起落架上完好无损的轮胎,则滚到它的南边200来米未燃烧的草丛中。

双方协议土葬死难者

太阳已经落山,天色逐渐灰暗下来。双方人员站在已化成灰烬的飞机头旁,高陶布司长询问死难者遗体怎么处理,强调已搁置3天怕会腐烂,而且个个裸体暴露令人不忍。许大使提出希望对死难者实行火葬。高陶布说蒙古没有火葬的习俗,即使勉强举行,在这片草地上也无火葬条件。许大使根据国内关于火葬确有困难时,可就地深埋并竖立标记的指示,同蒙方商量决定,对死难者就地土葬。

埋葬地点,我方意见是在失事现场边缘的土包上,以资纪念。高陶布表示,失事现场不宜让死难者“居住”,按蒙古习俗应葬在面向东方，能看到早晨太阳升起的地方。他和桑加上校领我们走下现场西坡，越过来时行车小路，走到距现场 1100 米一个较高的山坡前，指画着说：“这里地势较高，向东可以看到失事现场，而且每天迎着刚升起的太阳，葬在这里好。”他的一片好心不应当辜负，许大使决定采纳他的意见，并表示感谢。

桑加上校随即调来一个班士兵连夜挖坑。此时已到晚上 8 点多钟，天色完全黑透，气温降到 2℃左右，冷风刺透衣裳，冻得人们发抖。在汽车大灯的照射下，许大使接见了前来挖坑的蒙古士兵，他们都还穿着夏季军装，冻得瑟缩不已。我从汽车上拿来随身带的两瓶二锅头送给他们，他们见到有度数这样高的好酒，立即精神抖擞地开始连夜干活了。

在返回温都尔汗的路上，我、小王和古尔斯德谁也没有讲话，来时谈论蒙古河流那种情绪已经没有了。我默默地瞅着车灯在前方照射出的一片光亮，它飞快地掠过沙土路面和两旁的枯草，脑海里则浮现着刚看过的现场，翻腾着一系列思绪：这架飞机多么不幸，竟然摔到蒙古这异国他乡了，看来死难者都是机组人员，机上没载什么旅客，否则损失就更大了。可是为什么这架飞机的机组有这么多人？可能是专机的需要吧？飞机究竟是怎么摔下来的？人是怎么死的？为什么个个仰卧朝天？那个机翼上的大洞……

回到温都尔汗已经是夜里 10 点多钟了，下榻在省政府招待所——克鲁伦旅馆。洗漱完毕，掸去身上厚厚的尘土，到餐厅同蒙方主要官员一起进餐。由于他们白天在现场态度友好，我们虽然劳顿但心情还算舒畅，晚餐时双方气氛融洽。蒙方准备的饭菜比较丰盛，我们又拿出几瓶汾酒、一听中华烟和一些罐头。蒙古人非常喜欢这种高度数的白酒，三杯下肚，餐桌上的气氛就更加和谐了。餐间，许大使同高陶布商量死难者墓上立碑、放纪念物和收还死难者遗物等问题，他们边吃边谈。

高陶布首先说：“今天我们已经看了现场，现在应该写个正式文件。”

“我很想听听司长同志的意见。”许大使表示。

“那么，晚饭后一起商量。”高陶布不肯在会谈前透露内容。

许大使转而提出：“死难者遗体埋葬之后，我想在墓上立一块碑，上面写‘中国民航1971年9月13日遇难九同志之墓’，下面写‘中华人民共和国大使馆’。”

高陶布回答：“让我们商量一下。”

“按贵国风俗习惯，墓上应该放一件纪念物，我想把写有中国民航字样的残机翼放上去可以吗？”

“可以放，但我要同部里谈谈。”高陶布说。

“死难者遗留的文件和其他东西如何处置？是否由我写个收条，你们交给我们？”许大使又提出一个重要问题。

高陶布表示：“我们将做研究，还要报告中央。”

许大使实际上已把我方将在餐后会谈时提出的主张，利用轻松的交谈摆了出来。之后，许大使问高陶布对于飞机失事的原因怎么看，桑加上校接过话题说，飞机是发生了不明原因的故障，从地面看是机翼擦地翻倒后着火的。

关于飞机上的“黑匣子”，许大使没有向蒙方提出索要，因为我方人员完全缺乏这方面知识，而国内来电中也没有提到此项要求。

这顿晚餐吃到将近午夜，稍事休息后，于夜半0时25分，双方开始第一轮会谈，谈到凌晨3时结束。双方协议当天（9月16日）为死难者举行安葬，然后回温都尔汗继续会谈。

尸横焦滩，惨不忍睹

9月16日上午7时30分，我们从温都尔汗再次驶往苏布拉嘎盆地。途中发生了一起事故：许大使和小沈乘坐的汽车，在丘岭间颠簸前进时，司机图快，遇到路上一个塄坎，把车高高弹起，坐在后排的小沈，鼻梁蹭在车棚的横梁上，擦破了好长一块皮，血流不止，眼镜也蹭掉了。幸亏许大使坐在前排（高陶布司长有事乘坐大轿车),否则也要受伤。车队不得不停下来,等待大轿车上的卫生组大夫赶来,给小沈涂药并贴上纱布。古尔斯德把那辆车的司机严厉地训斥了一通。

9 时 30 分,我们到达现场。昨夜降霜,草地比较湿润,肃杀秋气显得更为浓重。许大使嘱咐我,利用天气晴朗光照好的条件,仔细复查一遍现场情况,特别观察飞机失事原因,多拍些照片,以便送回国内研究鉴定。

我和小王暂时同许大使、小沈分手,首先选择了盆地北端约 20 米高的小山,登上去俯瞰整个失事现场。我们用指北针确定了方向,然后往正南方远远望去。失事现场那堆烧成灰烬的机头,偏置于现场中轴线的左(东)边,它的后面朝北偏西一条弧线上,散布着三堆死难者遗体。机尾被远远地抛到了机头右后方,靠近烧焦草地的边缘。看来机上人员和机尾都是在机身炸开一瞬间甩开来的,但是,它们并不处在一条直线上,令人有些不解。经昨天的步量,机尾离机头大约 60 米,最远一具遗体离机头大约 50 米,甩得那么远,可见飞机爆炸时的猛烈程度。从机头到机尾这条东南—西北的斜线,与三堆遗体朝北偏西那条弧线,大约成 30 ~ 40 度的夹角。在这夹角范围内,散布着被炸碎的机身内部的部件及饰物,在这个夹角范围以外,则是机身、机翼的大块碎片及零零星星的中小碎片和物品。

在小山上,我和小王特意转身向北,朝山背后与现场相反的方向望去,希望发现一点草地着火的痕迹。如果有着火点,即可证明飞机降落前在空中已经着火,落下了燃烧物。然而,金黄色的草场静悄悄地向远方伸展,没有任何黑糊糊的面和点。小王同意我的判断,也认为飞机降落前在空中没有着火。

我们下了小山,踏着枯草向南走约 1500 米,来到盆地中央,察看昨夜许大使要我们仔细研究的飞机着陆痕迹。这里没有着火,整齐完好的草地上,有一道由北向南被擦平压实的草痕,长约 29 米,宽约 2 米多,它不是一条直线,而是呈“S”形的曲线。在这条被擦压的草地右(西)边不远,有一道平行的槽沟,深约 20 厘米,翻倒的草根露出沙土,这大约就是桑加上校说的机翼擦地的痕迹。再往前看,擦压草地的痕迹奇怪地消失了，又是深可没膝的枯草。继续前行约30多米，才开始进入大片焦土的失事现场。这些迹象更加证明，飞机不是在空中着火摔下来的，而是在盆地中央以肚皮擦地着陆的，机身似乎失去了平衡，倾斜触地。但是，为什么擦压草皮的痕迹不见了？难道飞机又腾空了？那么又是怎样落地爆炸的？这些问题不禁萦绕在脑际。我一面走一面想，还未理出个头绪来，已来到死难者遗体跟前。

这些死难者，除两个剩有上衣外，其余都是赤裸裸的，仰卧暴露令人不忍卒睹。它们赤裸裸的躯体都已僵硬，面孔一般都烧黑未焦，皮肤暗红肿胀，像是爆炒过度的大虾的颜色，亮晶晶的宛如蜡人一般。

高陶布司长询问许大使，法医是否可以开始工作，逐个进行检验。许大使认为死因已十分明显，不必再折腾了。尽管如此，双方对遗体仍然看得比较仔细。由于不知他们姓氏名谁，我向许大使建议，由北向南把这些遗体编为1～9号，以便区别。随后，许大使和高陶布司长、桑加上校为先导，双方随员跟进，对一具具遗体进行察看。我从各个角度拍摄了照片，小沈在做翻译的同时，也抽空拍了一些镜头。蒙方的摄影人员，除了拍摄遗体外，还对准许大使和我们几个随员拍个不停。

大家首先来到第一堆死难者遗体旁边察看。这里有3具遗体，他们基本上并排仰卧，脑袋统统向西，相互之间距离2～3米。

第1号遗体，朝天仰卧，四肢叉开。左臂骨折，肘以下的断臂放在耳朵旁边，似要伸手摸脑袋；右臂斜放，小臂上擎，手心朝胸。左腿内屈，右腿斜伸，腿肚上有碗口大的绽裂，露出胫骨。头发烧光，显出圆圆头颅，面部较扁平，缺乏棱角，面皮烧黑，两眼紧闭。右眼外角有一伤痕，肌肉外翻，血迹流凝脑后。上下身的布军装没有完全烧光，但下身已成缕缕布条。上衣襟敞开，腹部有人字形两条灼痕。右衣襟压在身下，侧翻后从衣襟口袋里掏出一本《毛主席语录》，其中夹着一张2寸两人站立合影照片和一些底版，其中有两人合影120底片两张，男女单影或合影135底片3张，背景为大海，人物全是军人。《毛主席语录》里还夹有一张纸片，上面记了许多电话号码，我要小王逐个抄录下来。后来查证其中有毛家湾(林彪公馆)值班室和汽车保养厂及三座门(军委领导办公地点)汽车班的电话。

第2号遗体,夹在1、3号遗体中间,衣服全部烧光,赤身露体,只有两脚踝部剩有几缕残布。个子较高,身体健壮,肌肉发达,上身仰面朝天,下身略向右侧。右腿直伸,左腿内屈,踝部搭在右膝盖上。右臂平伸,手心向上,指尖烧焦;左臂内屈,掌心向下扣在腰前,似要抓腰间手枪。枪套基本完好,枪已由蒙方收拢,剩有空弹夹插在一边,手枪皮带尚未烧焦,皮带梢缠在左小臂至胸前。皮肤烧灼不重,但胸部有一大片焦痕,似渗有烧干的柏油。头部上仰,面部皮肤烧成焦麻状,嘴微张,牙外露,眼半阖,眼眉及头发焦而未光。鼻孔下至右嘴角有几道血迹流向右腮、右鬓。死前似在烈火中挣扎,面部表情痛苦、狰狞,像是很不甘心的样子。

2号遗体——林立果

第3号遗体,体胖仰卧,衣服烧光,皮肤烧灼较轻,裤腰残片及腰带仍在。两腿胫部交叉,踝部缠有裤脚残布。左臂下垂,肩部亦有衣服残片;右臂横伸,手心朝左前方,指尖大部烧焦露骨。头部伤势很重,脑壳从鼻尖向上开裂,正如俗话所说脑袋开花,脑浆烧干脑骨变焦。大嘴横张,像是头部炸裂时痛不可忍,龇出两只虎牙。从身下压着几块烧剩的军装碎片中,发现钥匙一串,指甲刀一把。

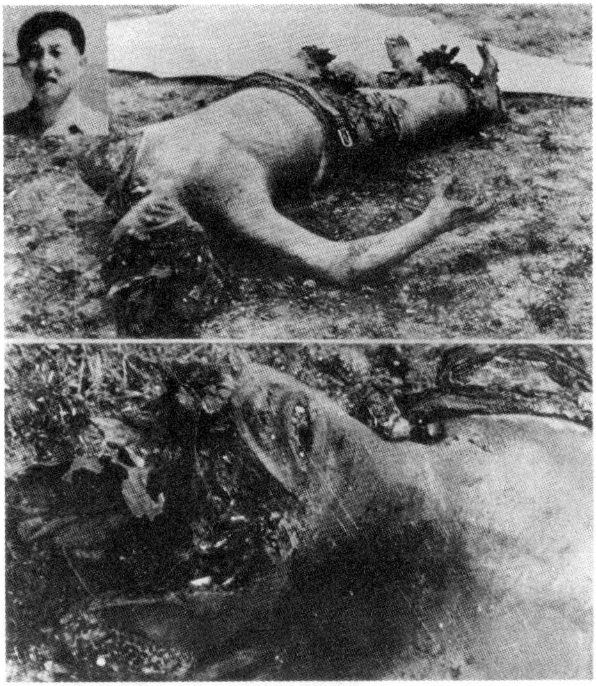

3 号遗体——刘沛丰

（上图：遗体原始状态　下图：头部特写）

令人诧异的5、8号遗体

看过1至3号遗体后，大家向东南绕过又一扇舱内的门，这门已被炸裂破碎，来到第二堆死难者旁边。这里是四具尸体，与第一堆的距离30多米。

第二堆遗体，与第一堆躺卧方向不同，它们参差错置，不在一条直线上。令人诧异的是，4、6、7号遗体成一弧形，拱卫着5号遗体，而5号遗体头部朝东略偏北，其余三人头部统统朝西，相互之间几乎是等距离的3~4米。

第5号尸体，个子瘦小，虽然每具尸体烧后似乎都有些缩短，而且由于皮肤肿胀显得年轻，但这具尸体看来缩得更厉害一些，像个大孩子。全身衣服烧光,但皮肤烧灼不重。上身平仰,下身略向右侧。头部上昂,秃顶,头皮有绽裂,露出几道灰白色头骨。有额纹,眉烧光,眼睛烧凹深陷。颧骨较高,下巴较尖,脸部棱角明显。鼻子较大,鼻尖烧焦,露出两个朝天的黑洞。嘴张开,右门牙及犬齿摔掉,舌头烧黑。左眼内角至鼻梁间有一伤痕,血迹沿额部流至右头顶。右臂平伸,手心向上,左臂内弯,手心扣向腰眼。右腿直伸,脚心向下,左腿内屈,踝部搭在右膝上,胫骨炸断,肌肉外翻,上胫骨刺露。两脚底及手心都烧起燎泡。这具遗体的面部轮廓看起来眼熟,但想不起在哪里见过。

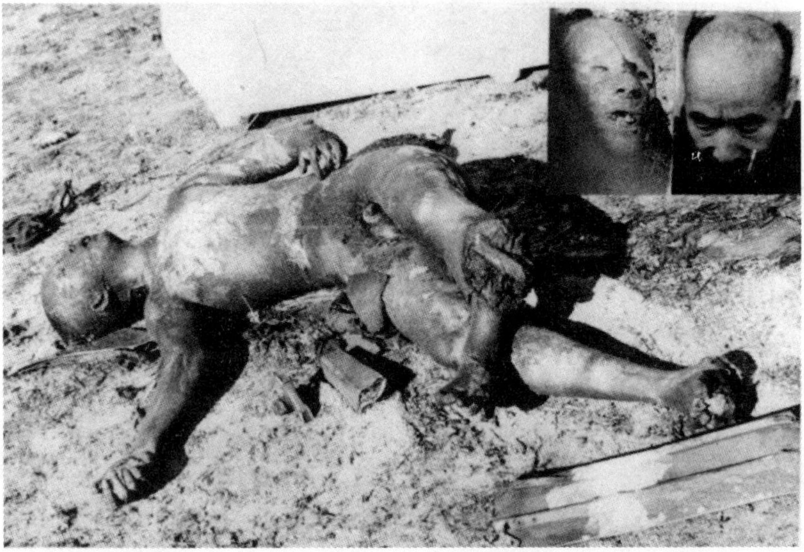

5 号遗体——林彪

第 4 号遗体,个子瘦高,趴卧在地。上身穿着皮夹克,只后襟边烧掉,腰间皮带尚在,但裤子全部烧光。两腿叉开,脚心朝上。两臂下弯,右臂肘朝外,手心朝上,左手压在腰下。头发未烧光,头顶焦发中发现一伤痕,血迹流至右耳上部及眼角。翻过身来,面部全被摔烂,血浆沾着沙土,非常难看!在软地面上摔成这个样子,足见飞机爆炸时被抛得较高。拉开皮夹克的上兜,发现一把拴着短链的钥匙,按人们的习惯,这似乎是家门的钥匙。

第 6 号遗体，仰卧，衣服基本烧光，只剩左襟、左上袖、衣领及脖子下一个衣扣，经鉴定穿的是布质飞行服。长方脸，头发略焦，眉毛已无，眼睛睁开露黑瞳，嘴圆张，舌头外吐，含在上下唇间。鼻下经鼻尖至左耳，有一道伤痕，右眉心有血迹流至左额角。上肢上伸，两小臂及手心内扣，像是要抓什么东西。两腿斜叉开，膝盖向上，脚心朝下，做蹬地状。这具遗体翻身朝下时，便溺约 20 秒钟，证明遗体的膀胱和尿道都没有烧坏。

第 7 号遗体，个子小，体较胖，仰卧。衣服烧光，只剩裤腰和裤带。头部上昂右挺，头发焦而未脱，眼紧闭，鼻尖以上两眉以下的面皮烧灼较重，条条起垄，牵拉歪斜。嘴微张，牙略露。两臂横伸，小臂上擎，右手心向上，左手心下扣。右腿直伸，左腿内屈，脚心朝里。肚皮上亦出现如同 2 号遗体那样的焦油状烧痕。

8 号遗体——叶群

察看过4至7号遗体后，大家转过身来就看到了第三堆死难者，这里有两具遗体，离第二堆仅8米，距机头残骸也不远，大约10米。其中第8号遗体，是唯一的女性，不晓得为什么烧灼最轻。她安详仰卧，头略向左偏，像是睡熟。全身衣服烧光，只剩脖下及两肩上成缕状的白丝质背心。头发基本完好，只是额前略焦。尖长脸，面部没有烧黑，只有右颧骨连着眼角处，烧焦了银元大的一块，左嘴角烧歪，露出上排白牙齿。两眉焦而未脱，眼半睁，似向前看。两臂贴地斜伸，手心向上，似乎在表示无可奈何。左臂内弯部绽裂酒杯大伤口，肌肉外翻。乳房较平，两腿微屈，膝盖外向，脚成八字形，阴户塌陷，阴道脱垂，两只相对的脚心均有串串燎泡。左大腿有白内裤残片一缕，两小腿各有烧剩的袜腰一圈，右袜腰下还剩有开裂的一段裤脚。将其翻过身来，背上皮肤白皙，有皱纹，臀部贴着裤裆残片，右臀往下有裤管残片。估计这位“空中小姐”已不大年轻，最少30岁以上。令人奇怪的是，她离严重烧毁的机头很近，却只把衣服烧光，皮肤灼伤一点点，而且身下压的枯草仍是黄黄如新。

第9号遗体，躺的方向，不同于头向北的8号遗体，而是头部朝东，向着烧毁的机头。这人生前个子高大，体格魁梧。衣服全烧光，只剩腰间皮带。仰面朝天，两臂上伸过头顶，手心朝前，似举手投降状。皮肤烧灼很重，两手掌及手

9号遗体——专机驾驶员潘景寅

（上图：遗体原始状态　下图：翻身后的上半身）

指均烧焦。面部嘴以上焦泡连连，糊成一片，分不清鼻子和眼。头发全烧焦，但未露头骨。胸部左右锁骨上下各有一大片皮肤绽裂。腹侧及两腿也有串串焦泡。两腿叉开，左腿挺直，右腿弯曲，脚跟蹬地，像是要挣扎着站起来。看来死前似非常痛苦而折腾过。翻过身来，后背尚贴着衣服残片及枯草，臀上剩有裤腰碎布及一段腰带。

无名无姓，按号下葬

这些遗体姿态各异，共同点是基本上都仰面朝天，而且大多数头部向西，只有5号遗体头部朝东略偏北，8号遗体头朝北略偏东，9号遗体头朝东，对着机头。他们的伤痕，看来多是皮肉挫伤，骨骼折断，肢体变形等摔撞伤。从直观中推测，飞机着火爆炸时，有些人被当场摔死炸死，有的则只是摔昏而有下意识，至少2号和9号是这样，他们似乎在无情的草地大火中挣扎过，但由于燃烧加窒息，最后仍然逃不脱死神的摆布。他们的衣服，除1号犹存布上衣，4号犹存皮夹克外，其他全部烧光。说明的确良一类化纤衣料极易着火。2号、7号遗体胸前呈柏油状物质，据后来听行家说，是的确良军装燃烧所致。为什么每具遗体都红胀如蜡人呢？事后我请教过一位外科医生，他说被烧死的人往往伴随一氧化碳中毒，遗体皮下泛樱桃红色，如果人死而皮肤未焦，内脏未坏，放置时间稍长，就形成皮下水肿，变得亮晶晶的，像是蜡塑的人，而且看去显得比较年轻。当然，这与气温也有关系，天热很快腐烂，就很少有这种现象了。

我们注意到，每具遗体手腕上都没带手表，询问蒙方陪同人员，据讲在草地上捡到九块手表，个别烧坏，大部完好，有的还很名贵，已单独保管起来。我们还注意到，具具遗体脚板都是光光的，按说有人穿着结带子的皮鞋，可能烧坏，但不容易甩掉。后来一位常乘国际民航的外交部信使告诉我：飞机迫降擦肚皮着陆时，冲撞扭曲很厉害，机上乘客必须事先把身上的硬东西，如手表、眼镜、钢笔、手枪等拿掉，以防冲撞时扎入体内,鞋也要脱掉,这不仅怕冲撞时脚被挂住扭伤,而且因为飞机落地,紧急出口放下充气滑梯,人们下滑时一般都要光脚,免得硬鞋底把充气滑梯划破,或者一旦被绊住人要翻筋斗。

在我们察看一具具遗体的时候,蒙古士兵在每具遗体旁放了一口白茬棺木。这些棺木是蒙方连夜赶做的。近11时,开始入殓,双方人员都在场注视,蒙古士兵将每具遗体用白布裹身,按编号顺序装入棺材。9号遗体身躯高大且两手上举,装进棺材不能合盖,蒙古士兵请示是否可以折断。高陶布司长看看许大使,许大使痛苦地点了点头。只听咔嚓咔嚓的骨折声,入耳森然,之后两个士兵按住棺盖,钉上钉子。遗体装殓完毕,用汽车拉至昨夜挖好的长10多米、宽3米、深1.5米的土圹边,双方人员站立四周,默默看着蒙古士兵移棺下葬。棺木按编号顺序由北而南一具具放下去,棺与棺间留有大约20厘米的空隙。每具棺木的头顶竖立高出地面的木牌,上写红色阿拉伯数字编号。

按蒙古的习俗,应在每具遗体上覆以长条黑布镶以红边,然后盖上棺盖,由于时间短促,入殓前来不及准备,遂在九具棺木上横铺整幅红布,上面再覆以稍窄的黑布,为此高陶布司长还表示歉意。

最后,许大使和高陶布司长、桑加上校分别执锨填土,接着我和小沈、小王也执锨填土。然后,蒙古士兵铲土封埋。因堆坟需要一段较长时间,蒙方邀我们到大轿车上继续昨夜的会谈。

中午12时坟已堆起,略高于地面。许大使询问蒙方,昨夜提出的关于墓碑和放纪念物问题是怎样考虑的?高陶布说墓碑暂不定,纪念物可以从飞机残骸中选一样东西,不写字。小沈出主意,把写有“中国民航”四个大字的两截机翼放在上面,蒙方推说那个东西太大不容易搬动。小王说不如把从机尾上炸掉的那个发动机进气口环搬来。高陶布和桑加互换眼色后表示同意。蒙古士兵用汽车把进气口环和环中间的分流锥都拉来放到坟顶上,一眼望去不锈钢的环和中间尖朝上的分流锥,明晃晃的十分扎眼,这不仅可作为永久的纪念,也是一个显著的航空标志。

最后,许大使和我以及小沈、小王一起向死难者致哀,站成一排毕恭毕敬地三鞠躬。蒙方人员统统避开走远,我急忙拦住蒙通社一位记者，让他用我的相机拍下这一场面。事后看来，蒙方对死难者身份同样缺乏应有的估计，失掉了这一对他们很有宣传价值的镜头。他们明白真相以后，肯定要后悔的。

这些无名无姓的死难者的遗体，后经查证：5 号是副统帅林彪；8 号是他的妻子、林办主任叶群；2 号是林、叶的儿子“老虎”林立果，空司办公室副主任兼作战部副部长；3 号是他们的死党刘沛丰，空司办公室副处长。其他遗体，1 号是林彪的专车司机杨振刚；4 号是机组空勤特设机械师邰起良；6 号是机组空勤机械师张延奎；7 号是机组空勤主管机械师李平；9 号是机长、驾驶员潘景寅，时任空军专机师副政委。

最后的告别

将近 12 时半，安葬处理完毕，许大使和小沈同蒙方主要官员先回温都尔汗。

我和小王又驱车回现场，进行测量和补充拍照。国内发来的指示电报，一再强调要拍照作证，看来国内肯定要进行仔细研究，况且飞机尚不能排除被击落的可能性，我和小王都有这样的意识，在现场务必把第一手资料尽可能收集齐全。可是，除了机翼上那个大洞之外，哪些残骸是有力的证据呢？在缺乏应有的空难知识的情况下，只有不漏掉任何一个较大的残骸碎片，并测量其相互距离，按方位和距离把它们串连在一起，争取绘成一张像样的现场示意图，才能对国内研究起到重要的参考作用。

作者与同去现场的王中远合影

我们从飞机擦地着陆处开始，沿

中轴线南行。蒙方陪同人员没有紧跟我们,而是在机头残骸附近,远远注视我们的行动。由于除了指北针以外,没有任何测量工具,只好在确定南北方位后,以大块飞机残骸做标志,三步相当于2米,一路跨步测量。我在50年代曾学过场地简易测绘,现在派上用场了。小王没有学过这种测量方法,但他领会和掌握很快,因此我们进展顺利,纵和横的结合点,几乎不需要做什么修正。与此同时,我又将昨天已拍照过的大块残骸,重新定点拍照,小王记下所拍物件的名称、距离和方位,以及胶卷的编号。我为自己50年代迷上了摄影技术而感到自慰,今天总算"一显身手"了。也感谢国内发给"莱卡Ⅲ型"(当时联邦德国最新式的)这样高级的照相机,这次充分发挥了作用,共拍摄了7个胶卷。加上小沈拍摄的3个胶卷,共有350多张照片,留下了历史性的见证。

后来听中央专案组的同志说,现场步测示意图和这些照片,对中央同志了解情况,以及空军专家组分析判断飞机坠毁原因,起到了应有的作用。什么能比自己的工作成果得到承认,得到肯定,得到褒奖,更令人高兴呢?我感到可惜的是,使馆没有配备电影摄影机,否则,拍上一部电影纪录片该多么有价值!

我们步测走到昨天察看的那堆什物旁,小王指着两个黑色人造革手提包说:"咦,怎么昨天没见这两个包?"我问蒙方陪同人员,得到的回答是昨天就放在这里。我俯身察看,一个是扁平的工具包,装的是扳手、钳子、螺丝刀等修理工具;另一个是机关人员用的文件包,拉链没有完全拉开,里面也有一些工具类东西,但其中有一把手枪,还有一支像是昨天见过的微型冲锋枪。这样一来,在现场发现的手枪已有7支,微型冲锋枪2支。因为急于向机头方向步测,对这两个包没有打开细看,只各拍了一张照片。

在机头残骸附近,着重察看和补拍了有"民航"字样那截机翼的大洞。并到200米以外草丛中,拍照了那个一点损伤痕迹也没有的飞机轮胎。

工作完毕已到下午2时,登上汽车,开向现场以西的漫坡,我让司机折往埋葬死难者的墓地。我和小王来到墓前,望着一堆黄沙土的新坟和1至9号的木牌，肃穆地站立了一会儿，心中默念："来跟你们最后告别了。"坟堆得扁平，土不够高，我对小王说："最好明年春天，咱们能来培培土。"小王点头并补充了一句："听说这里野狼很多，可别让它们把坟扒了。"

汽车向南开去，我探头车窗外，往回又看了一眼那明晃晃的发动机进气口和导流锥。

回温都尔汗的路上，极度紧张后的疲劳重重袭来。来现场前的9月14日夜，我没有睡好，9月15日夜至16日凌晨，由于举行第一轮会谈，睡了不到4个小时。为了抵御困倦，我这个从来不抽烟的人，在车上猛抽了两支中华烟，然而仍然支持不住，尽管汽车颠簸得厉害，也不由得昏昏入睡。一觉醒来，已到了克鲁伦旅馆的门口。

第四章 “军”还是“民”彻夜争论

双方第一、二轮会谈

温都尔汗坐落在肯特省南部广大而平坦的草原上，傍近克鲁伦河边，城市居民有1万余人，半定居半放牧，建筑物多是平房和蒙古包，但也有一些低层楼房，像我国内蒙古牧区一个旗的中心。我们所住的克鲁伦旅馆是新建的两层楼房，屋里摆着捷克斯洛伐克高档家具，铺着苏联化纤地毯，生活器皿也较讲究。但是，由于建筑用木材未经烘烤干燥，墙壁和地板凹凸不平，门窗也关不严实，冷风从手指宽的缝里一个劲儿地往屋里吹。吃的主要是羊肉，做得半生不熟，膻味挺大，我和小沈、小王还能适应，对于刚来蒙古20多天的许大使，就有些困难了。

我们同蒙方的会谈已进行了两轮。第一轮是9月16日凌晨，首次视察现场返回晚餐之后。第二轮是16日上午11时许，在现场安葬死难者的间隙。

第一轮会谈，于16日0时25分至3时举行，蒙方出席的有桑加上校、高陶布司长、古尔斯德专员及所有参加视察现场的成员，我方参加的有许大使、小沈、小王和我。主题是讨论如何制定文件反映双方视察现场和安葬遇难人员的情况。

首先，桑加上校讲，蒙方认为至少需要三种文件来证明这件事：第一个是双方调查现场情况的纪要，第二个是卫生组关于死难者遗体检查情况的纪要，第三个是死难者入葬问题的纪要。然后，他着重说明第一个文件的写法。内容包括七点，其中第一点表明飞机失事的情况，讲述9月13日凌晨现场附近居民所见。他说，该日凌晨两点半左右，贝尔赫萤石矿值夜班工人，听到一声很响的爆炸声，随即发现东南方远处有一片大火，他连忙把人唤醒，分乘两辆卡车奔赴火场。因为按蒙古政府规定，无论谁发现草场着火，都必须立即设法扑灭，否则要受处罚。工人们抵达火场时火势尚猛，透过火墙看到了遇难的飞机，他们一面扑火，一面派人向温都尔汗报告。伊德尔莫格县的牧民们，看到距该县中心不远的巴音汗山东北燃起了野火，也很快赶来了，同工人们一齐协力把火扑灭，这时才看到了躺着的九具尸体。省里来人时天已快亮了，立即调公安部队看守现场，并报告乌兰巴托。

许大使问："附近居民是否听到飞机轰鸣声？是否看到空中着火的物体？"回答："都没有听到和看到。"

接着，桑加上校讲文件第二点关于飞机失事原因。他说："是在没有外来影响下，出于自身的不明原因降低飞行高度，试图用腹部着陆时，右翼撞地，造成严重损坏，因而发生爆炸而失事。"他强调："据乌兰巴托中央机场气象台报告，9月13日2点钟时，肯特省伊德尔莫格县上空没有危险的气象情况。"

关于文件第三至第六点，是说明飞机型号、残骸、死难者遗体及遗物等情况。

第七点，关于飞机的性质。桑加强调"这是一架有中国民航标记的为军事服务的乘有军事人员的飞机"，他还补充了一句，如果要竖立墓碑需要这样写。

高陶布谈第二个文件的写法。强调这是"有中国民航标记的飞机，内乘坐的中国人民解放军人员死亡，双方观察不经解剖只从外表来确定死亡原因的纪要"。

许大使表示："在现场时，我同意不必解剖，就是说这几个人因为飞机失事身亡，双方同意不必解剖。"

卫生组负责人桑加道尔吉补充高陶布的意见说："因为不解剖，所以要把每个死者的情况写下来。"

许大使说："我们同意这些人是在飞机失事时死亡的，不必解剖，每个死者的情况也没有必要详细写。”

桑加谈第三个文件即“安葬飞机失事死难者”的写法。建议安葬死难者之后详细讨论。高陶布接着问，文件制定后怎么签字？许大使表示可以用换文的方式。

最后，许大使要求将死难者遗物和飞机上的文件开列清单，一并移交中方带回国去。高陶布说，遗物基本都在现场，我方没有拿到更多东西，有些东西怕雨淋湿，由地方上保管着，至于移交问题，这次没有得到授权。许大使表示明白他的意思，回乌兰巴托再谈也可以。

第二轮会谈，是9月16日上午11时，在墓地旁的大轿车中举行，只用了不到一个小时。桑加念蒙方起草的关于安葬死难者的纪要稿子，序言强调这架三叉戟1E型飞机是中国人民解放军人员驾驶的，在苏布拉嘎盆地失事。纪要内容讲安葬地点、如何装棺入土、参加安葬的双方人员姓名。他不再提这架飞机是“有中国民航标记的”。许大使听后只表示，这个文件作为第一个文件的补充可简单一些，没有就分歧点展开讨论。

蒙方提出《会谈纪要》草稿

9月16日下午，我和小王在现场步测拍照完毕，回到温都尔汗已是下午5点多钟，抓紧时间睡了一觉。

晚饭后将近10时，古尔斯德送来蒙方起草的第一、第三纪要草稿，看来第二个纪要他们不打算搞了。小沈、小王同志顾不上劳累和困倦，紧张地进行翻译。译完已经午夜时分，随即开会进行研究。担心房间里装有窃听器，小沈把收音机打开。

蒙方提出的《关于中华人民共和国飞机在蒙古人民共和国领土上飞行失事的现场调查纪要》草稿，全文如下：

中华人民共和国飞机于1971年9月13日2时左右(按:后来古尔斯德口头通知“2时左右”改为“凌晨”)进入蒙古人民共和国国境,深入领空,在东经111°14′35″、北纬47°42′20″(蒙方后来更正为东经111°15′、北纬47°42′),即蒙古肯特省依德尔莫格县苏布拉嘎盆地失事。蒙古方面:边防内务军事务管理局处长桑加上校,外交部司长高陶布,外交部工作人员古尔斯德,国防部副处长达木丁上校,法律专家达希泽伯格,民航局专家云登少校,法医莫尤,卫生组组长桑加道尔吉大夫、卓乃大夫,肯特省检察长乌尔金道尔吉,和中国方面:中国驻蒙特命全权大使许文益,二等秘书孙一先,译员沈庆沂、王中远,于1971年9月15日和16日通过共同在现场进行的调查,确立如下几点:

1. 9月13日2时左右,苏布拉嘎盆地发生火灾,当地人员前往灭火,一架不明国籍的飞机失事,在800米×200米的面积上,燃烧着飞机残骸及周围的茅草,扑灭后向有关部门报告了失事飞机的情况。

观察飞机失事的情况,从最初着陆的地方强烈擦地,从29米起着火,又21米起机身部分破碎,并向周围散落。从第一个点开始到二三百米处有标着“……56”号码的机翼部分、三连靠背座位两个,在500米处留下了画有中华人民共和国国旗、有喷气发动机(按:飞机尾部残骸实际上已没有喷气发动机,当时我方不知道)、编有256号码的飞机尾部,在东边约50米处,作为失事要害的头部已完全烧毁,金属熔化、凝结。

2. 该机在没有外来影响下,而由于自身的不明原因,降低飞行高度,试着用腹部着陆时,左翼(按:在会谈中我方提出,根据现场调查应为右翼,蒙方确认为右翼)撞地,造成严重损坏,因此发生爆炸而失事。

据乌兰巴托中央机场气象台报告,在9月13日2点钟时,肯特省伊德尔莫格县上空有二至四级的云,能见度50公里,无危险的气象情况,无风沙,无雾,无风。

3. 失事飞机是装有英国制三叉戟-1E型喷气发动机的用于

远程飞行的客货机。

4. 除失事飞机主身、机翼、尾部、发动机之外，没有留下完整的东西，完全损坏，不能使用。

在这架飞机上除9名遇难者的遗体外，没有发现装有其他货物的痕迹。

5. 从飞机失事地点找到8男1女共9人的尸体，从外表看死亡的情况，都是由于飞机爆炸烧灼皮肤和骨头，头部损坏，手腿折断，除一人的皮夹克没有烧毁外，其他人的所有衣服全部烧毁，赤身被抛到不同的距离死亡。

中华人民共和国方面提出建议，死者是由于飞机失事而死亡是清楚的，所以没有必要进行解剖。因此双方商定不进行法医解剖而埋葬。

死者的脸形已分辨不清，从烧毁衣服的特征、周围的武器、某些死者身上没烧毁而留下的手枪套、子弹带和从失事地点找到的某些证件来看，证明他们是军事人员。

6. 在失事地点有：手枪7支、自动枪1支（按：实际上是两支），有的已烧毁，子弹43发，枪套8个，中华人民共和国货币5元券1张、10元券6张，共65元，烧了一半和完整留下的军服、床上用品、椅套、书籍本子、手表等东西。其中有些东西由地方有关部门保管着。

7. 这些迹象证明，失事飞机是中华人民共和国解放军人员使用的。

代表蒙古人民共和国方面
边防内务军事务管理局处长
桑加上校

代表中华人民共和国方面
中国驻蒙特命全权大使
许文益

1971年9月16日于温都尔汗

蒙方提出的《关于中华人民共和国飞机失事遇难人员安葬的纪要》草稿，全文如下：

中华人民共和国解放军军事人员驾驶的，1971年9月13日夜进入蒙古人民共和国领空，于同日夜2时在肯特省伊德尔莫格县苏布拉嘎盆地试图降落时失事的三叉戟-1E型飞机旁九人遗体按下述方式安葬：

1. 九人遗体于1971年9月16日11时安葬在距失事地点西1.1公里的无名高地的东坡，东经111°17′40″，北纬47°41′20″。

2. 将死者逐个装入木头棺材，并排合葬在一个1.5米深的大墓穴里。由于没有得到了解他们姓名的具体材料，在墓上竖有1~9号的木牌。

3. 参加安葬遇难人员的，蒙古方面有（人员名单同前一纪要），中国方面有（人员名单同前一纪要）。

代表蒙古人民共和国方面　　代表中华人民共和国方面
边防内务军事务管理局处长　　中国驻蒙特命全权大使
桑加上校　　许文益

1971年9月16日于温都尔汗

第三轮会谈，我方提出修改意见

我看了蒙方起草的《纪要》稿子，感到蒙方的意图已经比较清楚，他们采取友好合作态度，安排我们进行视察和善后处理，但在《纪要》上却要写上中国的军用飞机、深入蒙古领空、没有外来影响而坠毁这些文字，目的无非为了在今后两国的交涉中占据有利地位，假如该机是被苏蒙军击伤而坠落，则正可借此推卸责任。这是会谈的要害所在。

由于我们的唯一根据是国内的来电，看了现场之后，更加确认这完全是一架中国民航飞机，死难者都是机组人员，“空中小姐”看上去年岁大了一些，估计是专机的需要。当时，我们每人脑子里都有些问号，但是谁也没有讲出来。小王看到林立果的出入证，曾联想到此人是否是“林副统帅”的儿子，因为他在北大外语系上学时，知道林立果是物理系的一名学生，“文革”开始时辍学离开北大。但是，他考虑天下重名者很多，讲错了担不起责任，就闷在肚子里。这种心理状态，经过“文化大革命”洗炼的人，或多或少都存在。当然他当时如果讲出来，视察现场可能进一步发现一些问题，对遗体和文件可能观察得更为仔细。但是，他不讲也是无可非议的。

我向许大使讲了自己的感觉。许大使讲，蒙方在处理死者遗体入殓和安葬方面的确是友好合作的，《纪要》也没有像额尔敦比列格那样把我机说成是“侵犯”或“入侵”蒙古国境，而改用“进入”一词。但是，他们强调“军事人员驾驶的”、“军事人员乘坐的”，甚至说是“为军事目的服务的”，无非是想在政治上捞到些有利的东西，这我们不能迁就，必须按中央指示精神，坚持“民航飞机误入蒙境”的立场，进行说理斗争。至于飞机是否是被击伤而坠落，因证据不足，应该实事求是慎重对待。

在讨论中，集中研究了会谈的对策，决定在暂不追究飞机坠毁原因的前提下，争取达成协议，写出可以接受的《纪要》，以便把死难者的遗物接收过来（视察开始前蒙方提出，现场物品只看不取，死难者遗物待双方会谈结束后移交，我方同意）。但是，在飞机的属性上，蒙方居心叵测，一场“民”字和“军”字之争看来难以避免。根据这个指导思想，我方对蒙方起草的第一个文件《现场调查纪要》草稿，提了九点修改意见。

第三轮会谈开始，已是9月17日凌晨4时25分，我们又是一夜未眠。

双方坐定，许大使首先发言，对蒙古政府和蒙方人员的友好协助，使现场视察和死者安葬工作顺利完成，表示深切谢意。接着，他对蒙方起草的稿子提出了我方九点修改意见：

第一点，在序言部分“中华人民共和国飞机……进入蒙古人民共和国国境”一句的“中华人民共和国”之后，改成“民航飞机由于迷失方向……误入蒙古国境”。

第二点，主要在文字的叙述方法上做些修改，不用“确立”字样，而用“叙述”，把“确立如下几点”改为“情况叙述如下”。

第三点，在第一条最后加上“在东面20余米处有损坏的机翼，上面有‘民航’二字”。

第四点，第二条开头一句改成：“该机由于不明之原因，在降低飞行，试图用腹部着陆时，右翼撞地，引起爆炸失事。”

第五点，第二条最后(气象情况)与现场调查没有关系，无必要写。如蒙方认为要写，则应加上“根据蒙古方面提供的材料说……”

第六点，第五条第二段，改成“中华人民共和国方面同意九名人员死亡是由于飞机失事造成的，所以双方同意没有必要进行解剖。双方同意不进行法医解剖而进行埋葬”。

第七点，第五条第三段，内容跟第六条有重复，第六条讲了子弹多少，枪支多少，都讲了，其最后一句“证明他们是军事人员”可放到第七条后改写。

第八点，把第七条改写为“这一架中国民航256号飞机载有中国军事人员，也载有非军事人员”。

第九点，把第六条最后一句改为第八条，即“因飞机失事死亡的九名人员的遗物和机上的文件、资料，有的在现场，有的由蒙古方面有关部门保管着，应列具清单作为本纪要的附件。中国方面要求蒙方将这些遗物、文件、材料交还中国。双方同意就此问题继续商谈”。

另外，建议把现场示意图作为附件给我们一份。

许大使对第二个文件《遇难人员安葬的纪要》，建议在开头序言部分加上蒙方的友好协助，认为可以这样改写：“在蒙古人民共和国政府和有关部门的友好帮助下，中国民航256号飞机失事遇难的9名人员(8男1女)的遗体按下述方式安葬。”

许大使讲的过程中，古尔斯德字斟句酌地做了翻译，有的词他要小沈用蒙文告诉他，蒙方人员尤其是桑加上校，紧张地做记录。

许大使讲了约一个小时，时间到了9月17日晨5时25分。蒙方建议休息10分钟。后来，蒙方又要求推迟至上午10时以后再谈，看来他们感到双方在关键问题上针锋相对，需要仔细研究。

第四轮会谈，蒙方态度僵硬

天色大亮以后，小沈外出解手（室内无卫生间，因温都尔汗市没有自来水系统）观察到，蒙方人员进了邮电局，估计是向乌兰巴托打电话请示。许大使考虑，不能被拖在温都尔汗，得尽早回使馆以便向国内报告现场情况，听取国内指示。他让我去向蒙方提出：因为我国国庆22周年将到，大使要在今天赶回乌兰巴托料理馆务，建议谈判移到乌市继续进行，如果蒙方一定要在温都尔汗谈，由我作为大使的代表。我当即约见古尔斯德转述大使意见，他听后感到有些意外，答应马上报告高陶布司长和桑加上校。

9月17日上午10时15分到11时55分，双方举行了第四轮会谈。我尽可能地记录下双方的对话：

桑加（以下称桑）首先开讲："今天第一个工作，从答复大使对第一个文件的修改意见开始。"

许大使（以下称许）打断桑的话："我想问，对我今天回乌兰巴托的计划，你们的意见如何？"

高陶布（以下称高）："现在说不好，不知道去乌兰巴托的时间。"

许："在我走前谈完更好，如果谈不完，由我们的孙秘书在这里代表我谈。"

桑加没容许大使再讲话，就滔滔不绝地讲起来："昨天大使提的第一条意见'中国民航飞机由于迷失方向……'大使意思是飞机迷了路误入蒙古国境的。现在我方没有这方面的证据来证明这一点，所以没有必要、没有根据这样写。"

许："9月14日晚，我奉政府之命向额尔敦比列格副外长说明，'失事飞机可能是由于迷失方向误入蒙古国境，我们表示遗憾。'副外长当时未表示不同意见。这是我国政府的指示，我是奉政府的指示这样说的。"

高："副外长有没有表示异议，当时我们也不在场。我们是用现场有的东西来证明。"

桑紧接着讲："第二个问题，大使意见把'确定如下几点'改为'情况叙述如下'，作为正式纪要在修辞上这是不合适的，因为纪要不是清单表，纪要应该有在现场对失事原因做出结论的阐明。"桑对修辞也不放过，看来对许大使提出的修改意见要全面驳回。

"第三个问题，大使建议在第一条第二段最后加上'在东边……的机翼，上面有民航二字'，不必要加这段话。为什么？如果这个写进去，纪要就得把所有的东西都写进去。第四点，纪要第二条开头我们写'该机在没有外来影响下，而由于……'就是说这架飞机失事没有受到外来影响，我们清楚，你们也清楚。所以，我们意见这句话仍应放进纪要。第五点，关于气象一段的写法，我们同意大使提出的意见，但修辞要改一下：'据蒙古人民共和国气象部门的报告'。第六点，关于纪要第五条第二段，大使提出的修改意见是可以的，我们意见只把句子变一下：'中华人民共和国方面认为，死者是由于飞机失事而死亡是清楚的……'"

接着，桑把大使提出的第七、八条修改意见并在一起驳回：

"我们认为'死者脸形已分辨不清'是实际情况，应该保留。'证明他们是军事人员'这句话还要，这表明死者的外表穿的是军装。这个文件不写死者死后的情况是不可以的。第九个问题，你们提出把纪要第六条第二段拿出来专写一条，我们不这样看。另行提出这个问题是你们的权利，我们建议第六条仍然原样不动。第十个问题，大使提出要现场示意图，我们回到乌兰巴托可以作为这个文件的附件附上。"

桑加几乎是一口气把我方对纪要的修改意见逐条驳回,意思是蒙方起草的这个稿子一个字也不能改。

许大使虽然耐心地听完,但气愤的样子已从面色上表现出来。

高陶布看到谈判桌上的气氛不大好,有"爆炸"的可能性,就连忙插话来缓冲了一下:

"大使同志亲自来肯特省现场工作,我们很高兴。我们来的目的是为了了解和分析情况。双方都有尽快结束这个问题的愿望。大使说今天要回去,我们理解你的工作很忙,大使也可能了解我们工作也很忙。要是大使和桑加同志同意的话,我的意见是今天把这个问题谈好,一起回去。我的主张是按实际情况正确解决问题,不要为一个词去争。我希望有经验的大使同志给予协助。大使说要本着两国友好的精神来解决问题,我对大使的主张表示欢迎。"

许大使按下了心头的怒火,发表了长篇讲话,耐心地说服对方:

"经过这两次会谈,可以进一步了解,双方哪些是同意的,哪些是有不同意见的。有关纪要的谈判,我们才进行了两次,双方存在不同意见是很自然的。但我相信,通过友好的实事求是的互相谅解的反复商谈,问题总会得到解决。我从第一次接触额尔敦比列格副外长,他通知中国飞机在蒙古坠毁这件事开始,到我们在这里的前几次会谈,总的印象是蒙古政府对中国256号民航机失事的处理,是本着友好精神的。所以,我相信只要双方很诚恳地把这种精神贯注到谈判中来,很多分歧是可以解决的。

"其次,从这次现场视察看,对死难者遗体的处理看,都本着友好和实事求是的态度,工作顺利地进行了。在处理纪要这个问题时,如能继续贯彻这种精神的话,问题同样可以得到解决。我还要重复说,这次同上校、司长和同志们共事这几天,合作得很好,相处得很愉快。

"刚才上校提出的对我们修改意见的考虑,我认为双方还可以商量。现在先发表两点看法：中国政府曾通过中国大使正式向蒙古外交部解释了关于中国飞机进入蒙古国境的答复，即9月14日晚8时半，我向额尔敦比列格副外长所讲的那几句话。考虑到这是由于蒙古政府的要求而做出的解释，因此纪要上应当写出这几句话。当然，这里发生一个问题，即蒙古同志们是否同意这种看法，对此我无法表示我自己的意见。根据我的观察，蒙古政府对此是采取谅解态度的。

"第二个考虑，我们不应限于事情的现象，而应从事情的本质去看，对事情的分析就容易取得一致认识。也就是说，为了说明一个问题，事情的局部不能说明其实质，只有事情的实质才能说明这个问题的全面。比如说，在哪个交叉路口发生了一起车祸，假如只发现了汽车的轮子、方向盘，交通民警是不能判断是谁的车，只有看到这个车的牌照是ДК多少号，才能知道是哪个大使馆的。为什么这么说呢？失事飞机很明显地写清楚是'中国民航256号'，这是所有到现场的同志有目共睹的。这是一架具体的飞机，不是一个抽象的概念，因此我们提出把有'民航'字样的机翼写入文件。我不理解上校同志为什么连这样一个简单的事实都不同意写上？"

许大使讲到这里怕引起对方争辩，马上转了话锋：

"现在，我想讲另外一个问题。这两天来我们同上校、司长、同志们一起友好合作，我们很满意，我也愿意继续同你们一起工作下去。但是，中国22周年国庆节很快要到来，我作为国家全权代表，不能长期离开蒙古首都乌兰巴托。因此，我请你们谅解，我今天就准备回到乌市去，我委托我们的孙一先秘书作为我的全权代表，跟各位继续真诚友好地合作，完成这项工作。"

蒙方看到许大使话已说尽，去意已决，桑加只问了一句："大使是否计划今天走？"许大使回答："是的。"

高陶布接着说:“刚才我们上校答复了大使昨天提出的十个问题,大使对上校的答复又提出了自己的想法,我们也理解到一些问题。还有什么意见?”

许大使表示没有什么了。高陶布宣布:“这样就休息吧。”看来蒙方需要研究一下对策。

我们回到住处,等待蒙方的下一步动静,并做大使返乌市的准备,分头誊抄有关文件和资料。许大使向我交代了继续会谈应注意的事项。

之后,我同小王带了礼品,在饭店二层的回形走廊里,分别约见蒙方卫生组长桑加道尔吉大夫(小沈乘车受伤,他给包扎)和民航专家云登少校,向他们赠送礼品,表达对他们友好协助的谢意。本来想向云登了解一下他对飞机失事的看法(15日下午第一次视察现场时,小沈曾发现他在画坠机现场和遗体位置图),但交谈时古尔斯德从旁边走过,云登马上局促不安,起身告别,并说他有腰痛病,希望到中国驻蒙古友谊医院去看医生。我立即明白他的意思,连说欢迎、随时恭候,并重重握别。可惜不知何故,后来他没有来友谊医院。

第五轮会谈,双方激烈争论

午饭后,蒙方通知下午双方再见一次面。第五轮会谈遂于15时20分至17时10分举行。预计会上可能会有一番激烈争论,我从一开始就做了详细的对话记录。全文如下:

高陶布(以下简称高):午饭后我们研究,需要再见一次面。关于许大使今天要回乌兰巴托的问题,我们已报告上级。现从中央接到通知,我们组的同志们在乌兰巴托也有许多事要做,希望尽快把工作结束,今天回去。

我们对大使提出的问题给予答复,看大使对我们的答复还有什么问题。我们来这里主要工作之一是安葬死难者,这已经完成了。另一件主要工作就是希望走前把这个文件完成好。昨天大使提出过希望尽快把工作完成,因此,我们最好是把这一工作结束一下。

许大使(以下简称许)我很高兴蒙古政府方面同意我的意见,今天让我回乌兰巴托。同时,我也能正确理解同志们在乌市也有许多重要的工作要做。因此,从我内心来说,也希望把这一工作结束。

上午我曾讲过,许多方面进展很顺利,只是在这《纪要》上还有些不同意见。虽然我提了10个要点(按:包括索要现场示意图),我坦率地讲,我们之间要是能正视现实、反映现实情况的话,这些问题是会很快解决的。我看关键问题在两点上:

首先,是飞机的问题,一定要讲具体,不要抽象讲。比如说,我有四个儿子,其中一个发生了事情,必须讲明是哪一个儿子发生事情了。对于我们来讲,是中国民航256号飞机失事发生了事情,所以我主张讲具体。也就是说,失事飞机对于我们是具体的飞机,不是抽象的飞机,正像蒙方自己有很多飞机一样,出了事的飞机是哪一架就是哪一架,而不能抽象地讲蒙古飞机失事了,引而申之,也就不能只是说中国飞机发生了问题。我想,如果上校、司长和同志们同意这个观点,问题很容易解决。

其次,是飞机上的乘员问题,这对全部事情也不是很重要的问题。因为,这架飞机失事,蒙古政府已采取了明确的友好的态度,根据我的理解,蒙方不认为这架飞机对蒙古有什么不好的行动,因此,这架飞机乘什么人、做什么用,那是很次要的问题。你们方面提到这架飞机上有军事人员,一般说我不反对,但另一方面,根据现场判断,飞机上也有非军事人员。我认为这是很细小的问题。我曾跟司长讲过,我们的民航有的是军人驾驶的,我不知道蒙古民航是否也是军事人员管理和驾驶的,但我知道有些国家是这样的。因此,这个问题大的方面已解决,再提是什么飞机、什么人乘坐都是次要问题。你们顶多想说明这架飞机上有军人乘坐，或者说是军事人员使用的。这个话，从蒙古政府处理这个问题的态度讲，我们认为没有说明的必要。事实上，现场观察判断，我们不否认机上有军事人员，但也有非军事人员，例如，那名空中小姐就不是军人，军人是不会穿白皮鞋的。所以，为了照顾同志们的看法，要写就把两种人都写上去。

简单地讲，以上两点就是彼此不同意见中的主要问题，如果能按我这样想，问题易于解决。

高：我们准备随时听取大使同志的意见。今天要回去之前，希望把安葬这些人的文件完成好。

我们已听取了大使同志对第一个文件的意见，大使同志对我们今天上午的答复做了一些解释。现在主要解决一下安葬那些人的《纪要》。我们已经提过一个文件，现在讲讲已改写的序言。

桑加(以下简称桑)：我谈一下改写的序言，"1971年9月13日2时左右，在蒙古人民共和国领土肯特省伊德尔莫格县苏布拉嘎盆地失事的中华人民共和国256号三叉戟1E型喷气飞机乘坐的中华人民共和国九名军事人员(8男1女)的遗体按下列情况安葬"。

高：序言之下第一、二段文字同前稿完全一样，但昨天的稿子只建议大使和上校签字，现在可以把参加制定文件的人名字都写上去，大家都签字，日期还写昨天。

许：这个稿子修改后，同我们的主张又近了一步。还有两点具体建议：第一，因为256号是中国民航飞机的机号，建议"中华人民共和国"改为"中国民航"；第二，括号中应写明"有军事人员和非军事人员8男1女"。

孙秘书(以下简称孙)：大使的第二点意见，在文字上也可写成"乘坐的九名人员(8男1女，其中有军事人员和非军事人员)"。

桑：因为我们写的是基于实际情况之上的，从我们方面说，没有证据证明这是民航飞机，所以只把号码写上去。

高：这个号码在衣服上有，机翼上有，但是飞机里的材料没有一点提到中国民航，而都是部队发给他们的证件。大使说，那个妇女不是军人，因为军人不穿白皮鞋，但也无法证明那皮鞋一定是那个妇女穿的，而不是放在飞机上的。我们从里面找到的东西，没有能证明是民航飞机。我们改写序言时已把“中国人民解放军”去掉了。

许：256号就是中国民航的飞机。我刚才说到，中国民航的飞机有的是军人驾驶的，正像有的国家由军人管理一样。因此，不能说有军人就不是民航。我们在现场也看到，有一个驾驶员穿着皮夹克，而不是穿着军装。

高：他里面穿着军装。

许：他没有领章，他的衣服我都看了。

桑：我们的材料证明他们都是军人。

许：我们说里面有不少军人。

桑（冲动起来，大声地说）：我们有各方面的证据，说明这些人都是军人。

许：我不反对说里面有军人。为了能结束这一工作，我建议两点，你们有什么不同意见？

孙：补充一点意见。现在问题比较清楚了，大使一再讲，不反对说里面有军人。但是大使声明两点：第一，这里面有非军人。第二，不能说军人驾驶的飞机不是民航飞机。

我想就大使讲的补充一点：许多国家的民航是由军队管理和领导的。我在蒙古工作多年，也看到蒙古的民航也是军队领导和管理的，而且驾驶飞机的人，都是现役军人，有肩章的军人。假设一种情况——也可能不会出现这种问题，假设蒙古飞机迷失方向，误入他国领空，别国说这不是民航飞机，因为是军人驾驶的，所以就肯定不是民航飞机，尽管你们的飞机上有民航标志和号码。我试问，蒙方领导同志和其他同志，你们会同意这种看法吗？

高：但是飞机上没有证明（是中国民航）。

孙：飞机上写着很大的“民航”字样。

高：这大字在什么飞机上都可以写。我们把看到的号码、型号都写上去了。没想跟你争论这个问题。

许:现在是个理解问题。为了结束我们的这个工作,你们对我的修改建议还有意见吗?

高:还有你提到的军事人员和非军事人员。你曾提到军人也驾驶那种飞机,因此我们今天也改了一下,把"解放军"一词去掉了,希望相互接近。

许:加括号同意吗?

高:即"8 男 1 女"。

许:一个女的不是军事人员,穿皮夹克的不是现役军人,因此要写上有非军事人员。

高:穿夹克的里面也有军人穿的绿色衣服。

许:女的穿的鞋子证明她不是军人。

高:皮鞋没有穿在脚上,而且军人也可以穿那种鞋。

许:中国军人没有穿那种鞋的,同时,穿夹克的没有穿军装。我们认为应该反映实际情况,而不是因为写上军人就不好。

高:我们写的符合实际情况。

许:你承认不承认穿夹克的人没有军人标志?是否你们再考虑一下。

高(开始有点沉不住气,急躁起来):我们没有什么可考虑的。穿夹克的,里面穿的军衣是否是有标志?

桑:我们认为他穿着军衣,不是普通人。

许:他穿着夹克,下面烧了,上面没烧。

桑:但是他有军人的腰带。

许(笑):我们有很多青年人穿军衣,但不是军人。

高(怕涉及到红卫兵):今天不谈青年了。就只谈这个文件,您赞成哪些,不赞成哪些?

许:我刚才讲了,有两点修改意见。这样修改符合实际情况。

桑:刚才讲的都是这些人的外表,我们有文件证明这些人都是军人。

许:那好,可以看看你们的证明。两天来看到的,有两个人就不是军人。假若你们有材料证明这两个人是军人,我们可以放弃我们的意见,同意你们的意见。

桑:我们有这样依据的材料,所以这样说。

高(带威胁地说):我们有那样的证件。如果互相不相信的话,那个材料可以公开出来。

许(冷静地说):我们从实际出发,现在只能从这两个人的外表看,证明他们是非军人,如果你们有材料证明,我可以放弃自己的意见,而同意你们的意见。

桑(避开要公开证件的问题):我们在现场看到有8支(按:原话如此)手枪、1支自动枪,刚好是9个人的,证明他们都是军人。

许:也许一个人可以带两支枪。我们不是怕承认军事人员,而是因为从实际出发,要尊重事实。看到的两个迹象证明他们中间有非军事人员。我再说一遍,说是军事人员很容易,但要从事实出发。

(蒙方提议休息5分钟)

高:经过短时间休息,我们又改了一些地方,尊重你们的意见。

桑:我们再次做了修改。我们友好地隆重地把遗体安葬了,为此必须写个文件。这样改写:"……失事的由中华人民共和国军事人员驾驶的256号三叉戟-1E型喷气飞机乘坐的中华人民共和国公民9人(8男1女)的遗体按下列情况安葬:"

许(想改道易辙打破僵局):我们回到乌兰巴托还要继续谈第一个文件,是否这个文件也带到乌兰巴托一起谈?第一个文件谈通了,第二个文件自然解决了。

还有一个办法,把这一段序言再简化,比如写成:"中国民航256号飞机失事遇难9人(8男1女)按下述情况安葬:"

在这个问题上我们是两条,一是民航飞机,二是有军事人员和非军事人员。因为这两点在第一个文件上没解决,因此在这里解决就很困难。

高:现在不讲是什么人,只讲是9名中国公民。

许:飞机是中国民航,孙秘书还做了解释。我认为第一个文件达成一致了，第二个文件自然解决了。我建议到乌兰巴托继续谈。在蒙方的协助下，遗体很好处理了。为使双方满意，暂且不急，到乌市继续商谈。你们如果同意，就这么办。

高（带威胁地高声说）：为尊重死者，我们应该有个文件，如果你们不同意，我们自己在上面签字。

许：那也可以，你们签了字送给我们，我们注意这件事就可以了。

桑：我们单方面签字，是否要把中方人员的名字也写上？

许（带讥讽地说）：如果在你们国家这样做合适的话，我不反对。

高（蛮横的命令式口吻）：我们签字，你们在场。

孙（气愤地高声说）：你们单方面签字，不能代表我们，我们也没有必要在场。

许（仍然非常沉着地说）：我建议不要急，争取双方满意地解决。

高：我不明白有什么不满意的。

许：至今你们还不同意是民航飞机。

高：现在我们提出最后意见，序言还是按原来的写法："由中国人民解放军驾驶的飞机……"我们单方面签字。

许：我刚才讲了，如果在蒙古这样做是合适的话，我不反对。

高（感到了许大使的讥讽，蛮横地回答）：在我们这个小范围就可以决定，我们单方面签字。

桑：我们欢迎中国同志在场。我们单方面签了字，并注明中方拒绝签字。

许（仍然沉着冷静地说）：我们不愿看到这种情况。你们是否认为承认中国民航飞机是不合法的？我建议改为"载有中国公民的中国民航飞机，在……失事"，这样行不行？

桑（对着高陶布问）：就这样结束吗？

许（做最后的争取）：到乌兰巴托以后继续商量。

高（把手一挥）：我们拿去打字，单方面签字，并结束这一工作。

许(努力缓和气氛):我们这几天合作得很好,就是在文字理解上有分歧。我是很愿意取得一致共同签字的。

高:我们也是为了共同解决这个问题的。

许:我想个别的办法,可以在上面写我们的修改意见,在“有军事人员和非军事人员”的地方你们加注,这样的话,我们可以签字。不要因为写法不一样,就阻碍签字。

桑:还是你们加注解比较好,我们坚持原来的写法。

许:我想上校同志理解我的心意,我是愿意在上面签字的。我想,如果愿意在乌市谈定第一个文件的话,那时再签第二个文件怎么样?

桑(暴躁地说):我已说过,以后不谈这个问题了。

高(一面站起来一面说):我们单方面签字。

悻然遄返乌兰巴托

最后一轮会谈到下午5时10分不欢而散,没有达成任何成果。在会谈中,许大使显示了他沉着冷静的外交风度,而高陶布和桑加最后有点失态。

在离开克鲁伦旅馆去机场之前,突然接到使馆吕子波参赞从乌兰巴托打来的长途电话,问何时返回乌市。他在电话中不便多讲,但从其口气中可感到一种急切心情。

9月17日下午6时05分,双方人员怀着激烈争辩后的悻悻心情,来到温都尔汗机场登上原机,那位接待我们的副省长和省府责任秘书到场送行,许大使向他道谢告别。

飞机在暗绛色的硬土跑道上,没有滑行多远就腾空而起。在飞机上双方人员都沉着脸,没有一个人吭气。

飞机飞上蔚蓝的秋空,一望无际的大草原令人心旷神怡,顿扫几天来缺眠的疲惫。回头向东北望去，苏布拉嘎一带埋在一抹尘雾之中，我不禁暗暗喟叹，那九位死难者，将永远留在那里，做异国他乡之鬼了。

“九一三”事件真相大白之后，回头再看看关于“军”还是“民”争论的记录，的确就如同在埋葬死难者时，我们四个人毕恭毕敬地鞠躬默哀一样，使人感到有点好笑。有的同志甚至说，蒙方人员讲的256号飞机的性质、机上乘员都是带“军”字的，符合实际，而我方在会谈中不够实事求是。

我认为历史问题只能用历史眼光去看，不能脱离当时的具体条件。国内通知使馆是，中国飞机迷失方向误入蒙古领空，没有讲飞机性质和其他更多情况，驻外机构的代表必须坚决按照上级指示的口径进行交涉，不能做任何篡改。而我们在现场看到的飞机残骸上明明是中国民航四个大字，飞机的性质一目了然。况且，中蒙之间多年恶化的紧张关系刚刚开始缓和，彼此猜疑仍然很深。双方在会谈中的思想状态和言谈表现，反映了当时两国关系的现状。在三叉戟256号坠毁原因尚不清楚的情况下，蒙方一再强调飞机坠毁是“在没有外来影响下，而由于自身的不明原因”造成的，给我们的印象似乎是他们在躲闪什么，于是就更加重了对于飞机可能被击落的怀疑。而蒙方也怀疑这架军用民航机无端地进入蒙古领空，是否真的是迷失航向，还是有着搞侦察破坏活动一类不可告人的目的。因此，他们就死死咬住“军”字不放。我们在当时的情况下，只有抓住“民”字来应对，才能避免留给对方什么把柄。当然，由此而失去了达成协议要回死难者遗物的机会，是比较可惜的！

第五章　紧急回国向周总理汇报

领受任务回国汇报

9月17日7时10分，我们回到了乌兰巴托。吕子波参赞和办公室的小刘到机场迎接我们。吕参赞告诉许大使，外交部已经多次通过“热线”电话催问现场视察情况，昨晚23时半，还特意来电询问，为什么在现场停留一天多而没有音信？要大使返馆后，先用电话报告简况，然后用电报作详细报告。

返抵使馆，许大使顾不上吃晚饭，马上去打电话，向外交部办公厅符浩主任作了汇报。打完电话，许大使讲国内要使馆派人立即回国详细汇报，搭乘飞机，越快越好。许大使同党委成员商量后，决定派我回去担负这一任务。但是，中蒙之间的航线早已停航，乘飞机得从乌兰巴托飞到苏联的伊尔库茨克，改乘星期一（20日）从莫斯科飞北京的中国民航回国，从当时的中苏关系看，这样既费周折又不够安全。而中蒙苏之间的国际联运列车，星期一早上经乌兰巴托南下，行驶大约30个小时，星期二（21日）下午即可到达北京，比乘飞机虽然晚到一天，但却安全可靠。经请示国内同意，决定乘火车回国。为了旅途安全，许大使让中国建筑公司驻蒙古公司安排回国探亲的蒙文翻译贺喜与我同行，并要小刘连夜打照会，给我和贺喜（对外已转成使馆工作人员）办理签证。自从蒙方撕毁两国互免签证的协议以后，回国人员都要事前申请签证，办理时间快则3天，慢则5～10天。没想到我们二人的签证18日上午送到蒙古外交部领事司，下午就办回来了。看来他们已猜到我回国干什么。

17日当晚,我和小沈、小王顾不上极度的困倦,通宵赶写视察现场的报告,许大使也一夜未眠,我们完稿一个他审批一个,有关同志也紧张配合,到18日天明,一连发出了《视察坠机现场概况》、《飞机与遗体状况》、《安葬死难者情况》三个报告。上午稍事休息,又赶写发出了两个《纪要》会谈情况的报告。

然后,我们即转入为回国汇报准备材料,精心绘制了《现场测量示意图》《死难者遗体所处方位的放大图》,在蒙古全图上标绘了苏布拉嘎现场位置图,整理抄清了五次会谈记录,以及蒙方提出的两个《纪要》的草稿等。为了检验现场拍照的效果,还试验冲印了一个胶卷。高度紧张的工作,神经极度绷紧,驱走了几天缺乏睡眠的怠倦。

在向国内发去了四个报告以后,许大使让小刘起草请示电:"如果蒙方人员有意无意把中国民航机在蒙古坠毁之事散布到使团去,使团有人问我有无此事,我馆如何回答?"几个小时以后,收到外交部复电:"国内正在查实,暂时无可奉告。"后来得知这个答复是周总理亲自批示的。

由于使馆在关于《纪要》会谈情况的报告中,曾讲到:"我们初步估计,由于双方存在分歧,制定文件可能不了了之,当然有可能还要继续谈。我们准备同他们谈,继续交涉要求归还遗物。"9月19日上午,收到周总理嘱发的电报:"关于两个《纪要》问题,你馆暂不主动找蒙方继续会谈,等孙秘书回国汇报研究后再说。"

19日上午,还收到国内发来的另外一个指示,要求注意观察蒙方和驻蒙苏军有无战备动作。我和小王驱车到乌市周围去转了一圈,特意根据使馆司机提供的线索,到乌市西区陶拉盖图的北山沟,看看蒙军的防空导弹阵地。这个山沟颇深,是乌市倒垃圾的地方,使馆司机去倾倒垃圾时,早就发现山沟以西高坡上建有蒙军的导弹发射架,但没有见过导弹。这次,我和小王开了眼界,看到发射架装上了防空导弹,旁边的探测和搜索雷达一直转个不停。回到市区,注意观察来来往往的苏联军用汽车似比往常有所增加。乌兰花北山上的几部远程警戒雷达,像是开足马力,昼夜转个不停。而苏军集团军指挥部所在地的乌兰花一条街，入夜后灯火一片通明，直至深夜。本来想去乌市以东那来赫附近看看苏军机场有什么动静，因为没有时间而作罢。经过走马观花式的观察，总的印象是蒙军和驻蒙苏军都有异常。

转瞬之间两天过去了，9 月 20 日上午 9 时，我和小贺登上了从莫斯科开来的我国的 4 次国际列车，心情既因能够回国一趟有点兴奋，也因不知能否把任务完成好而感到忐忑。列车员热情地接待我们，列车长还特意到我们乘坐的车厢打了招呼。一节软卧车厢，只有小贺和我两个人。虽说我国"文化大革命"开始后，由于苏蒙当局严厉限制其本国旅客乘坐此次列车，客流已大为减少，但今天少得出奇，我们俩开玩笑地说，这次坐上专列了，够上了副总理级待遇。

驻蒙古苏军进入战备

列车 9 时 28 分离开乌兰巴托，穿过市南的山区，奔驰在广袤的戈壁草原上，到处是一片深秋萧瑟的景象。我看到铁路两旁的苏联军事基地，它们显得格外繁忙，气氛异常。离乌市 70 多公里（铁路里程，直线距离约 50 公里）的大型后勤基地上，已不像过去看到的无事闲逛和午间足球赛的苏军大兵，代之的是进进出出的载重车辆。离后勤基地不远的一片几十个横卧的战备油罐群，不仅用铁丝网围了起来，还少见地加上了岗哨，说明都加满了油。离乌市 100 公里（铁路里程）的巴彦机场，飞机不断起降，空中一个个编队飞过，不像是日常的训练飞行。而且，拉出机窝停在滑行道旁的一排歼击机，都脱掉了机罩，在太阳照耀下，一片亮锃锃的。以上情景，与我一年前乘火车路过时所看到的有了明显不同。

下午 14 时左右，列车驶抵离乌兰巴托 245 公里（铁路里程）的乔依尔车站，这里属于东戈壁省最北部的苏木布尔县管辖，是进入大漠戈壁的北缘。在这个车站以北 20 多公里，有苏联空军一个大型机场。它不像巴彦机场离铁路那么近，因而看不到跑道和地面的飞机，但在其不远处有七八座五层楼房,耸立在戈壁滩上,就像羊群里的骆驼一样,显得十分突出。据说这个机场加上巴彦机场共部署近一个空军师的兵力。这里的飞机也在不断起降,轰鸣声在密封的列车厢里也感到非常刺耳。我心里想,中国和蒙古之间现在没有什么紧张局势,只不过一架中国民航飞机在温都尔汗附近失事坠毁,这也值得驻蒙苏军来凑热闹吗?

过了乔依尔车站,我和小贺开始午餐,一面吃着从使馆带来的面包、香肠、酱肉和蔬菜罐头,喝着青岛碑酒,一面闲聊。他说人们都讲沙漠戈壁多么可怕,我看没什么,你看窗外不是风平浪静吗?我说你别小看这沙漠戈壁,翻起脸来那真正可怕。去年我因胃溃疡回国疗养,就在前面那个哈腊艾腊格车站遇上狂风大作,飞沙走石,列车被刮得直晃,车窗玻璃被沙砾打得噼里啪啦,几乎要敲碎!本来这个站不停车,也不得不停了半个多小时。他听了吐了一下舌头,又摇摇头,醉醺醺地躺下睡了……

傍晚,列车开到蒙古边境重镇赛音山达,这里有相当数量的苏联陆军和空军驻扎。过去,他们的行动尽量避开国际列车到来的时间,今天却一反常态。我第一次看到这么多的苏军作战部队驾驶着坦克、大炮和装甲输送车由北向南行进,这令我十分意外,感到形势有些严重。我摇醒了小贺,告诉他今天有点反常,嘱咐他务必提高警惕,预防不测,最重要的是帮我把回国汇报的资料保管好,绝对不能出差错!我穿上大衣下到站台,与乘坐这趟列车而来的几个苏联陆军校官擦肩而过,他们提着行李箱走得匆匆忙忙,似乎没有发现我这个中国人。据列车员讲,苏联军官尤其是穿着军装的,过去几乎没有乘坐中国列车的,今天的确异常。

夜间21时58分,抵达蒙古边境车站——扎门乌德,车站上蒙古士兵站岗巡逻人数大增,往常带班的尉官已换成校级军官。我担心在这里蒙方是不是会制造点麻烦,但是,登车检查的边防军官和海关人员态度都相当友好,做做例行公事就下车了。

深夜23时45分,列车开进我国边城二连。我几次往来过境而结交的老朋友、边防检查站的王站长在站台上等着我,亲切热情地把我接至他的办公室。这次，他一反往常那样对蒙古境内情况问长问短，只是随便闲聊。我看到车站内外，解放军明显增多，干部们都佩带手枪，感到有些异样。在我询问下，他悄悄地说："现在是一级战备。"我心中陡然一惊，无怪乎蒙古境内苏军活动异常，难道真的同失事飞机有联系？我不便多问，就告辞去餐车，趁列车更换底盘的时间饱餐一顿。餐车灯火通明，吃饭的人不少，原来他们都是在二连登车回内地的，从他们的表情看不出什么紧张气氛。

列车从二连开出是21日凌晨1时43分。到了国内心情放松，便闷头熟睡。清晨6点多钟，被车站上的嘈杂声惊醒，原来已到内蒙古的集宁车站。我掀开窗帘立即看到，一列军用列车正在卸下各种军车和重型武器，相当数量的部队在忙来忙去。

到北京，接受约法三章

9月21日下午15时29分，国际列车准时抵达北京站，停靠在1号站台。一下车就看到站台上的外交部办公厅符浩主任和秘书王万慧，我以为他们是来接什么重要人物，上去打招呼后就东张西望寻找接我和小贺的人。王秘书上来把我拉到符主任面前，符低声说："我就是来接你的，已安排好你暂住外交部招待所。"我解释说在北京有家，他说："不，要先住在外交部招待所。"我向他介绍了同行的小贺，他问明是中建驻蒙古公司的陪同人员，未去过飞机失事现场，也不了解有关情况，就叮嘱他关于飞机坠毁的事，没有公开前绝对不能对任何人讲。之后，就让中建公司对外局的人把他接走了。车站上，人们熙熙攘攘，一派正常生活景象，看不到有什么异样。

到了外交部招待所，符主任让我把从使馆带来的文件、资料和现场拍摄的胶卷，统统交给王万慧，并交代王马上把这些东西带回部里，文件交部值班室主任徐连儒保存，胶卷交给孙秀娟冲洗，然后对我说："先休息一下，做好汇报准备，可能随时找你。"同时对我约法三章：第一，暂住招待所，不许外出，也不要在招待所内到处走动；第二，不要同外面联系，包括亲属和所属单位；第三，如果在招待所遇到熟人，就说临时回国送文件，现在正等回件，随时准备返馆，有关失事飞机的事，一句也不能讲。他离开招待所前，告诉我一个电话号码，说有事找部值班室徐主任联系。我连连点头称是，保证按要求去做。

符主任走后，我环顾了一下室内，是布置比较讲究的两大间套房，还有单独的卫生间，是大使级的下榻之处。但是年久失修，外间有处墙皮脱落一大块，里屋卫生间与楼道之间的小窗户没了玻璃。

晚饭后，洗了个澡，然后重新看了一下汇报材料，稍微改了改汇报提纲。估计是向外交部领导汇报，思想上没有什么压力。准备完已是22点多钟，和衣躺下矇眬入睡。

突然，有人敲门，看看表是23时30分。进来一位衣着朴素、面庞清癯、神采奕奕的女同志。她一进门就自我介绍："我是王海容。"接着以不容商量的口吻说："走，到人民大会堂汇报去。"说着，她把洗印好的飞机失事现场照片，及我带回来的有关资料递给我。我装入文件皮包，随她登车而去。

我听说王海容在外交部是一位颇有名气的人物，她同毛主席有很近的亲戚关系，毛主席的妈妈同王海容的爷爷是亲姐弟，王是毛的表侄女。因此她可以随时进出中南海，俗称能"通天"。她在外交部的司一级干部中，是唯一参加部核心领导小组的成员。我坐在车后排，瞅着她有些瘦削的背影，心想这个人一定架子不小。

深夜，长安大街上静悄悄的，看不到一个人，只偶尔有小汽车飞驰而过。风依然带有夏天的余温，不像蒙古的秋风那么冷那么硬。然而，这足以使我从矇眬中清醒，心中嘀咕：听汇报的看来不是外交部领导，那会是谁呢？

从正义路1号的外交部招待所，步行到人民大会堂也不过20分钟左右，乘汽车不容我多想什么，一眨眼就到了大会堂的北门。

我们从人民大会堂北门登上台阶，两名警卫迎上前来，紧贴着站在我面前。我感到他们似乎在用暗藏的检测器检验我的文件包有无铁器一类东西。王海容向他们做了说明，我们就被客气地让进了大会堂的北门。

向周总理汇报

穿过宴会厅楼下的走廊，我意外地碰到8341部队的副参谋长李连水，我们在50年代就比较熟，那时他是解放军副总参谋长兼外交部副部长李克农的警卫参谋，我的妻子在李办当秘书，他们是同事。我同老李多年不见，他来不及叙旧，就带着紧迫的神情对我说："赶快去吧，等着你哪。"他显然知道我这次从蒙古回来干什么，却没有讲谁在等着我。

王海容带我走到福建厅门外，让我坐下把照片分类整理一下。刚刚整理好，她唤我进去。

我一进门，蓦然间眼前一亮，看到一个熟悉的面容，他坐在正面中间的沙发椅上，正向一位穿军装的同志交待事情。这不是周总理吗？我顿时感到心脏急促跳动，胸闷得有些出不来气，急忙走前几步。

总理伸出手来，握住我的手，目光炯炯地看着我，亲切地说："回来了？好，请坐！"并向我介绍站在身边的军人："这是杨德中同志。"总理用肘部受过伤的右手，示意让我坐在他左边的藤编沙发椅上，与他中间隔着半米宽的藤茶几。

我环顾了一下大厅，座位分作内外两层，内层是十几个藤沙发椅和茶几，及一张藤编方桌，外层是一圈织锦缎大沙发和暗红髹漆茶几。在内层的座位上坐了几个人，有外交部代部长姬鹏飞、军代表李耀文、副部长韩念龙、办公厅主任符浩、礼宾司副司长王海容。

坐定以后，总理问我："一同回来的不是还有一个翻译吗？哪去了？"我答："他回家了。"总理立即面色一沉，浓眉猛然一蹙，严厉地问："谁让他回家的？"我看了看符主任，总理随即转向符更严厉地问了一遍。符浩回答是他让走的，因为那个翻译没有到过现场，也不了解有关情况。总理说："那也不行，飞机摔掉了他总知道吧。"批评符浩："你当过兵吗？你会唱《三大纪律八项注意》吗？"符浩感到了问题的严重性,他了解总理是知道他过去在部队工作过,1950 年 7 月,他奉派到蒙古担任临时代办筹建使馆时,总理接见他还半开玩笑地说过:“已经是外交官了嘛,怎么还穿军装?”此刻总理问他当过兵没有,分明是批评他警惕性跑到哪里去了。他立即说:“我马上把贺喜找回来。”说完就到另外一个房间打电话去了。

总理的严厉态度,使我刚刚平静下来的心脏又急促地跳动起来,因而愈加感到紧张。总理为什么对这件事这么严厉呢?后来知道当时林彪的心腹干将,包括黄永胜、吴法宪、李作鹏、邱会作这“四大金刚”,一个都没有处置,中央对林彪余党的能量有多大也不够清楚,怕林彪摔死的消息走露,会迫使这些人铤而走险。

9 月 14 日,驻蒙古使馆一位回国休假的干部,离开使馆前得知有一架中国的喷气飞机在蒙古境内温都尔汗附近坠毁,机上九人全部死亡。他到了二连边防站,向王站长讲了这个消息。这当然是一件大事,王站长立即把这消息向内蒙古军区报告,然后这消息逐级上报到北京军区及总部。总理得知后,立即指示这个干部所在的单位将其隔离,并限令北京军区采取紧急措施,让已知这个消息的 26 人谁也不许扩散。当然总理这个指示也传达到二连边防站,无怪乎我回国路经二连时,王站长不敢询问蒙古境内的情况。

我坐在那里口渴得直抿嘴唇,总理看出我的紧张心情,温和地说:“喝茶嘛,这是很好的龙井茶,多喝一点。”还一再打桌铃让服务员给我添茶。总理服下护士送来的药片以后,开始像谈家常一样,问我姓名、年龄、籍贯、参加革命时间、工作经历,一一亲自记在纸上,当听说我 1948 年就来到中央机关,赞许地点了点头。我的紧张心情逐渐松弛下来,一面回答问题,一面注视着总理。我在中央机关工作 20 余年,多次见过总理,但坐在他的身边直接汇报还是第一次,这是多么难得的机遇啊!总理穿着一件灰白色的中山装,相当多的头发已经花白了,面庞也不像过去那么丰腴,而是比较清癯白皙,几小块老人斑显得较为突出,浓眉下的双眼炯炯有神,不时注视着我,像是要透过我的话把脑袋里的思维抓住。他手上的老人斑似乎更多一些,右手放在膝上时,可以看得出手指有些轻微颤抖。由此证实了一个传说,1967 年夏天，外交部以姚登山为首的造反派，在王力、戚本禹等人支持下夺了外交部大权，总理怎么说服也不听，被气出心脏病来。

总理问过我的个人情况以后，要我开始汇报。这时，服务员端来一碗热汤面劝总理吃一些，说从早晨一直还没有吃过东西呢。总理说现在顾不上，听完汇报再吃吧！

我首先汇报蒙方对中国飞机失事事件的态度和双方会谈的经过。

总理听完，头仰枕在沙发上，半思索半自语地归纳蒙方态度的特点，然后抬起头来朝向我："就是说蒙方还是比较友好的？"

"是的，从几年来中蒙关系看，这次是比较友好的。"我回答。

"好吧。你谈谈现场情况。有没有带地图来？"总理问。

"我标了一张现场位置图"。我说着就跟着总理站起来，走向那张方藤桌，把这幅二百万分之一的地图摊开，外交部的几位领导也围过来观看。我指着地图上标出的红圈，讲苏布拉嘎盆地位置，及其与温都尔汗、乌兰巴托、我国国界的距离。

总理问："离伊尔库茨克多远？"我答直线距离700多公里。

"我国的山海关在哪个方向？"我回答说在图的右下角。

"多伦呢？贝勒庙呢？"我指出了这两个点在地图上的位置。

总理立着右手掌从山海关开始，沿着这两个点到温都尔汗，用力地向前一画，并微微地点了一下头。我立即吃惊地意识到，飞机是沿着这条航线飞出去的，而不是由东北飞进关内，这绝对不会是迷航，而是叛逃，可能机组人员里有叛徒。

回到座位刚刚坐定，从门外进来几个人，第一位是总政主任李德生，第二位是空军司令吴法宪，第三位是空军副司令兼民航总局局长邝任农。我站了起来，总理只向我介绍了李主任。我注意到，李主任穿的是一套布军装，脚上穿着一双浅口布鞋，而邝局长和吴司令都穿的确良军装和皮鞋，整整齐齐。这时，已是9月22日凌晨1点钟了。

"好吧，你继续汇报吧！"总理说。

我开始讲失事飞机的情况。当我讲到飞机肚子擦草皮着陆时，邝任农插话："软地面不能放起落架，放了起落架就会像钉子一样扎进地面，飞机要翻筋斗的。"总理马上制止了他的插话。

林彪座机出逃航线示意图

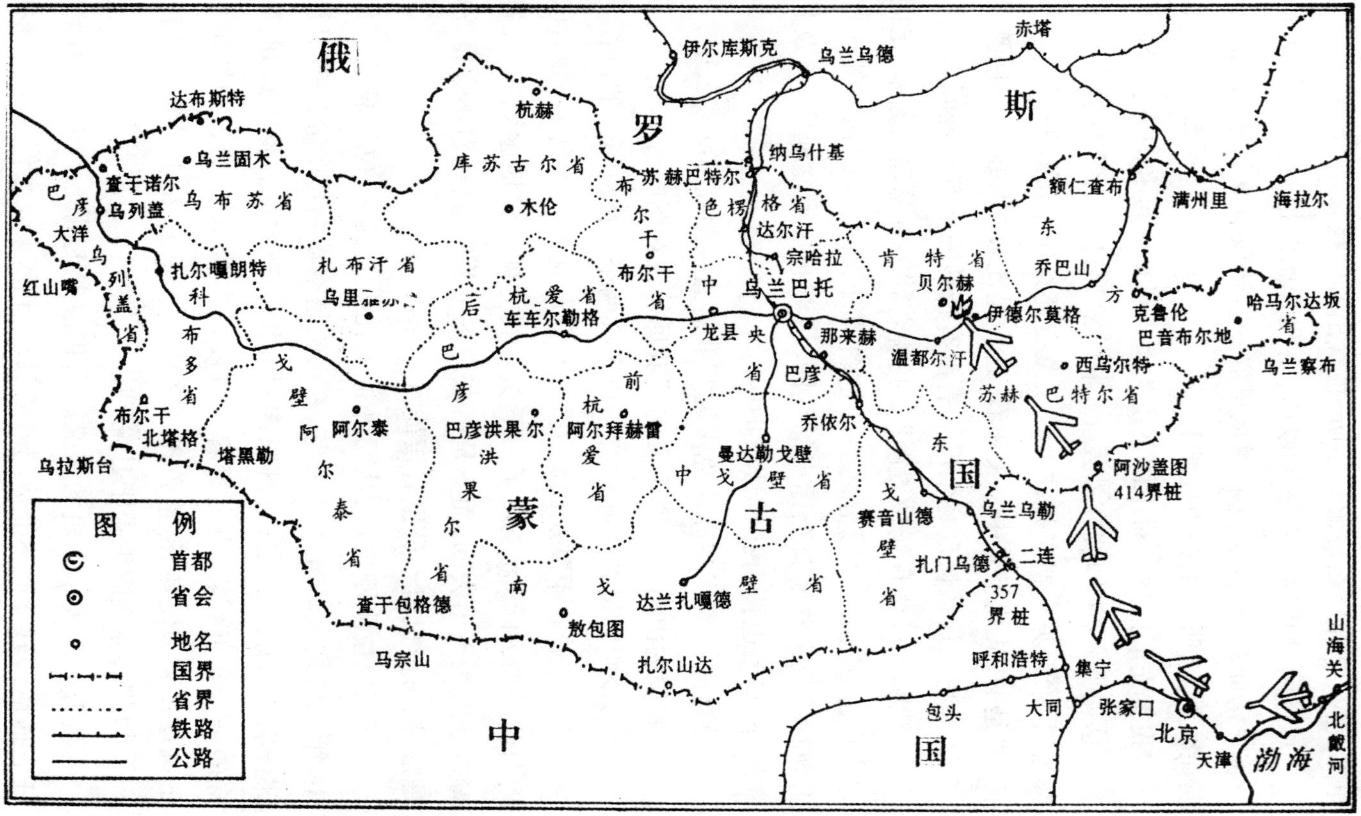

我借机仔细看了看刚进来的三位领导，李德生主任和邝任农局长都神态自若，而吴法宪司令却面色苍白，表情呆滞，加上穿得很板正的军装，人又那么矮胖，像个塑在须弥座上的泥菩萨。

我按提纲讲下去，总理似乎对失事飞机不大感兴趣，听着听着闭上眼睛打了一个盹，我随即放慢了语速，他马上轻微地晃了晃头，眨了一下眼睛，又神采奕奕地听着。这一瞬间，我看到了总理面容上堆集的疲劳和憔悴。后来得知，不仅“文化大革命”这几年几乎熬干了他的心血，而且这一次从9月12日下午，一直到14日下午接到驻蒙古使馆关于机毁人亡的电报，总共50多个小时他都基本上没有合过眼，此后睡眠也很少，这怎么不令人心力交瘁呀！何况总理已是70多岁的老人了。

我讲到机翼根部那个大洞，怀疑是防空导弹打的，但是洞口朝上，下面没有穿透，而且洞口铝刺并不规则，所以难下结论。总理点了点头说：“这个要好好研究研究。”

我一面讲一面把相关的照片递给总理，他看后分成两叠放着，还不时地在有的照片后面用铅笔做了注记。

我拿起一张照片，汇报说这是飞机上一床标有PIA字样的小型毛毯，估计缩写字是巴基斯坦国际航空。总理点头说：“对，是巴航。”我当时理解是这架飞机去过巴基斯坦，后来才知道这架飞机与其他几架三叉戟飞机是一起从巴基斯坦买回来的。

总理的关注

当我讲到死难者遗体时，已接近22日凌晨2点钟，总理精神异常关注，已看不到一点疲劳的影子。我按编号一具具遗体详细讲，他一张张照片仔细看，有时还戴上花镜反复看，其中有几张照片他看了之后，眉毛一挑，头微微一偏，像是一种比较欣赏和满意的动作。我当时暗想，这难道是认为照片拍得不错吗？他把这些照片全部看过一遍，然后拢在一起,用曲别针别起来,并附上纸条写上一些字。我递给他我们在现场墓前默哀的照片,他看也不看就放到另一叠里。我愈加感到死难者中间有问题,但当时怎么也没想到会是一个大人物。

最后,汇报死难者的遗物情况,总理全神贯注地听着。我讲到那个写得乱七八糟的拍纸本,总理问写的什么内容,我说看不懂。总理看照片,因为拍照时已近黄昏光线不足,字迹分辨不大清楚,他似乎感到失望,但仍然把它和死难者遗体照片放在一起。

当我讲到现场发现一个含有机密内容的铅印小册子时,总理特别注意,让我讲具体一些。我列举了书中提到的几项国防新产品的研制,总理态度变得严峻起来,问我为什么不把它拿回来?我说视察现场前,双方达成协议,现场物品只看不取,蒙方最后一并移交。

总理的口吻严厉而带焦躁,批评说:“对国家机密怎么能这样不负责任,应当誓死保卫嘛!你是不是共产党员?看到国家机密处于危险之中,应该不应该不惜牺牲自己的生命去保卫?”

我屏息地听着,想解释一下我曾让小沈去取回,被蒙方人员阻止,但没敢开口。我感到汗颜和后悔,我干吗那么机械地遵守双方的那个协议呢?如果当场察看时顺手装到兜里,蒙方人员也不敢搜身索要。问题在于我没有这个警惕性,没意识到机上人员中可能有叛徒,而只在现场的文字材料方面下功夫。

等到总理的语气缓和下来,我继续讲这个小册子,说到这个小册子有残存的红塑料皮,内文前有“各位首长和同志们”,最后有括号里的“长时间热烈鼓掌”,像是一个讲用报告。

总理听了乐起来,哈哈笑着说:“你为什么不早讲清楚这一点?!这个小册子我知道,我这里还有一本,回头可以给你看看。”顺手就把有关这个小册子的照片扔到另一叠上。

总理为什么如此关注飞机上是否有机密文件呢?后来才知道,叶群和林立果决定外逃前,早已把国家高度机密文件装满了整整一架直升机,在三叉戟256号专机从山海关机场起飞后,它也从京郊沙河机场向蒙古方向飞去。但是,这架直升机9月13日晨被迫降在北京附近的怀柔县境内,文件没有受到损失。然而,叶群在北戴河还保有一套中央和军委的绝密文件,有没有带走呢?他们叛逃以后才发现,叶群专用的小轿车的后备箱里,摆着一个装满文件的皮箱,只是因为他们奔往山海关机场时十分仓皇,没有来得及把这辆车同时开去。那么,他们随身带没带机密文件呢?谁也不清楚,因为时间刚刚过去短短一个星期,掌管文件的部门来不及彻底清查核对。总理从国家安全的角度考虑,当然要十分重视现场有没有机密文件。“九一三”事件之后,国内向使馆发的第一个电报,就提到“未烧完的文件物品要求转交我们”,而我在视察现场时,囿于“中国民航飞机失事坠毁”的概念,把重点放在失事飞机上,对文字材料察看追究不够。

整个汇报结束时,已经是22日凌晨3点多钟。总理指着我对外交部领导讲,他刚回国就来汇报,搞得这么晚,够累了,带他吃夜宵,然后让他早早回去休息。接着又对我说,以后有事找李耀文同志。我心里想,能在总理身边再多呆一会儿该多好啊!但看到总理还要同在座的人讨论什么,我就赶快退出厅来。

王海容带我在福建厅旁走廊的沙发上坐下,服务员端来鸡丝挂面,还有两片哈密瓜。王海容亲切地说:“怎么样?累了,饿了吧?快吃一点,不够吃可以向服务员再要。”这时,我才感到真正的累了,饿了。吃了夜宵,王海容让我同她一起把蒙方提出的两份《纪要》稿子各抄写一份,她一再提醒我字要写得大一些。后来听说,这份稿子和那些照片,总理亲自送给了住在人民大会堂118厅的毛主席。在同王海容的接触中,我不得不纠正开始时的印象,事实证明她挺平易近人,架子并不大。

抄完《纪要》稿子,又呆了好大一会儿,外交部几位领导从福建厅出来,坐在走廊尽头一张方桌旁,韩念龙副部长亲自执笔起草给驻蒙古使馆的指示电,李耀文军代表把我叫过去参加。韩副部长提笔开头写:“请许大使即约见蒙古外长”,我插话说蒙古外长到联合国开会去了,不在乌市,是否写约见副外长?韩副部长有点不耐烦地说:“那,大使会知道的!”李代表立即建议:“还是按孙秘书意见写比较确切,另外是否提一下孙和译员都已回到北京?”

电报的大意是,请许大使约见蒙古副外长,说奉政府指示,讲明9月13日2时左右,中国民航256号三叉戟飞机,因迷失方向,误入蒙古人民共和国领空，自行坠毁。中国政府对此表示遗憾！对蒙古政府在寻找飞机残骸、埋葬死难者遗体和清理死难者遗物等方面所给予的协助，中国政府表示深切的谢意！应死难者家属请求，中国政府决定把九具死难者遗体运回中国正式埋葬，或就地火化，带回骨灰。为此，中国政府请蒙古政府惠予协助，并希望蒙古有关单位将死难者所有遗物交还我方。

电报还对继续会谈《现场调查纪要》问题作了指示：如蒙方不同意写“民航飞机”，可同意改为“中华人民共和国256号飞机”；如蒙方坚持“失事飞机是中国人民解放军人员使用的”，可改为“失事飞机是有中国军事人员乘坐的中国飞机”；在“双方商定不进行法医解剖而埋葬”一句后，应提议加上“待运回国内”；在“其中有些东西，由地方部门保管着”一句后，应提议加上“将由蒙古政府归还中国政府”。如果上述改动取得蒙方全部同意，即可在《纪要》上签字，否则不应签字，继续交涉。关于《安葬纪要》，因已要求运回尸体，可不再谈。

在电报开头，写上了“孙一先二秘和译员于昨日到京”，末尾加上：“交涉情况望即报部。”

电报起草完毕，韩念龙给在座的同志读了一遍，然后他重返厅内请总理审阅，总理改定送毛主席过目后，批示：毛主席已阅，姬、韩、符阅后照发。

在韩念龙起草的电报中，出现了“自行坠毁”四个字，使我感到相当意外，怎么顷刻就作出了这个判断？事后我听说，总理并不是凭个人的分析作出这个判断的，而是在听了我的汇报后，马上要杨德中主持研究飞机究竟是怎样坠毁的，让符浩也参加。杨、符持照片和资料到东大厅，同早已等候在那里的北空司令李际泰、公安部长李震等一起进行分析。

首先，符浩根据我的汇报和使馆的报告材料，作了必要的说明。李际泰解放前是解放军38军123师师长，他仔细看过照片和现场示意图后，认为：飞机可能是因燃料将要耗尽，被迫做紧急着陆的准备，驾驶员不清楚着陆区域的地面情况，最好的选择是找一块平坦的地方，冒险以飞机肚皮擦地降落。看来，飞机着陆后，由于失去平衡，右翼向下倾斜，触及地面，肚皮与沙土冲摩，骤然间升温引起油箱着火，从而导致整机爆炸。从当时特殊情况看，驾驶员技术很好，选择了唯一的处理办法。虽然不能排除机件失灵，或被地面防空武器击伤而紧急着陆，但这些可能性较小。在场的同志一致认为李司令的分析有道理。杨德中认为，有必要找一架同类型飞机，并和驾驶员及有关地勤人员研究一下。大家表示赞同。符浩还建议，看同类型飞机时，最好把孙一先也带去。

研究完，杨德中立即向总理作了汇报，总理从而得出了“自行坠毁”的判断。当然，这个判断是初步的，总理同意杨德中和符浩的建议，找一架同类型飞机和有关人员进一步研究一下，让我也参加。

9月22日凌晨4点多钟，李耀文要大会堂警卫负责人派车把我送回外交部招待所。

在被“隔离”状态下工作

9月22日下午，我到外交部办公大楼内见李耀文军代表，请示下一步干些什么。李耀文是解放军一位久经考验的老政治工作者，抗战后期就已经是山东军区某旅的政委，1955年实行军衔制时，是抗战时期干部被授予少将军衔的几名出色人物之一。全国解放后，曾任解放军某军的政委，“文革”中调到外交部当军代表。他非常平易近人，也是胶东人，一口家乡话使我尤感亲切，在他面前我毫无拘束之感。他对我说：“凌晨你回招待所之后，总理曾问你还在不在，听说你已经走了，总理感到惋惜，要我转告你，关于那个‘讲用小册子’的批评过头了，表示歉意。”我听了这些话，激动得几乎掉下眼泪。近30年的工作中，吃过领导多少次批评，有的明显不符合实际，却没有人向我道过歉。我对李代表表示，这怪我没有一开始就说清楚，总理的批评，关于舍身保卫国家机密的话，对我是一次终生难忘的教育。

李代表对我说，今后几天的工作，就是洗印照片上送。他问我会不会操作，我说暗室技术懂得一些。他亲自把我带到管国外文件收发的孙秀娟那里，让她协助我洗印照片。暗室的设备是一流的，除了选底片对焦距是手动的，其他放大、洗印、烤干全是自动的。小孙是一位年轻的女同志，工作相当熟练，而且认真细致，昨夜递送总理的照片就是她洗印的，质量很好，每张放大为 12 英寸，仍然非常清晰。李代表让她洗印一批照片，观看了她操作的过程。

室中无聊时读书

从这天下午开始，一直到 30 日，我在被“隔离”的状态下，几乎每天都要在暗室里工作半天以上。根据李代表的要求，一批一批地把照片洗印出来，送到他办公室，他同我一起在照片背后用铅笔写上说明。有时我图快，字写得潦草，他就提醒我说，这是送给上面看的，字要写端正。

后来得知，洗印照片批量最大的一次，是中央政治局 9 月 30 日开会用的。在这次会议上，对“九一三”林彪出事以来的各项工作作出初步总结，决定在叶剑英的主持下，组成新的军委办公会议；军委三总部分别由李德生、张才千、余秋里主持工作。另外，组成中央关于林彪、陈伯达反党集团的专案组，下设由纪登奎、汪东兴领导的办公机构。开会时，李耀文送去照片并列席会议。政治局委员们传看照片，总理要李对照片作些解释，并讲讲有关飞机坠毁的简要情况。

此前，也就是在我向总理汇报后不久，总理让李耀文送去遗体的照片，叫来空军司令吴法宪（那时还没有被隔离审查）、参谋长梁璞，指认照片上尸体具体所属。当时，吴法宪紧张得要命，说有的照片看不大清楚。总理生气地批评他说："你到现在跟党还是两条心，谁跟林彪走的你会不知道?!"

在我洗印、注释照片工作期间，李代表还跟我说，关于失事飞机的事不能对任何人讲，事情没有办完也不能回家，可以打个电话让家里放心，但不能离开外交部招待所。这实际上是仍然不解除"隔离"，他说得那么委婉体贴，令人乐于接受。

那位蒙古族译员贺喜在9月21日半夜，正甜蜜地酣睡，被外交部派人找回来，家里人和邻居都感到惊慌，不知道他出了什么乱子。他在外交部招待所住了3天，无所事事闲得发慌，一再埋怨我连累他蹲了"禁闭"。我笑着问他："那我受了谁的连累，也照样被'隔离'了?"他说："是那个鬼飞机呗!"25日上午，外交部办公厅的王秘书通知小贺可以回家，他一溜烟地跑掉了。

然而，我住到什么时候呢？从28日起，上面就不再要照片了，没有事干实在闷得难过，李代表像是猜到我的心思，要秘书通知我，可以到招待所周围走走，但不能走远，以便有事随叫随到。对我的"隔离"逐步宽松，说明上面对"九一三"事件有牵连的重要人物，已经处理到一定程度。

楼顶平台遣闷

9月24日，李代表曾对我说，总理要求写一个关于机翼大洞的专题报告，让我详细写明有关情况及个人看法。我在向总理当面汇报之后，虽然看到韩念龙副部长起草的电报上，已经肯定飞机系自行坠毁,但不了解总理已指示杨德中主持做过初步分析判断。对于这个大洞,联系到蒙古境内几乎遍布苏军基地,我一直怀疑256号三叉戟飞机是被导弹打的,可是要我拿出更多证据却拿不出。我反复看了从不同角度拍的照片,觉得似乎更多迹象表明不像是被打的,特别是大洞朝上,机翼又没有穿透,防空导弹总不能从高空往下打吧!那么这个大洞是怎么造成的呢?考虑来考虑去,依然不得要领,只好把自己的怀疑和否定都写进报告里去。

9月30日上午,李耀文让秘书通知我,专门洗印一批失事飞机的照片。晚饭后,秘书又打电话来,让我夜里11时30分在招待所门口等候,有人来接。我高兴地暗忖着,说不定又可以见到总理了。

秋夜的风已越来越凉了,我披着呢大衣也不感到热。一辆黑色轿车来到招待所门前,司机说明是接我。我上车一看只我一个人,正在纳闷,车已沿着西长安街驶向西单。

不久,在西城一个胡同里的朱红大门前停下,司机下车按了一下门铃,李耀文从里面走出来,手中拿着我白天送给他装有失事飞机照片的纸袋。他上车后悄声地说:"我们到总理那里去。"

深夜12点钟,大街上一个人一辆车也看不到,大概人们都为准备国庆节而疲劳地睡熟了。车开得飞快,穿过府右街到了中南海西北门,门卫问明身份放我们进去,转了个弯来到总理住处西花厅的外院,停在一辆奔驰牌汽车旁边。李代表叮嘱我在车上等着,有事时来叫我,然后离车而去。

我环顾了一下周围的环境,总理住的西花厅内院灯光明亮,外院却比较暗淡,但是看得出大门里面和外墙根下,整整齐齐排着一列战士,每隔两三米一个人,一直延伸到远处暗影里,他们全副武装扶枪危坐在背包上,像是要随时准备投入战斗。我马上意识到"一级战备"并未结束,在北京只不过是"外松内紧"。

我在车上等了一个多小时,靠在后排座背上睡着了,司机说了一声"来了",把我惊醒。

李耀文与另外一个同志走过来,我急忙下车,他介绍说:"这是杨政委。"我上前握手,看得出是向总理汇报时见过的杨德中,我已知道他是 8341 部队的政委。

分头登车后,李耀文对司机讲:“跟上前面的车,去西郊机场。”去西郊机场干吗?我想问但没有说出口。杨德中的奔驰牌轿车开得很快,车速至少 80~90 公里,我们坐的上海牌轿车有点跟不上。我暗暗地感到遗憾,没能再见到总理。

第六章 揭开三叉戟 256 号坠毁之谜

去西郊机场看飞机

10 月 1 日凌晨两点半左右,我们来到西郊机场办公区的一座主楼前,楼内灯火通明,有几个人已经等在楼门口。经杨德中政委介绍,得知两位主要负责同志,一位是空司的参谋长梁璞,一位是空军西郊机场专机师的政委马兰藻。走进楼内坐定,在场的服务人员都全神贯注地看着我们,对我这个唯一穿便衣的,他们似乎有些诧异。从他们严肃的表情和紧张的眼神里,觉察得出这里有一种不知所措的气氛。

李耀文代表指着我向这两位负责人说:"这是我国驻蒙古大使馆的二等秘书孙一先,他同驻蒙古大使一起去视察过飞机坠毁现场。"他们两人注视着我点了点头。然后,杨德中冲着梁璞说:"你先讲讲吧!"

这位梁参谋长翻开本子,照提纲讲起来。大意是:9 月 12 日傍晚 7 点 40 分,256 号起飞去山海关机场,机上装油约 15 吨,按规定三叉戟满载油量为 22 吨,续航力五小时(其中包括一个小时的保留油量),平均每小时耗油 4. 5 吨。256 号飞山海关,虽然只有半小时,但起飞用油较多,大约共耗 2. 5 吨油。从山海关机场起飞前,未来得及加油,就是说,256 号 13 日凌晨 0 点 32 分起飞时,油箱存油顶多 12. 5 吨。到蒙古温都尔汗 1100 公里,加上出境前在内蒙古上空绕了一下,大约共飞行两个钟头,因飞行高度 3000 ~ 4000 米费油较多,总耗油量 9. 5 吨至 10 吨。这样计算,256 号坠毁时,机上还有油 2. 5 吨上下。

梁参谋长从机上油量讲起,而且讲得那么具体,却没有涉及乘这架飞机的人们，看来事前杨德中打了招呼。他讲256号是从山海关起飞去蒙古的，这就说明了总理在听我汇报时，用手掌在地图上从山海关到温都尔汗猛画一道线的含义。虽然没有人对我明讲，但我已完全清楚了这架飞机是叛逃的。

杨政委要我讲讲256号的现场迫降的迹象。我简单讲了讲降落区情况，草皮被擦光成“S”形的痕迹和右边不远的浅沟，以及擦地痕迹消失，然后才是解体的飞机残骸和燃烧区。梁参谋长听说飞机是在蒙古草原上，擦肚皮着陆后起火爆炸的，显得有些出乎意料，插话说：“那天午夜没有月亮，能找到这么块平地野外降落，难度是相当大的。驾驶员是师副政委潘景寅，这人驾驶技术比较高，1970年从巴基斯坦买这批三叉戟飞机，是他带队飞回来的。”

接着，我讲了一下对飞机坠毁爆炸的初步分析。他听完我的讲述，表示同意我的看法，说：“飞机迫降时可能速度较快，又向右倾斜，肚皮和右翼尖同时着陆，猛擦地面一震可能就飘了起来，所以擦地痕迹不见了。”接着他又强调：“这种飞机机翼和腹部都有油箱，因为机翼较短，主要油箱在腹部，一擦地皮油箱必然着火。”

最后，梁参谋长还补充说，256号进入蒙古上空，蒙古境内无论蒙军或苏军的雷达站都没有什么反应，只有蒙古一个边防站天亮以后才向边防总队报告说，凌晨2时曾发现一飞行目标在二连以东的414号界桩上空进入蒙境。

谈了一个多小时，然后一同乘车到机场停机坪。各种照明灯都打开了，坪上如同白昼，远远看去，一排十多架大型飞机，整整齐齐停在那里，每架都套上机罩，而且周围放了拒马，有至少一个班的陆军战士在荷枪巡逻。我纳闷为什么陆军来警卫空军机场？没容得我多想，汽车已开到靠近中间的一架飞机前。

杨德中命令掀掉机罩，一架完整的三叉戟出现在面前，机号是“252号”。梁参谋长说，这是256号的姊妹机，同批买回来的。他循着机头一部分一部分地讲解起来，特别指明油箱的位置。我问可否进到机舱看看，他说不行，已经打了铅封。

来到机翼下面，我一看恍然大悟，“中国民航”四个大字（同256号一样是总理的笔迹）写在右机翼，方向朝着地面，字的顺序是由翼尖往里排，“航”字正好在翼根处。那么，失事现场机头左边20米远的那截残翼，自然是右机翼的内展部分，“航”字旁边那个大洞是朝地而不是朝天了。而且，这还确证了飞机在爆炸前飘了起来，在空中翻了身，所以右翼折断到左边。我高兴地认为找到了根据，并不排除飞机被导弹打了一下的可能性，尽管翼面没有打穿。我向李代表说明了这个“发现”，几人就一同来到右翼下面，我指出那个洞是在“航”字的旁边，洞口是朝向地面。

可是，梁参谋长并没有支持我的观点，而是兜头浇了我一瓢“冷水”。他说：“这里正好是一个检查孔，是检查电路和油路用的，里面有一个油箱，要不要让机械师打开看看？”

李耀文考虑了一下说：“算了，事情已经比较明白，256号右翼根的洞是油箱着火向下冲炸开的，所以翼面没有穿透，洞口铝刺也不规则。如果是导弹打的，不可能不穿透机翼，而铝刺也都应该通通往里翻。”杨德中听了点头表示同意。

我当然是白高兴了一番，李代表的分析看起来无懈可击。

接着，大家走到左机翼下面，仰头看到翼面上“252号”几个大字，是从翼根处往外写的，这使我弄明白，坠机现场一截翼尖上有“56号”字样的残骸，是256号飞机的左翼，在翼根处把那个“2”字炸没了。

最后，我们走到机尾，它高高耸立着，五星红旗在灯光下十分鲜艳。这不禁使我心酸，它的姊妹机256号的机尾，将永远孤独地斜卧在异域的沙场了。

离开西郊机场返城时，已是10月1日凌晨5时。李耀文直接回家，杨德中去人大会堂，让我与他乘车同行。他在车上对我问长问短，完全是谈家常式的，既亲切又热情。

车开过西长安街的府右街南口，看到从人大会堂开出一辆红旗轿车迎面而来。司机跟杨德中说：“总理回家了。”啊！总理又过了一个不眠之夜。

这时已是黎明时分，洒水汽车已沿长安大街忙碌起来，天安门前观礼台下的花坛，五彩缤纷的鲜花迎着晨曦盛开。第22个国庆日来到了。虽然前几天从上面传达下来，为了增产节约，今年的庆祝活动分散在各个大公园中举行，不搞天安门前统一的检阅和游行，但是，节日的气氛仍然是浓重的。

在车上，我计划早饭后去天安门广场漫步一番，可是回到招待所，倒头便睡到了中午。睡梦中，一会儿西郊机场，一会儿天安门，又一会儿似乎出现了256号那个机尾，……乱七八糟漫无头绪地搅和在一起。

后来得知，杨德中把我送回外交部招待所之后，立即去向总理汇报了西郊机场看飞机情况和对256号机翼上那个大洞的分析。

据总理的卫士高振普说，10月1日中午，总理亲自到西郊机场看了“252号”飞机，肯定了李耀文关于256号机翼大洞形成原因的分析。总理虽然在10天之前就作出了256号三叉戟飞机系“自行坠毁”的判断，但他一定要究根揭底，弄个明白。这种精神是多么值得敬佩啊！

震惊和思考

国庆节两天假期过得颇不寂寞，我的妻子带着孩子前来招待所看我，驻蒙古使馆先后回国的同志也来叙谈。他们有的人问我究竟回来干什么，送文件怎么会被“隔离”起来。我开玩笑地说：“烛影斧声，千秋疑案”。的确是，两周来，许多现象扑朔迷离，思想认识虽有所前进，但总觉得这个谜很深，难以猜透。我这个人好联想，但却想不出个明确结果。

10月3日下午，接电话通知：16时去外交部礼堂听报告。我到礼堂时已黑压压坐满了人，我插入前几排办公厅的干部中间就坐。韩念龙副部长宣读《中共中央(1971)第57号文件》：

中共中央正式通知：林彪于1971年9月13日仓皇出逃，狼狈投敌，叛党叛国，自取灭亡。……

我的脑袋轰的一下涨得老大老大，啊，竟然是他！怎么会是他呢？我继续听下去。

“现已查明，林彪背着伟大领袖毛主席和中央政治局，极其秘密地私自调动三叉戟运输机、直升机各一架，开枪打伤跟随他多年的警卫人员，于9月13日凌晨爬上三叉戟飞机，向外蒙古、苏联方向飞去。同上飞机的有他的妻子叶群、儿子林立果及驾驶员潘景寅、死党刘沛丰等。”

“在三叉戟飞机越出国境以后，未见敌机阻击。中央政治局遂命令我北京部队立即对直升机迫降。从直升机上查获林彪投敌时盗窃的我党我军大批绝密文件、胶卷、录音带，并有大量外币。在直升机迫降后，林彪死党周宇驰、于新野打死驾驶员，两人开枪自杀，其余被我活捉。”

“根据确实消息，出境的三叉戟飞机已于蒙古境内温都尔汗附近坠毁。林彪、叶群、林立果等全部烧死，成为死有余辜的叛徒卖国贼。”

我眼前不由得出现了失事现场那九具遗体，晃来晃去，使我一阵阵头晕恶心，对《57号文件》后面几段话几乎没听进什么，只是注意了文件时间是9月18日，正是我们从温都尔汗回到乌兰巴托，向国内发了视察现场的电报的第二天。

传达报告结束后，回到办公厅，王海容正好在那里，问我：“这会儿清楚了吧？”

“清楚了，完全没有想到。”

她说：“大家也都没有想到，谁能设想林彪会叛逃投敌呢！”她接着半开玩笑地说：“这两个礼拜憋得够呛吧？现在好了，你的任务完成了，明天可以回家了。”

我去见李耀文，他问我：“没有想到吧？”

“向总理汇报后，我曾想到这架飞机可能是叛逃，机组里有叛徒，但绝没有想到会是林彪。”

他问我：“你的行政级别多少级？”我回答说15级。他告诉我：“本来17级以上干部是国庆节前听传达报告的，我们从工作考虑，让你晚一些知道。这里的任务已经完成了，完成得很好。你把照片、胶卷和书面资料清理一下，移交给秘书，明天派车送你回家。”

我立即去把秘书室存放的自己经手的一切东西清理好，向外交部值班室主任徐连儒做了移交。这批东西主要有：《失事现场示意图》及《失事地点位置图》各一张，《中蒙双方参加现场调查及会谈的人员名单》，许大使9月14日8点30分和20点30分两次会见蒙古副外长的谈话记录，蒙方提出的两个《纪要》蒙文稿及译文，9月15日22时晚餐时谈话记录，双方一至五次会谈记录，现场拍摄的胶卷(20锭7个，15锭3个，均已冲洗)，死难者遗物清单。另外，还有飞机残骸大件及死者遗体小型照片15张和草图一张，这是我准备按现场测量距离缩小尺寸，把照片贴在草图上，做成一张形象的现场示意图，可惜来不及完成了。徐主任一一点收，我交割清楚，然后返回招待所。

夜里，久久不能成眠，从9月14日到10月1日的凌晨，从飞机失事现场到回国汇报，从周总理的音容笑貌到西郊机场看三叉戟，像过电影一般，一幕一幕地晃过来，又晃过去。已经到了半夜，还是睡不着，我索性爬起来，站到阳台上吹吹风。风很凉，有点像苏布拉嘎盆地那种肃杀秋风，我紧紧裹住大衣。

从阳台上俯瞰，新修的前三门宽阔的马路上空空荡荡，冷寂无人。头脑在凉风中逐渐冷却，我把这20天的印象联缀起来，感到这个莫名其妙的谜基本上解开了：……林彪的阴谋败露，他们一家三口仓皇出逃，乘三叉戟256号飞出国界，目标是苏联的伊尔库茨克。飞至蒙古的温都尔汗东北，油料不够了，只得迫降。他们明知带油迫降有机毁人亡的危险，但在蒙古国境内，到处可能有防空武器，不敢为了把油耗尽而在空中盘旋太久(按航空规程，飞机迫降时如要擦肚皮落地，必须在空中把油耗尽，避免着陆时起火爆炸。256号在空中要把油耗尽，至少得盘旋20分钟)。迫降前他们做了准备，每个人都脱掉鞋，拿掉身上的硬东西，飞机冒着极大的危险带油迫降，这就注定了他们无法逃脱死亡的命运。果然，飞机擦地着火，来不及打开紧急出口放下充气滑梯，瞬间飞机爆炸，机身裂成碎片，人被抛向高空，恰巧草地枯黄，一燃即火势凶猛，有的人即使摔昏而未死，也逃不脱这炼狱般的草地大火和一氧化碳中毒。

俗语说，阴差阳错，鬼使神差。假设，256 号寻觅降落场，把盘旋半径扩大到 60 公里以上，就飞到了平展展的温都尔汗大草原上空，很容易找到那个硬地面的简易机场；假设，飞机落地不很快着火，他们几十秒钟之内就可放下救生充气滑梯滑到地面，在飞机爆炸前逃生；假设，迫降场没有那么高的枯草，或者像我国关内 9 月，草仍绿而不黄，即使飞机爆炸，有的人摔昏后还可复活；假设，林彪等人活下来，结果可能就不是现在这样……然而，这些都不过是假设，不可改变的事实是，他们没法摆脱死神的牢牢控制。

我不禁仰望满天星斗的夜空，难道冥冥之中，真有一个铁面无私的主宰吗？难道无垠的苍天，真有一个疏而不漏的恢恢天网吗？要不，林彪的结果为什么这么惨，葬身于异国他乡之域，暴尸三日于光天化日之下。

当我听《57 号文件》第一段，头顶响起炸雷的时候，头脑里一再回绕：这是真的吗？真的是他吗？然而《57 号文件》言之凿凿，不容置疑。我所景仰的一个偶像粉碎了。

“铁流两万五千里，直朝着一个方向……首战平型关威名天下扬……”《八路军军歌》的这几句歌词，曾经深深地镌刻在我的记忆里。现在，一代名将就这么身败名裂了。

“团结起来，争取更大的胜利！”在党的九大之后，我曾经天真地认为国家就要走上坦途了。可是，谁能想到去年出了个陈伯达，今年又出了个林彪，我们中国怎么这样多灾多难？伟大领袖毛主席洞悉一切，明察秋毫，怎么就没有看透林彪，还把他选为接班人，而且写入党章呢？……

我忽然想到周总理看林彪等人尸体照片时的表情，明白了那不是对拍照的“欣赏和满意”，而是感到如此结局使他“宽慰和庆幸”，为整个国家和民族庆幸。

总理统揽全局，身系国家安危，林彪外逃坠机事件引起的国内外巨大震动，他肯定比别人感受更为深切。总理听了我的汇报，当机立断作出了三叉戟256号飞机系自行坠毁”的判断，使一个重大的国际事件，基本上同国外脱钩，轻而易举地变成了国内问题，这需要多么大的勇气呀！

这是高度政治睿智和丰富斗争经验的结晶。当然，这个结论后经多方面论证，是科学的、实事求是的，也是正确的，不过9月22日凌晨就作出这个判断，带有一定的风险。“自行坠毁”四个字，可称得上是字字千钧。

在北京，总理夜以继日，力挽狂澜，从接获来自北戴河关于林彪行将出逃的消息之时起，一直到改变国庆游行庆祝办法止，无不事事躬亲处置，包括为防止林彪机毁人亡消息扩散，亲自下令控制知情范围，及时“隔离”驻蒙古使馆回国休假干部和跟我同行的蒙古族翻译小贺，……这需要耗费多少心血啊，需要有多么巨大的精力和多少个不眠之夜呀！

在总理一生经历的无数惊涛骇浪中，“林彪外逃”事件该算得一次不小的“地震”吧，但在他的主持处置下，国内什么动乱也没发生，人们生活、作息一切如常，这真可谓使滔天灾祸消弭于无声之中。再过两个星期，美国国务卿基辛格就要二次来华了，在北京他会看到什么呢？爱生事寻非的美国记者，肯定要费九牛二虎之力挖掘“特大新闻”。据后来了解，基辛格来华后，随行的一个美国记者走街串巷，询问街头的一个小学生：“你们的副统帅好吗？”小学生回答说：“哏儿屁了。”（北京童谚语，意思是完蛋了。）美国记者的汉语程度有限，当然听不懂，忙问中方陪同人员。陪同人员忍住笑，回答说：“这是小孩话，意思是挺好。”当时，全国上下对外保密做得不错，美国记者最后只能这样写：“中国像是什么事也没发生，北京市民照常上班下班……”

第二天，10月4日上午，我带着彻夜未眠的困倦，和需待重新思考的一些新的疑团，结束了14天的“隔离”生活，离开了正义路1号的外交部招待所。

索要遗体遗物的交涉

从外交部招待所回家以后，我休了一个多月的假，初步学习了“批林整风”文件，11 月中旬重返驻蒙古使馆。这次乘坐的是中蒙之间的小联运列车，两节车厢只我一个乘客。由于回国汇报任务完成，无事一身轻，途中与早已熟悉的列车员山南海北神侃一通，颇不寂寞。傍晚，到达边城二连，想找王站长聊聊，边防检查站的参谋说他去内蒙古军区汇报工作去了。列车进入蒙境，过了扎门乌德，天色已经黑透。我勉强克制睡意，坚持到赛音山达，想看看这里有什么动静，结果只见到车站以西山背后市区的灯光依然明晃晃的，其他什么也没有。列车一直在夜幕中奔驰，过了乔依尔车站才开始天亮。上午，途经巴彦苏军机场，白茫茫的雪原上，飞机仍在训飞，但起降频率似乎比 9 月中旬大为减少。苏军后勤基地静悄悄的，战备油罐群埋在雪里，站岗士兵已无踪影。

“看！快向左边看！”列车员急促地喊我。这时列车已绕过博格多汗山麓，正在驶出谷地。我马上从车窗望出去，只见在土拉河边平坦的冰雪地上，一大群灰棕色的马鹿足有近百只，或站或卧，悠闲自得地享受着冬日的阳光。它们身高体肥，其壮如牛，对轰隆隆驶过的列车毫不在意。这真正是一个奇观，我来蒙古多年只听说乌市附近森林里有上千只马鹿，但是从未见过。列车员讲：“这些马鹿是从博格多汗山松林里下来的，它们在河边玩到太阳偏西就回到山上，我们列车一年也碰不到几回，因为必须是冬天多雪、风和日丽的日子，它们才下山来。”

列车呼啸着抵达乌兰巴托中心车站。我回到了驻蒙古使馆。这时使馆里传达《中共中央(1971)第 57 号文件》不久，人们心受震惊的余波还没有完全平息，加以在国外的纪律约束，“已经知道的不说，不该知道的不问”，没有人向我打听在国内干了些什么。不过，有时大家闲聊，开玩笑地假设：如果林彪活着到了乌兰巴托，找中国驻蒙古使馆的人谈话，逼着表态，而蒙方把使馆同国内的联系卡断，使你根本不了解是怎么一回事，那可真是一场灾难。但我认为更大的灾难也许是他跑到苏联去搬兵；苏联领导人把中国的内情透彻了解之后，就像1968年入侵捷克斯洛伐克那样，下令压在中国边界上的百万苏军大举入侵，护送林彪回到北京，当苏联的“儿皇帝”，这并非是不可能的。在中外历史上，这种情形是不少见的。据了解，周总理和军方领导人一起，在林彪叛逃之后确确实实做了防止苏联入侵的军事部署。总理当时下令在军事上做充分的准备，绝不是无的放矢。

当时任苏共中央联络部中国处处长的库里克后来说：“我们感到最为庆幸的，是林彪没有真的飞到苏联来。”不言而喻，如果林彪真的到了莫斯科，中苏之间的麻烦就大了，也许不仅仅是一场边境冲突了。

1971年10月16日晚，毛主席听取关于接待基辛格访华的方案，曾对在座的熊向晖谈起“九一三”事件，幽默地连连说：“我的‘亲密战友’啊！多‘亲密’啊！”念了唐朝杜牧的诗：“折戟沉沙铁未销，自将磨洗认前朝。东风不与周郎便，铜雀春深锁二乔。”并接着说：“三叉戟飞机摔在外蒙古，真是‘折戟沉沙’呀！”

后来，我归国后给一份杂志写了一篇《林彪坠机现场目击记》，篇首引用了杜牧这首诗。有的读者给我来信，认为这首诗只有前两句可以同林彪叛逃结果相类比。但我觉得，全诗更能比较贴切地显现“九一三”事件的过程，以及当时国家面临的严重局势和险恶的国际环境。

在使馆，我向许大使和使馆党委介绍了回国汇报的情况之后，翻阅了回国期间使馆对外交涉的文件，对索要遗体的经过知道了一个梗概。

9月22日，也就是我向总理汇报的第二天，蒙古外交部二司司长策伦朝达勒，紧急约见许大使，声称受政府委托，要求中国政府在9月25日前，就失事飞机侵入蒙古领土一事作出书面正式解释。策口气比较强硬，根本不提在温都尔汗未完的谈判，而且重新使用了“侵入”的字眼。

9月23日凌晨，使馆收到国内指示电报（即总理在听了我的汇报以后签发的那份电报),许大使于下午4时紧急约见策伦朝达勒(蒙古副外长不在乌市),按指示电内容向蒙方作了表态。策伦朝达勒听了以后,也许是“自行坠毁”四个字打动了他,口吻明显比前一天变软。他表示:“注意地听了大使的谈话,并且清楚明白了,我将向外交部的领导和政府报告。”并说他个人有个问题,死难者可以说是安葬了,如何运回呢?最后,他还是希望中方对飞机如何进入蒙古领空等问题作出答复。

9月25日,许大使再次约见策伦朝达勒,催问蒙方对我国要求运回遗体、交还死者遗物的答复。策的态度又僵硬起来,称尚未得到政府指示,反问许大使,时间已经过了两天,为什么中方还未就失事飞机作出书面正式解释?蒙方对此感到遗憾。策还无理地要求说:“你们政府提出运回遗体或就地火化,是应死者家属的要求。死者亲属是有具体人的,因而机上人员究竟是谁也就清楚了。就此,希望你们将死者姓名、年龄、职务等,以及如有可能,将死者照片提供给我方。”

许大使针对策的态度指出:“中国老百姓的习惯,总是希望自己的亲属在死了以后,能够埋葬在自己的家乡;中国政府正是考虑死者亲属这种情绪,才作出这个决定。希望蒙方照顾中国人的习惯以及死难人员家属的要求,给以友好协助。”许大使并表示,对策提出的新要求,可以负责地报告中国政府。

策伦朝达勒对许大使答应报告北京表示感谢,但又说:“如果这个问题拖延了,会不会产生什么不合适的情况,我对此表示担忧。”并声称:“如果中国政府不答复我们今天所提要求的话,你们23日所提希望,恐怕不会得到答复。”他似乎感到这种威胁式口吻太露骨,又解释说:“蒙古政府必须研究了中国政府就此事所作的答复后,在此基础上才能考虑对中国政府的要求给以答复。”

看来蒙方已经设下了“拦路虎”,不打算交还死者遗体和遗物了。处理国际空难事故,哪有要求对方提供死者职务和照片的呢?误入就是误入,哪有非逼对方写一个为什么误入的书面材料呢?他们明白中国政府无论如何也不会接受这些无理的苛刻条件。那么,他们为什么这样无理要求呢?

后来得知，此时苏联和蒙古已揣测到这架失事飞机上有个大人物，但是这个大人物是谁还不能确定，苏联克格勃已准备派专家挖出死者遗体进行检验。蒙古当局无论如何也要设法阻挠中国索回遗体。我感到，索要遗体我们似乎失去了时机，假若在9月15日第一次视察现场之后，从温都尔汗打电话通过使馆向国内报告，周总理得知死者遗体均较完整，也许会决定立即派专机去温都尔汗运回，当时蒙方对死者身份处于懵懂状态，不大可能阻拦。而在9月23日以后提出索要遗体，苏联和蒙古当局对主要死者的身份已有所察觉了。由此我进一步体会到驻外机构装备现代化通讯手段的重要性，不仅使馆应该有固定电台（按：此次坠机事件之后，同蒙方达成双方使馆互设电台的协议，开始筹划设台事宜），而且应当有游动的通讯设备，供离开使馆处理紧急事件时使用。

我方索要遗体没有成功。在我国庆节之前，蒙方作出了一些友好和改善关系的姿态，为许大使安排了四次拜会活动，蒙古和平友好委员会和蒙中友协为我国庆举办了电影酒会，而这类活动已停办了好几年。此外，蒙中友协还恢复惯例，向中蒙友协专致贺电。

9月29日下午5时，蒙古广播电台播发了一条简短消息，次日这条消息在蒙古《真理报》第四版不太显著的位置刊出。消息称：

> 中华人民共和国喷气式飞机一架，今年9月13日凌晨1时55分侵犯蒙古人民共和国领空，在深入我国领空飞行时，于2时25分在肯特省依德尔莫格县，东经111°15′，北纬47°42′，由于不明原因坠毁。在中国飞机坠毁的地方找到烧得残缺不全的9人的尸体、枪支、文件和物品，证明这架飞机是中华人民共和国空军飞机。已经让中华人民共和国驻蒙古人民共和国大使馆的代表们去现场观看了失事飞机。就中国飞机侵犯蒙古人民共和国领空一事，蒙古方面向中国方面表示了抗议，并要求作出正式解释。

消息发布前，蒙古外交部二司司长策伦朝达勒曾于9月29日下午3时30分，约见许大使打了招呼，表示：关于中国飞机在蒙古境内失事的问题，人民群众中间已产生了正确和不正确的各种传说。因此有关这架飞机的真实情况，需要简单地告诉人民群众知道，我们将公布这件事情的简况。策强调：“这不是我国政府的声明，是发个一般的报纸消息。”最后他又讲：“在两国关系开始正常化的时候，中国飞机越境进入我国领空，我们感到很遗憾。”

蒙方发布消息以后，其外交部刚提升为第一副部长的云登，在9月30日傍晚参加我使馆的国庆招待会时，主动问许大使是否读了报纸上刊登的关于那架飞机的消息。许大使表示：“已经读过，有些内容双方的意见是不一致的，对蒙方单方面发布消息感到遗憾！”云登听后未做什么反应，只说西方电台的报道经常造谣歪曲，我们从来没有相信过，发消息是为了让人民群众知道这件事，澄清一下各种不正确的传说。在蒙方出席招待会的客人中，有位国防部的外事处长，此人对我国一贯比较友好，他私下里“咬着耳朵”问王中远：“林彪还活着吗?”小王根据国内指示的口径回答说：“一切如旧。”这段插曲说明，蒙方从国际上各方面的传闻和揣测中，似已在猜想失事飞机的死者里面有林彪。

蒙方不肯交还遗体，但也没有大做什么文章。中蒙之间关于索要遗体这段公案不了了之。在我国国庆节以后，双方谁也没有再提及失事飞机之事，交还遗物更没有提上议程。

蒙方继续安排许大使的到任拜会，并从11月底开始同我方进行关于结束陷于停顿的中国援蒙工程的谈判。中蒙关系没有因坠机事件受到影响，继续朝缓和的方向发展。

外电传闻与专家分析

9月下旬以后，国际上的各种传闻和揣测沸沸扬扬，有增无减。奥地利电视台和报纸，9月30日至10月1日援引合众社、路透社、塔斯社消息报道：“9月13日凌晨，中国武装部队一架喷气飞机在蒙古上空坠毁，有九人死亡”；“日本政府部门据法新社消息称，这架飞机是被击落的，机内有被黜的中国国家主席刘少奇，他企图逃往国外未遂丧命”；“据蒙古通讯社称，蒙古政府抗议中国飞机侵犯其领空，并就此事要求北京作出正式解释”。

英国《卫报》10月1日刊登记者莱斯卡萨9月30日从香港发出的消息，内称：不管所传在蒙古发生的飞机坠毁事件的意义如何，这里的分析家却认为，从9月中旬以后，中国领导人中发生了重大问题。人们普遍排除了早些时候关于毛患病或去世的推测，而赞成环绕副主席林彪和政治局其他委员的地位问题的一些说法。林一些年来身体一直不好，从6月以后没有在公开场合露过面。不管是因为生病或是国内的政治原因，林的权威的削弱，都有必要使中国最高领导人重新排队。军事领导人最近几周引人注目地没有露面，这使许多分析家作出这样的推测，那就是人民解放军的领导人特别卷入了当前这场危机；另一方面，周恩来继续不断地在公开场合露面，并且看来已完全控制了局势，他可能比以前更为有力。

11月中旬，驻蒙古使馆从一位蒙古朋友处得知，有辆汽车司机去贝尔赫矿区，从苏布拉嘎盆地旁边经过，看到失事飞机的中国人的坟已被挖开，有些坑已经空了。

12月14日，香港《快报》刊登来自北京外交界的消息，说一名苏联外交官向一经常同他打网球的巴基斯坦外交官讲，苏联当局已把九人遗体派人挖出，进行了详密的生物化验，证明其中一具遗体的特征与林彪一样，并且与林彪1956年留医莫斯科的病情记录对照，发现遗体上颚少了三颗牙齿，也与病历相符。

1972年1月，英国《新观察家》驻莫斯科记者听苏联人讲，苏联专家已把烧焦的林彪遗体整理出来，发现遗体上中了9颗子弹，呈蜂窝形。这家报纸的意思是想证明，飞机上发生了搏斗，有人向林彪开枪，导致飞机坠毁。

那么，这架256号三叉戟飞机究竟是怎样坠毁的？飞机上是否发生过搏斗？

《中共中央(1971)第57号文件》逐级向下传达的同时，1971年10月3日，根据中央政治局的决定，由周总理亲自负责的中央关于审查林彪、陈伯达反党集团的专案组成立，并从1972年1月起，在党内陆续发布了三批“林彪集团的罪证材料”。同时，在全国开展了“批林整风”运动。在中央专案组成立之初，就责成空军对林彪座机坠毁的原因作一详尽分析。

256号三叉戟飞机坠毁原因的正式结论，是由空司一批专家完成的。最早介入此事的，是当时任空司军训部第二部长、抗美援朝时击落击伤敌机9架的空军特等功臣、一级战斗英雄（若干年后接任空军司令）的王海同志。吴法宪在1971年9月24日被隔离审查以前，周总理曾找他和空司参谋长梁璞去辨认坠机现场的尸体照片，并让他们拿回一批照片到空司找真正懂技术的人对飞机失事原因进行过细的研究。吴和梁让王海牵头，组织一个专家班子，完成此项任务。这个空军专家组，除为首的王海部长外，成员有当时的空司机务部副部长何培元、空政组织部副部长陆德荣、空司军训部副处长王涛及王季南、空司机务部参谋赵汉立及金华。

专家组成立以后，中央专案组1972年5月9日派公安部的汪顺森到外交部借来现场拍摄的胶卷及步测示意图等，加以复制放大。专家组把放大成一面墙的坠机现场示意图挂起，按残骸分布位置，贴上有关照片，详尽地进行讨论。其间，他们还到西郊机场看了同型的三叉戟飞机，边看边研究。最后于1972年5月19日，写出了研究报告：《对林彪叛国外逃所乘三叉戟飞机坠毁原因的分析》，经中央专案组上报中央。之后，还由王涛代表空军专家组，在京西宾馆的西大厅，挂起了飞机坠毁现场的放大示意图，贴上了关键性残骸和尸体的扩印照片，向以朱德委员长为首的50多位高级领导人，作了飞机坠毁原因及遗体情况的汇报。

空军专家组的研究报告认为：

三叉戟256号飞机是有操纵地进行野外降落（迫降）没有成功，造成破碎烧毁的。依据是，第一，降落场地是经过选择的。现场全貌照片表明，着陆场正前方是山丘地带，着陆方向的左侧是山区，而着陆场是一片草地，降落条件比较好；着陆方向由北而南，而其逃窜的飞行方向是由东南向西北，说明这架飞机的飞行员，对着陆地点和着陆方向进行了选择。第二，飞行员做了野外降落的动作，从机翼残骸照片上清楚看出打开了前开缝翼（按：在机翼前缘呈长条形，可向前推开），这是着陆前必须进行的动作；三叉戟飞机的前开缝翼，是靠机械螺杆传动的，只有人工操纵才能打开，摔打撞碰都不能造成这种情况。第三，起落架轮毂完整，没有撞击和磨损的破坏痕迹，轮胎良好，仍有气压，说明没有放起落架，这是野外有操纵地降落的一个特点。第四，飞机是在有操纵的情况下，尾部先接地的，现场地面滑痕是飞机尾部接地时的痕迹（按：在视察飞机坠毁现场时，双方都认为那是飞机肚皮擦地的滑痕，滑痕右边的浅沟，是右翼撞地造成的；后来，我仔细检查了残骸照片发现，带有"中国"二字的右翼尖并无卷曲，而机尾右水平舵尖有明显卷曲）；机上先掉下的部件，是安装在尾部的中发动机底包皮和喷口等，也说明尾部先着地。地面仅有滑痕无深沟，说明飞机不是大角度撞地而是有操纵地着陆。

为什么降落没有成功？第一，降落的动作不确切，没有做全，造成着陆速度过大。减速板（按：在机翼表面后缘横排两块，飞机减速时，底下有支架将板面从后向前撑起）没打开，减小速度的反推力装置（按：在发动机内腔）也没有使用，造成飞机接地速度过大。打开减速板和使用反推力装置，在正常情况下降落，应是副驾驶员做的，而这架飞机上没有副驾驶员。第二，从照片和现场步测示意图上看，飞机残骸散布面积为750米×80米的狭长形状，飞机破坏严重。据此分析，飞机是以较大速度先尾部接地，形成跳跃，然后两翼先后折断，机身呈圆筒状带惯性前冲破碎解体，机上人员被甩出。在此过程中，油箱破裂，造成大面积燃烧。第三，三叉戟是下单翼飞机，不利于野外降落。由于两翼安装在机身下部，机翼和机身腹部都有较大的油箱，因而在不放起落架着陆时，形成机腹和机翼同时接地，极易造成机翼折断，油箱破裂，引起燃烧。从残骸照片和示意图看，左翼尖（按：有"56"字样的残翼）和中发动机喷口摔在一起，距飞机着地处仅200米，就是说整个左翼是在落地后180米范围内就已折断。降落场地虽是草原，地面仍然是不平坦的，这也是造成飞机撞击，跳跃破碎的原因之一。

飞机为什么要野外降落？一是油料不够，难以继续飞行，不得已降落的可能性极大。从山海关起飞时，油箱存油12.5吨。从山海关至坠毁地点，共飞行约118分钟，飞行高度从2500米到6500米，航程约1080公里。根据飞行实践经验，在3000～4000米高度飞行，每小时耗油量为5吨左右。从256号的飞行高度和全航程估算，耗油量要9.5吨至10吨。因此，飞机到坠毁地点时，存油量只有2.5吨左右，而这时油箱有一部分油，因为油泵抽不上来，还不能使用。所以，这架飞机要在低空继续飞行，最多只能飞20多分钟。这可能是急于野外着陆的主要原因。二是飞行员在空中没有掌握飞机的精确位置。由于机上没有领航员，地面没有导航，又是夜间飞行，飞行员很难判明当时飞机的精确位置。该机坠毁地点，位于温都尔汗东北仅60公里（空中直线距离），而温都尔汗有一机场，如果驾驶员知道自己的位置，去该机场降落的油是够的。因此，不明自己的精确位置，可能也是促使其急于带油进行野外降落的原因之一。

这个研究报告作出的结论，我在若干年后才知道，感到十分欣慰！许大使和我们视察现场后，向国内报告的看法，以及我回国向周总理当面汇报中的分析，虽然是比较肤浅的，但并没有搞错。

至于飞机是否在空中就起火爆炸？是否被防空导弹击伤？空军专家作了否定的结论。他们认为：

该机空中起火爆炸的可能性，完全可以排除。首先，地面有飞机滑行的痕迹。其次，飞机残骸散布面呈狭长带状，比较集中；如果飞机在空中爆炸，残骸散布面就会呈宽、长、散的状况。根据过去的经验，有的飞机空中起火爆炸，碎片散布面有10多公里。再次，若空中起火，飞机的燃料会很快在空中燃烧散掉，不致形成地面的大面积焚烧。

飞机被击落的可能性，也可以排除。从现场照片和残骸分布的情况看，该机开始接地是进行了完整地野外降落的动作，但野外降落不成功，导致在地面上破碎燃烧，因此，不可能是被击落的。机翼上那个大洞，是油箱从里面燃烧爆炸形成的。

空军专家组的分析和结论，我认为是十分中肯的、令人信服的。9月13日过后，来自蒙军和驻蒙古苏军的一些内部情况表明，他们在纵深没有发现这架中国飞机，因此不可能发射地空导弹，或者起飞战斗机拦截。9月12日是星期天，翌日凌晨似仍处于假日休息状态，苏军和蒙军的雷达站，对于那么大的三叉戟飞机飞进蒙古竟没有反应，表明他们的雷达或者没有开机，或者开了机也没有认真值班。更有甚者，414号界桩附近的蒙军阿沙盖图边防站，9月13日凌晨曾发现一架飞机飞入蒙境，但他们把这个消息压了9个小时17分钟才上报边防总队，而边防总队又因各种原因延报了8个小时40分钟；就是说飞机越境进入蒙古，他们的边防系统在17个小时57分钟(9月13日下午16时)以后，才上报到乌兰巴托公安部边防内务军事务局。驻蒙古苏军的防空系统看来也漏洞不小。10月底，苏联国土防空军总司令巴季茨基空军元帅曾到蒙古活动近一个月，检查和整顿苏、蒙军的防空系统。

我曾经想过，幸亏苏联和蒙古的情报不大灵，否则肯定要对这架飞机采取措施的。而且，坠毁的飞机上是否有林彪，他们也只能在事隔两个月以后“补课”。假若他们在9月13、14日派人去检查坠机现场时，就能发现是林彪，而把消息封锁起来，让蒙方既不讲飞机是否坠毁，也不讲人员死了还是活着，那就会对我国构成一个很大的压力，使我们“十五个吊桶七上八下”，不好对付。

机组人员有问题吗

飞机坠毁前，机上有没有发生过搏斗？换句话说，是否有人向林彪开枪，在他身上留下了蜂窝状弹孔，从而导致飞机不得不在旷野迫降？

中央专案组和空军专家，对飞机坠毁现场和飞机残骸进行的技术研究，对尸体照片进行的法医鉴定，对飞机机组人员的政治历史、现实表现和上飞机的经过所进行的调查，没有发现可能导致搏斗的迹象。

这架专机的机组，原本由9人组成：机长、第一副驾驶、第二副驾驶、领航员、通讯员、主管机械师、机械师、特设师和空中女服务员。9月13日凌晨，林彪一行从北戴河仓皇逃至山海关机场，匆匆忙忙登上飞机。当时机上只有机长潘景寅和3名机械师。机组其他人员从机场调度室旁的招待所里，紧忙跑到停机坪时，飞机已滑向跑道一端，随即增速滑跑,腾空而起。

飞机起飞以后,机舱里情况怎么样,无从了解,如果发生搏斗,有人开枪,既不可能是叶群、林立果及其死党刘沛丰,也不可能是一无所知的专车司机杨振刚和正在操纵飞机的驾驶员潘景寅,而最有可能的是三个机械师(或者是其中一人),一旦知道是叛国外逃,铤而走险,来个鱼死网破。但是,对三个机械师李平、张延奎、邰起良的审查表明,他们完全没有可能开枪。

李平,空勤主管机械师,30 多岁,个子不高,任机务中队副中队长,是首批将三叉戟客机改装为专机的人员之一,技术精湛。张延奎,空勤机械师,26 岁,刚结婚不久,中等个头,平时寡言少语,是维护飞机的一把好手,配合李平出色地完成了多次专机任务。邰起良,空勤特设师,即负责机上雷达等特种设备,任机务中队副中队长,30 多岁,身体高挑,精明强干;256 号飞机强行滑向跑道之前,是他首先发现机组人员没有到齐,主动拿起停机坪上电话,通知机场调度室主任喊机组其他人起床。在林彪一伙赶到机场登机时,邰还在机下等待,被持有手枪最后登机的林立果赶上了飞机,这时邰起良在扶梯上还频频回头观望。

以上 3 人,9 月 6 日经团政委提名,师党委批准,成为林彪专机机组成员。9 月 11 日,潘景寅只告诉他们有任务,留场待命。12 日下午 7 时 40 分,林立果乘这架专机去山海关,他们是下午 5 时临时得到通知的。到山海关后,林立果告诉他们明天林彪要坐这架飞机,但并未说到哪里去。当时,潘景寅还向整个机组布置第二天早晨 6 时 30 分起床,7 点吃饭,这时他们仍然不知飞机的去向。半夜 12 点左右,潘景寅突然叫醒他们 3 人去给飞机加油。正在他们准备加油时,林彪乘车仓皇逃到机场,3 人在不明真相的情况下上了飞机。据查证,他们过去没有佩带过枪支,这次执行任务也没有发给他们武器。

我看了上述的结论,一个多年的谜团随之而解。可怜三位机械师,糊里糊涂地做了冤死之鬼。后来,令人宽慰的是,1980 年前后,对三位机械师的组织结论是:因公正常死亡。向他们的家属发放了有关的证明书和应有的抚恤金。

机长潘景寅是否可能发难,像有人怀疑的那样,在迫降时进行人为破坏,造成机毁人亡?

潘景寅是50年代由陆军选入空军学飞行的航校第七期飞行学员,在专机部队执行过许多重要专机任务。“文革”期间,武汉有名的七二〇事件中,他任副团长,同团长一起用伊尔-18飞机,从武汉两派群众斗争的混乱局面中,将毛主席等人紧急转移到上海一带。由于他多次圆满完成宋庆龄副主席的专机任务,有时宋庆龄出行时就指名要他担任机长。1969年,我国从巴基斯坦首批引进的英制三叉戟飞机,就是由他代表中国的民用航空局进行谈判和接收的。此时他已是空军专机师副师长。后来,他又带领新组建的空地勤人员,在广州白云机场同巴基斯坦人员一起进行该批飞机的技术交接和改装与训练。不久,他的职务改为专机师副政委。潘景寅在专机师的三叉戟机种里,无论从职务、资历,或者专业技术等方面都是理所当然的权威。

“九一三”事件发生后,据当时年仅32岁的第二副驾驶、飞行中队队长康廷梓分析,潘景寅对于林彪一伙要飞广州,可能事前空司副参谋长、专机师党委书记胡萍告诉过他,因此在研究航线和飞机加油方面有所准备。当然,知道要飞广州,不等于了解林彪另立中央的阴谋活动,而对于林彪要出逃国外事前更是无法知晓的。但是,他在叫醒3名机械师之后,为什么不接着把机组其他人都叫起床?尽管他当时是有富裕时间的。估计是在林彪乘车离开北戴河之前,林立果通过电话要他准备飞机,要求上飞机的机组人员越少越好。因为在林立果看来,要叛逃出国,机组人多碍事,这些人都是万里挑一、技术过硬、政治觉悟高,不会听他任意摆布。潘景寅在那种紧急状况下,来不及多想,只有机械地执行命令。飞机朝南偏西方向起飞后,很快折向西南,朝北京即京广航线飞去。但不久,飞机在空中缓慢画了一个弧形,朝蒙古方向飞。可以想象,这个迟疑不爽快的转变航向的过程,可能是潘景寅在受威逼的情况下做出的。

前面提到的空军专家组的研究报告,认为飞机是有操纵地进行野外迫降没有成功,造成破碎烧毁的,没有发现人为破坏导致机毁人亡的痕迹。潘景寅死后,长时间没有哪一级组织或领导为他作结论,不少人怀疑甚至公开声称他是林彪死党的一个成员。

1980年11月15日，邓小平在接见美国《基督教科学箴言报》总编辑厄尔·费尔谈到“九一三”事件时说：“据我个人判断，飞行员是个好人，因为有同样一架飞机带了大量党和国家的机密材料准备飞到苏联去，就是这架飞机的飞行员发现问题后，经过斗争，飞机被迫降，但这个飞行员被打死了。”

1981年12月23日，中国人民解放军总政治部作出了潘景寅是“在蒙古温都尔汗飞机坠毁死亡”的结论，发给其家属盖有总政大印的《革命军人病故证明书》，并对其家属进行了慰问。这种结论在空军通称为“随机正常死亡”。专机师政治处确定“按师职或13级以上干部病故抚恤标准抚恤”，北京海淀区民政局据此发给潘景寅的家属应有的抚恤金。

排除了外电关于飞机上发生搏斗的谣传，那么机上人员是什么原因致死的？空军专家组的结论认为，都是由于摔撞和被烧而死的。从尸体上的伤痕看，多是皮肉挫伤，骨骼折断，肢体变形等摔撞伤，这些伤是飞机着陆毁坏过程中造成的。从林彪、林立果、张延奎等面部流血方向看，是在遗体摔于地上仰卧状态下流出来的。从压在遗体下面的草、衣服和皮肤未烧着的部分看，这些人是从飞机上摔出来以后被烧的，这在叶群、邰起良的遗体照片上，反映最为明显。

对遗体现场位置的分布，专家组未做分析。我认为这似能说明他们生前在飞机上所处的部位。飞机尾部擦地着陆后失去平衡，右水平尾翼划地导致飞机左倾，左机翼先折断，接着飘浮的机身继续向左滚动，使右翼也折断到左边，之后两翼折断的机身可能肚皮朝天，呈圆筒状前冲起火爆炸，机上人员不排除是同步甩出机外。据此推测，1至3号遗体，生前是坐在机舱后部联装座椅上（死后他们距离最近一组座位架只有30米）；4至7号遗体，生前像是位于前舱的高级房间里，三个机械师同林彪摔在一起，表明飞机迫降前他们似乎担负了“保护首长”的任务。说来也巧，九具遗体，林彪处于中央，死后仍然“以我为中心”。8、9号遗体，叶群死后靠近潘景寅，很可能她生前是坐在副驾驶的位置上，指挥飞机降落（这同她在北戴河96号楼指挥夜逃的情况是一致的），而潘景寅烧灼最重，估计是由于他握住驾驶杆，在熊熊烈火中坚持到最后一刻。

林彪机毁人亡，确实如同人们所说，带有很大的偶然性。除了本文前面所述，以及空军专家组的结论提到的以外，还有这样一些偶然因素：林彪使用的专机，原来是“子爵型”飞机，9月6日才确定以三叉戟256号取代，而“子爵型”飞机是一种飞行速度较慢（时速450公里）的涡轮螺旋桨式飞机；必须进行野外迫降时，其危险性显然低于三叉戟喷气式飞机；他们夜半出逃伊尔库茨克，既然机上没来得及带领航员，地面也没有导航，在进入蒙古境内后，潘景寅本应该按照他过去驾专机飞莫斯科时，沿铁路线这一明显的目标飞行，一旦飞不到伊尔库茨克也可中途在乌兰巴托降落（按：中苏之间的民航飞机就是沿这条航线飞行的）。然而，由于飞机是在对立国家上空飞行，林彪一伙清楚了解蒙古境内的防空部署，沿铁路线有好几处苏军机场和防空导弹阵地，不得不在铁路以东寻找航线，这就使得飞机燃料将尽时，无法确知自己在什么位置，而不得不贸然迫降。

如何解释这种偶然性呢？有人说这是“天意”，有人说这是“报应”，还有人说这是毛主席“洪福齐天”……难道真是上帝或是马克思的在天之灵的安排吗？应当寻找唯物主义的答案。马克思主义哲学有条原理：“事物的必然性寓于偶然性之中”，这就是说，贯穿于所有种种偶然因素之中有一条主线，即是事物的必然性。林彪的儿子林立果阴谋搞武装政变、暗害毛主席，还没有来得及动手，毛主席于9月12日下午回到北京，这就迫使他们除了出逃别无选择。而在谋划出逃时，偏偏林彪自己的女儿林立衡认为叶群和林立果可能“劫持”林彪远走高飞，向8341部队作了报告，他们在8341部队派车追赶下，狼奔豕突，一切事前拨打的如意算盘，都吓得丢到九霄云外，于是，一系列的偶然性随之而生。他们在众多偶然因素的胡同里冲撞挣扎，沿着必然性的主线滑到了绝路——机毁人亡。

1971年10月，埃塞俄比亚皇帝来华访问，周总理陪同他到上海参观。在上海，周总理抽出时间接见了上海及华东的党政军负责人，讲话中谈到“九一三”事件的经过。周总理阐述了林彪之死是偶然性与必然性相结合的道理。总理说，就他们所作所为来讲，一家三口摔死是必不可免的，是天造地合。

第七章 人去室空的毛家湾和七〇四工程

林彪的旧居

1972年秋天，我回国开会，正值“九一三”事件一周年。我得到一个机会，参观了人去室空的毛家湾——林彪、叶群生前的公馆。

毛家湾，据说是清朝一个王爷的宅第，位于北京西城区厂桥以南，原是西皇城根的两条东西走向不太惹眼的小胡同，南边一条称前毛家湾，北边一条称后毛家湾。两条小胡同中间，夹着几个大的院落。全国解放后，高岗曾在这里住过，占用面积1400平方米。其大院一边是平安里医院，一边有不少民房。1953年，林彪全家迁京，高岗将这套

林彪毛家湾旧居大门正面

平房让给了他。1958 年,党的八届五中全会,林彪被增选为党的副主席以后,特别是他 1959 年就任军委副主席、国防部部长之后,位显权大,开始在他的住宅大兴土木,不仅拓宽了西皇城根大街,而且把前后毛家湾融成一体,围上了一道灰色的 5 米多高的砖墙。

在这横跨两条胡同的大围墙内,其东侧的平安里医院和西侧的居民,"文化大革命"开始后都被迁走,林彪毛家湾公馆的总面积达到 11300 多平方米,俨然封建时代一座王府的规模。东侧院中被迁走医院留下的两座南北向的二层楼房,南楼是工作人员的家属宿舍,北楼是曾经显赫一时的"林办"("林副主席办公室",叶群为主任),其中包括警卫中队的办公室。围墙内的西侧院,原是"林办"秘书的办公室,后改作它用。它的北面有一个小院,是林彪一家的厨房和储藏库,还有几间供工作人员临时居住的平房。围墙的南侧是一个横长条院,盖有平房,北侧临街也有一排平房,都住的是警卫中队的战士。上述院落,从四面八方拱卫着处于中心的林彪、叶群的住宅。在这套住宅的地下,修筑有通往人民大会堂和国防部大楼能通行汽车的通道工程。

毛家湾不仅大院套小院,而且门特别多。前毛家湾就有 5 个门:1 号门,是工作人员的宿舍门;3 号门,是警卫中队驻地的门。林彪、叶群外出从此门通过;5 号门,因改成林彪的车库,被堵死;7 号门,是原来

林彪旧居大门侧面

“林办”秘书办公室;9 号门是锅炉房。后毛家湾还有两个门:一个是通向林、叶住宅后院的大门,林立果常从这个门出入;一个是“林办”秘书办公室的小门。

我随参观队伍进了 1 号门,然后由东侧院向西拐,通过一个月亮门来到林彪住宅前。这是一个屡经改建的高大轩昂的平房体系,房高 5 米以上,外墙磨砖到顶,门窗较大,一律漆成深橙黄色,有点古色古香。两层窗户,由一回廊隔开,从外面看不到室内的活动。

进门以后,是一条宽敞的 T 字形走廊,猩红色的地毯一直铺到室内多个房间的门口。首先看到的是走廊左右,各有一个林彪使用的会客室。右手(靠东)一个相当大,用于对外接待;左手(靠西)一个小一些,是听读文件和接见亲信使用。两个会客室布置都很简单,紫红色的布制沙发套都有些褪色,沙发前的茶几也显得有些旧。大会客室的墙上除了一幅满墙大的中国地图外没有其他任何东西,连毛主席像也没有,只在屋角摆了一个很显眼的大地球仪,几乎有一个人那么高。据说这是总参谋部特意为最高领导层制作的。小会客室北墙上挂着全国和世界地图,地图下靠墙放着一个长长的条案。讲解员说,秘书经常坐在条案前的沙发上,向对面沙发上坐着的林彪讲文件,一般每天一次,有时上下午各一次,每次一二十分钟,最多不超过半小时。“林办”每天收到的文件和电报,何止几十万字,要压缩到这么短的时间内去讲,而且不能漏掉林彪想知道的任何一件大事,秘书的辛苦和看文件的本领可想而知。每次林彪都闭着眼听,听完或者听烦,一摆手,秘书就得赶快悄悄地退出。

大门内 T 形走廊

林彪的两个会客室,虽然没有悬挂毛主席像和毛主席语录,也没有什么特别布置,但门边墙上、条案上、沙发前茶几上,几乎到处都有温度计。

据说林彪生活起居需要27℃恒温，随时看温度计进行检查。小会客室内，林彪常坐的沙发前茶几上，还放着一本李时珍的《本草纲目》，供他研究给自己治病的中草药。

小会客室西墙有个门，通向林彪的卧室。卧室迎门处有一面屏风，上头贴了许多字条，写的是吃什么东西哪里出汗。例如“吃鱿鱼膀胱出汗”、“吃松花蛋脚背出汗”等等，还有一条是“吃青豆脚板发凉”。这些字条真是令人迷惑不解。屏风后面是一个大床，棕垫上铺着特制的褥子，里头装着促进睡眠的电器设备。床上叠着几条毛巾被，床头放着手电筒，是林彪夜里看表用的，床头柜上摆着精制的莲花台灯。床侧稍远靠墙处，有一个长条案，上面放着电动唱机和一大叠唱片。还有一个“八音盒”，古色古香，是抄了一个老教授的家得来的。看来卧室的布置，也同会客室一样比较简单。

讲解员介绍说，林彪的生活起居并不复杂，就是有些怪癖，主要是怕出汗，以致怕风、怕水甚至怕光，连解大便也不敢离床。解大便时要兴师动众，他坐在马桶式便盆上，颈部以下围上毛巾被，四角还得好几个工作人员压按严实。由于怕出汗，吃东西特别注意，吃了什么哪里出汗，让内勤工作人员写下来，贴在屏风上，转告管理员和厨师，设法调剂饭菜。接着，讲解员带大家看林彪的卫生间，面积相当大，而有门无窗，也无澡盆，只有马桶、脸盆、梳妆台和衣架等。据说林彪很少洗脸，更不洗澡，只由工作人员定时擦身。

听了这些介绍后，大家都感到这位“副统帅”真是一个怪人。传说有人向毛主席反映过林彪怕出汗，毛主席说：“不出汗，不就憋死了！”后来了解到，他怕出汗也是事出有因的。一种说法是，平型关战役结束后，林彪及其警卫和八路军一一五师司令部部分人员，从山西五台县经太原以南遄返延安。1938年3月2日拂晓，途经吕梁山区，抵近山西西部隰县国民党阎锡山的部队防区。此时日军已占领太原，不时派小部队南下侦察攻击。因为林彪一行穿着缴获日本人的军大衣，骑着大洋马，在拂晓中，阎老西部队的哨兵误认为日本人前来偷袭，就直接瞄准射击，子弹击中了林彪，贯入前胸，穿过右肺叶，从背部射出，伤势很重。后来去苏联治疗，发现子弹擦伤了脊柱，损伤了中枢神经，留下了无法治愈的后遗症：一遇湿冷天气，就失眠，出虚汗，伴随低烧，而且病情会随年龄增长而加剧，以致怕风、怕光、怕水，身体虚弱不堪。另一种说法是，苏联医生当时诊治不当，使他患了毛孔扩张症。上年纪以后动不动就出汗，出汗稍多就心烦意乱，感冒欻起。

卧室的另一头，靠南窗户放着一个大方桌，除了笔墨纸砚文房四宝外，没有他物。卧室的西墙，高高悬着林彪题写的八个大字：天马行空，独来独往。东墙下摆着一个长条案，墙上贴着林彪和叶群相互题赠的条幅，给人印象最深的是叶群生日时，林彪"书赠爱妻叶群"的诗句，把田汉先生的名剧《关汉卿》中的两句诗，改动了一个字："发不同青心同热　生少同衾死同穴"。旁边有叶群题答的条幅："教诲恩情永不忘　他年定随到黄泉"。我看了不禁心中一惊，世界上竟有这样应验准确的"誓言"！不由得眼前出现了苏布拉嘎盆地那插着编号木牌的坟墓……我伫立呆想，后面的参观者推了我一把，不满地说："怎么不走了？"他们哪里会知道我在想什么呢？

卧室的西南角，有一个小门通往汽车库。车库也要保持27℃恒温。林彪外出前，工作人员要先检查温度，冬天达不到要求时，锅炉工人就得赶快通过专用管道给车库升温。林彪有个"转车"（即乘车兜风）的习惯，如果他一天出去两次，就得把锅炉工人给忙坏了。当然夏天超过27°C时，就得设法降温。

车库的北面，有一条室内小过道，经此可进入林彪的阳光室。这是一个面积不大、四壁高耸的天井式房间，屋顶镶着6块巨大的石英玻璃。讲解员说，每块约合人民币6000元，是从国外进口的，阳光的紫外线，可以不衰减地透过这种玻璃。林彪每天上午要在这个屋子中间的躺椅上晒10多分钟。"那么，这会不会出汗呢？"有人问讲解员。讲解员摇摇头，不好意思地笑一笑，因为她无法回答。

叶群和"老虎"的秘屋

从林彪两个会客室中间的室内走廊尽头向东走，有叶群使用的三个房间。一间是会客室,一间是卧室,另一间是学习室。

叶群的会客室靠南侧,室内布置得同林彪的简朴的会客室大相径庭,一进门就会令人强烈感觉到:富丽堂皇,穷奢极欲。两套高级织锦缎沙发东西相对摆放,一套嫩黄,一套嫩绿,十分诱人。红色硬木茶几上面覆盖着茶色玻璃板。玻璃板下压着一些彩色照片,其中有一张从南京"选妃"而来的漂亮姑娘的照片。会客室的北头,一个做工精致讲究的紫红色木柜上,放着一台29英寸的大彩电。这在当时不仅国内少有,就是在西方国家也是相当高贵的。会客室的南头窗户下,是书写题词的所在,一张一米多高的紫红色大方桌,上面摆着一方大端砚,粗矮的竹节造型的笔筒里,插着各种型号的毛笔,旁边放着玉石精雕的笔架和镇纸,有一个较大的不方不圆的笔洗,已经干涸。大方桌两边,各一个特制的低矮沙发椅,供题词者就座。讲解员说,陈伯达经常来此提笔献词,让大家看方桌一侧上方墙上陈伯达的题词:"每临大事有静气　不信今时无古贤"。参观者纷纷议论,感到这种吹捧实在让人肉麻。

叶群的卧室靠走廊北侧,与会客室斜对,又是另外一番天地。门的右上方安装着一个红色信号灯,就像医院里X光室门上的灯一样,据说红灯亮了谁也不能进去。跨进卧室门是一个穿堂屋,靠墙两边各有一排带百宝格的硬木柜,摆放着许多文物和中外珍稀玩具。然后,走进一堵隔断门,迎门一面大屏风把卧室隔成里外两间。屏风上有林彪题赠的座右铭:"做事莫越权　说话莫啰嗦"。还有陈伯达题的"克己"二字。

叶群会客室大门紧闭

屏风前面是一张按摩床,床上放着叶群按摩时用的带胡椒眼的黑色尼龙三角裤衩。据介绍,邱会作曾专门为叶群挑选来两个身强力壮的男按摩员。屏风后面是一张洋式豪华大床，床上用品光彩夺目，床边有一特制支架托着的圆桌，坐在床上可以拉到面前，据说是林立果为叶群特别设计的，让她坐在被窝里就餐。这个小圆桌上装着 一个电动刷牙器，不用动手就能刷牙。叶群曾对许多熟人宣传，她的儿子怎样能干多么孝顺。围绕睡床的三面墙壁的挂镜线上，挂满了历代仕女画条幅，叶群美称为“仕女如云”，供她躺在床上欣赏。这些画都是从故宫博物院“借”来的，几个月要换一批。这种挂法不伦不类，让人哭笑不得。

为了节省时间，叶群的学习室（与卧室并排）没有看。参观队伍沿着T形走廊顶端的过道回头向西走。路过林立衡使用的两间房子，这不对参观者开放，但恰巧工作人员正敞着门整理内部，我瞥见墙上挂的两个条幅，一幅是林彪题的：“笑一笑十年少　愁一愁白了头”；另一幅是叶群题的：“热爱爸爸　服从妈妈”。从这两幅题词，可以猜想到林立衡的情绪、特性和他们的家庭关系。

继续往前走，来到叶群专用的室内游泳池，池子大约长25米，宽不到10米，墙角有两间更衣室，水池周围摆放若干洋式躺椅。池水和室温都要保持30℃上下。设计和修建这个游泳池的理由是为林彪搞的，可是谁都知道林彪怕水，建成后他一次也没用过。

室内游泳池的旁边，有一间文物陈列室，里面陈列的都是从各处巧取豪夺或抄家得来的珍品。有挂着或卷放着的许多古代著名字画，还有治印章用的各色各类石头，其中有一种纯正的鸡血石和田黄石，据说可以与黄金等价。

讲解员说，住宅里还有衣物存放室、乒乓球室、藏书室等房间，来不及一一细看了。她领着大家原路返回往东去，从叶群卧室东墙外的走廊折向北，参观林立果使用的一组房子。一间是卧室，除了一张大床及被褥外，只有一套牛皮沙发和茶几，旁边一个长条桌上放着几部电话，大都装有保密机。其中一部带录音机的电话，据说林彪出逃以后，还有一个死党给林立果打来电话储存在录音机里，从而被查了出来。卧室的里间是冲洗照片的暗室。另一间是工作室，写字台的玻璃板下，压着形形色色美女的照片。一头几个书架上放满了各色各样的书刊，其中有不少中外黄色小说。另一头沿墙的工作台上，放着形形色色搞秘密勾当的电器玩艺。有一个体积不大的电视机，据说是电视监视器的屏幕。摄像装置安装在后门外，有一天林立果正在鼓捣他的秘密设备，突然看到一个人向门前走来，他马上抓起手枪冲了出去，一看是叶群在散步，搞得比较尴尬。林立果还搞了一套小型窃听器，曾把麦克风装在叶群的床底下，录到了叶群和黄永胜的秘密谈话，以及他们俩的不光彩勾当，从而控制住了这位“黄大金刚”。

林立果这两间房子，东西放得十分凌乱，喝水的玻璃杯摆得到处都是。据介绍，一年前这只“老虎”（林立果乳名）同死党密谈后，慌慌忙忙去了北戴河，从那以后两间房子的东西一直保持原样。

离林立果屋子不远，有一个大房间（电影放映室）集中陈列着他搞阴谋活动和武装政变使用的工具。在通讯器材和枪支类中间，我看到了如同坠机现场摆放的微型冲锋枪。据说是某兵工厂专门制造的，曾经装备了空四军的“教导队”（“小舰队”的秘密武装组织）。各式各样的望远镜中，有一个装有小型照相机的望远镜引起我很大兴趣，这东西在国外工作中大有用处，可是我听也没听说过国内有这种装备。我问解说员，她说这里的东西大部分都是用外汇从国外进口的。

参观完毕，大家通过另一条室内走廊，从去“林办”秘书办公楼院的小门出去。住宅里的室内走廊把许多房间串连起来，走过时不觉得气闷压抑，如何通风，如何采光，在没有安装中央空调的这座平房体系中，设计师和建筑师不知煞费多少心血，国家不知花了多少钱。讲解员最后告诉大家，这座住宅门很多，林家一家四口，各走各的门，各吃各的饭，各干各的事，儿女和父母之间很少往来。

这次参观，使我不能不与蒙古温都尔汗附近的坠机现场联系起来思索。在离开毛家湾的一路上，我反复默想着林彪卧室里那个条幅，一个说“生少同衾死同穴”，另一个说“它年定随到黄泉”。历史判官是多么铁面无情啊！他们往日的誓言，不，也许是彼此取悦说说而已的戏言，却变成应验无误的谶语了。草原荒滩上秋风瑟瑟，九具白茬棺木缓缓下葬，两具无辜者的棺木隔放在林彪和叶群中间。曾经叱咤风云不可一世的“副统帅”，和他诡计多端翻云覆雨的老婆，竟隐姓埋名地头顶插着阿拉伯数字编号的木牌……这当然没有他们当年在家中互赠题词时想象得那么浪漫。

看完这人去室空的毛家湾,我真正地意识到,在那个合葬大坑里,下葬的何止是林彪、叶群、林立果的尸体,应该说实实在在是埋葬了一段历史,一段可悲、可叹的历史。而这段历史随着时光流逝,已经渐渐远去了。我不禁舒了一口气,想起了杜甫的著名诗句:“尔曹身与名俱灭,不废江河万古流。”

工毕人亡的七〇四工程

1973年6月,我从驻蒙古使馆结束任期回国。若干年后曾去杭州疗养,在一个熟人的指引下,参观了林彪在杭州的行宫及其地下建筑——统称七〇四工程。

上有天堂,下有苏杭。“淡妆浓抹总相宜”的西子湖,湖畔景色美不胜收,历代名胜古迹随处可见。这里的确是居住和疗养的胜地,令人流连忘返。我记得唐朝诗人白居易,在杭州任刺史期满之际,写了一首《春题湖上》的七律,最后两句:“未能抛得杭州去,一半勾留是

林彪在杭州所住一号楼南门

此湖。”

在杭州为林彪建一所行宫，使之来往东南沿海时可以驻足休养，这在六七十年代各地为最高领导人大建宾馆的风气下不足为奇。西湖的西侧丁家山下，清朝一名刘姓富商在湖边建有一所别墅名刘庄全国解放后改为高级宾馆。其中紧挨湖岸的一号楼，几经改建装修，成为毛主席来杭州的驻跸之所。山上林木葱茏，曲径通幽，建有“毛泽东读书处”。山下浩淼湖波，荡人心怀，水上鱼鹰点点，偶有扁舟穿行其间。湖边建有回廊，可作雨中散步和欣赏湖景之用。毛泽东到南方巡视，一般都要在刘庄住上一段时间，他曾戏称杭州为其第二故乡。

七〇四工程建在距离刘庄西南约 3 公里，杭州南高峰北坡的五老峰下。周围松林浓密，环境隐蔽，与刘庄那种一望难收的空阔恰成对比。行宫为井字形建筑，坐北朝南，主楼两层，层高 5 米以上，其后为凹字形平房，亦甚轩昂，为警卫及服务人员住所。整个建筑 12000 平方米，相当于北京 60 户人家的五层楼房 3 座，显得很气派。

这所行宫更有特色的，是它的地下工程。地点在主楼以北一个厚 20～30 米的山包底下，其规模之大令人咋舌。地下通道全长约 900 米，包括其中心一个方形和一个梯形的通道间。大小房间总共有 47 个，分做中央议事厅、作战指挥室、大小工作室、通讯室、水供房、发电

一号楼林彪卧室

配电间、仓库,以及各种人员的休息间,总面积4000平方米。中央厅为5米×7米的无柱结构,相当开阔。在通道的南部,专设电梯间,有电梯直通主楼二层,电梯口在林彪的卧室和书房之间。地下电梯间旁,有一间专为林彪所设的小会议室。整个地下建筑通风良好,不感潮湿。

地下工程有4个出口,都装有两至三道防原子、防生物、防化学的三防铁门。其最外一道铁门厚约20厘米、重500公斤。主楼上,林彪的卧室、书房和会客室在东头,硕大的窗户上,都装有防弹玻璃。

一号楼大阳台

地面建筑,除主楼外,还建有总共1万多平方米的三座楼房。二号楼为豪华的室内游泳池,在主楼的西南;三号楼在主楼背后,名为将军楼。据说是黄、吴、李、邱等人来杭的下榻处;四号楼在主楼的东侧,供当地军队领导人来此使用。各处楼房加上庭院、道路、草坪,共占地307亩。

整个建筑是1970年4月开工的,为对外保密,称为七〇四工程。1971年6月基本建成,共耗资3100万元,用去木材8000立方米、钢材3000吨、黄铜1800吨,以及大量的水泥和其他建筑材料。

七〇四工程入口

工程的主持人，是林彪集团的干将、原空五军政委、省革委会副主任陈励耘。

我参观完这所地上地下工程之后，颇感惊异，为什么要为林彪在杭州修建这样一所附有地下作战指挥系统的行宫？

有人说这没有什么奇怪的，林彪当时是军队的副统帅，一旦战争爆发，他可以在杭州指挥作战。也有人说，这与林彪搞军事政变阴谋有关，是为了与中央分庭抗礼实行南北分治的需要。

这所行宫，地面建筑可以说为了居住和休养，但那固若金汤、设施周全的地下指挥系统，只能是为了打仗用的。问题是对谁打仗？

60年代末，我国面临的国际局势是，中苏边境武装冲突结束不久，两国仍然剑拔弩张；同美国的关系也仍然没有得到缓和。毛主席在党的九大前就提出要准备打仗的问题，九大的政治报告也写上准备同苏联、美国早打、大打、打核战争的内容。据说作战的方针是，北面为主要方向，要全力顶住苏联的全面进攻；南面如果美国进来，就把东南沿海一带放开，在纵深消灭它的有生力量。林彪把这归纳为四个字："北顶南放。"他曾具体指出，保卫华北、东北是基本的，在南方除固守长江流域的大城市，其他城市，包括杭州、福州、广州都可以放弃，让敌人去占，不怕打烂坛坛罐罐。

深入地下之通道口

三防门重500公斤

杭州濒临东海，属于“放开”的范围，在这里修筑巩固的、永久性的地下指挥系统，难道要把副统帅放在最前线来指挥？就是说，根据当时的作战方针，这样的地下工程，放在皖南或湘北的某个城市，也许是比较合理的。那么，在杭州这样构筑，而且昼夜施工，把整个山包削平，建成地下指挥系统后，又重新覆盖起来，如此浩大的工程量，一年零两个月就基本完成，不能不使人产生怀疑：是否是借战备之名行阴谋之实，与其在中央九届二中全会上发难及以后搞军事政变有关？林立果的小舰队搞的《“五七一”工程纪要》中，多处提到要实行“割据”、“南北朝”，似可为此提供佐证。

对林彪来讲，遗憾的是，他不仅没有使用七〇四工程，甚至连看一眼都没有来得及。

历史实在太无情了。

第八章　一代名将，千古罪人

一代名将，谁人评说

林彪沦为叛党叛国的罪人，那么他在中国当代历史上的地位如何评价？是否仍然称得上著名的军事家、一代名将？

"九一三"事件爆发后，在"批林整风"运动中，对于叛党叛国的林彪，正如林彪自己曾经说过的"全党共诛之，全国共讨之"，甚至不少了解林彪历史的有名人物，在口诛笔伐中，也是不分青红皂白地"玉石俱焚"。于是，一度造成十年左右的声势，无人敢于公开肯定林彪历史上的地位。四野战史没有人愿意参加编写了，大百科全书的有关条目也难以下笔。在拍《大决战》的影片时，虽然时任军委副主席的杨尚昆，对编导演职人员强调过"历史问题应当实事求是"，但在塑造林彪这个形象时，还是与历史纪录片反差很大。

前些年，我偶然翻阅新出版的《中国军事大百科全书》，看到有关林彪的条目，感到大吃一惊，为什么《军事大百科全书》竟然这样大胆，敢于全面肯定"文革"前的林彪！我紧忙查阅家中 1979 年版的《辞海》，有关林彪的词条，在叙述他的历史时，强调"在土地革命初期，对中国革命前途悲观失望，怀疑红旗到底能打多久"，"抗日战争时期，又追随王明右倾投降主义路线，反对党的'独立自主的山地游击战'的战略方针"，"解放战争时期，在辽沈战役和平津战役中，一再抗拒党中央的战略方针和战略部署"等等。

《辞海》有关词目，基本上否定了林彪，而《军事大百科全书》的条目，又基本上否定了《辞海》的叙述。这样鲜明的否定的否定，究竟是怎么一回事呢？不久前，我看过内蒙古人民出版社出版的《毛泽东与林彪》一书，其中讲到黄克诚对林彪的历史评价，方觉释然。

林彪的生平，《军事大百科全书》是这样写的：

林彪（1907年12月5日—1971年9月13日），军事家。曾用名育蓉、育荣。生于湖北黄冈林家大湾。曾在武昌共进中学读书，1923年6月加入中国社会主义青年团。1925年在“五卅”反帝运动影响下，参加学生运动，曾出席上海召开的全国学生联合会第七次代表大会。同年冬，考入黄埔军校第四期，在校转入中国共产党。1926年10月毕业后，被分派到国民革命军第四军独立团（后改编为第二十五师七十三团）任见习排长。次年4月，参加武汉国民政府举行的第二次北伐，任连长。

1927年8月参加南昌起义，任起义军第十一军二十五师七十三团连长。南昌起义军在广东潮（安）汕（头）地区受挫后，随朱德、陈毅转战闽粤赣湘边界。1928年1月参加湘南起义，任工农革命军第一师一营二连连长。同年4月，随军转到井冈山，先后任中国工农红军（初称工农革命军）第四军二十八团营长、团长，参加井冈山革命根据地的反“进剿”、反“会剿”斗争。1929年1月，随朱德、毛泽东挺进赣南、闽西，3月任红四军一纵队纵队长（亦称司令员）。1930年6月任红一军团四军军长，1932年3月任红一军团总指挥（后称军团长）。率部参加了文家市、长沙、吉安、赣州、漳州、南雄水口、乐安宜黄、金溪资溪等重要战役和中央苏区第一至第五次反“围剿”，曾多次指挥所部担任战役战斗的主攻任务。先后被选为中共红一方面军总前委委员、中共苏区中央局委员、中华苏维埃共和国第一、第二届中央执行委员和中央革命军事委员会委员。1934年10月中央红军开始长征，率部参加突破国民党军第一、第二、第三、第四道封锁线和强渡乌江等作战。1935年1月，参加了中共中央在贵州遵义召开的政治局扩大会议。会后，指挥红一军团参加四渡赤水、巧渡金沙江、强渡大渡河、夺占泸定桥等作战。同年7月，红一军团在中央红军与红四方面军会师后改称第一军，任军长。9月，任红军陕甘支队副司令员兼第一纵队司令员。11月，陕甘支队到达陕北恢复第一方面军番号后，仍任红一军团军团长，随后率部参加了直罗镇战役和东征战役。1936年6月，任中国人民抗日红军大学校长，后兼政治委员。1937年1月，红大改称中国人民抗日军政大学，继任校长兼政治委员，并兼任抗大第一分校校长兼政治委员。

抗日战争爆发后，任八路军第一一五师师长和该师军政委员会书记，并任中共中央革命军事委员会和军委前方分会委员，率部挺进华北前线，首战平型关，重创日军华北方面军第五师，取得全国抗战开始后第一个大胜利。1938年3月在山西行军途中被晋绥哨兵开枪误伤，返回延安治疗。同年冬，赴苏联就医。1942年2月回国抵达延安，参加整风运动，任中共中央党校管理委员会成员。同年10月—1943年7月曾赴重庆，与周恩来一起就克服内战危机，继续合作抗日问题同蒋介石谈判。1945年4月，参加中共第七次全国代表大会，当选为中央委员。8月，当选为中共中央军委委员。

抗日战争胜利后被派往山东，拟任山东军区司令员，途中奉命转赴东北，先后任东北人民自治军总司令，东北民主联军总司令兼政治委员，东北军区、东北野战军司令员兼政治委员和中共中央东北局书记，并兼任东北军政大学校长等职。指挥了四平、新开岭、三下江南四保临江和东北1947年夏、秋、冬攻势和辽沈决战等重要战役，解放东北全境。1948年底，率部入关，任人民解放军平津前线司令员和中共平津前线总前委书记，与罗荣桓、聂荣臻一起，统一指挥东北野战军和华北军区部队进行平津战役。1949年3月，东北野战军改称第四野战军，任司令员。5月，兼任华中军区司令员，并任中共中央华中局第一书记，先后指挥了宜沙、湘赣、衡宝、广东等战役，解放了中南广大地区。在解放战争时期，他总结部队的作战经验，提出了“一点两面”、“三三制”、“四组一队”、“四快一慢”等一系列战术原则。他关于战斗作风和战术问题的多次讲话曾印发部队指导作战和训练。

中华人民共和国成立后，任中南军政委员会（后改为中南行政委员会）主席，中南军区兼第四野战军司令员，中共中央中南局第一书记以及第一届全国政协常务委员等职。1951 年 11 月，任中央人民政府人民革命军事委员会副主席。1954 年起，任国务院副总理和国防委员会副主席。1955 年 4 月，在中共七届五中全会上被补选为中央政治局委员。9 月，曾被授予中华人民共和国元帅军衔和一级八一勋章、一级独立自由勋章、一级解放勋章。1958 年 5 月，在中共八届五中全会上被增选为中央政治局常委和中共中央副主席。1959 年 9 月，兼任国防部部长，旋任中共中央军委副主席，主持军委日常工作。1969 年 4 月，在中共九届一中全会上继任中央政治局常委、中共中央副主席和中央军委副主席。“文化大革命”中，他与陈伯达、黄永胜、吴法宪、叶群、李作鹏、邱会作等结成反革命集团，同江青反革命集团相勾结，有预谋地诬陷迫害党和国家领导人，阴谋夺取党和国家的最高领导权。1971 年 9 月 8 日，他下达反革命武装政变手令，企图谋害毛泽东，另立中央。阴谋败露后，于 9 月 13 日乘飞机外逃，在蒙古人民共和国温都尔汗地区机毁人亡。1973 年 8 月 20 日，中共中央决定开除其党籍。1981 年 1 月 25 日被中华人民共和国最高人民法院特别法庭确认为反革命集团案主犯。

《军事大百科全书》对林彪的历史能够这样落笔，是与黄克诚的一席话分不开的。甚而言之，黄的讲话起了决定性的作用。

1985 年 2 月 21 日，总政百科全书（按：《军事大百科全书》成书之前，分由解放军各大单位按条目性质分类编写）编辑室的周之同、姚夫、李维民 3 人，将“林彪”条目的释文送呈黄克诚审查，黄对他们讲了如何运用历史唯物主义的观点去评价历史人物。黄克诚讲：

你们写人物志，要学习司马迁，他在《史记》里写了一大群历史人物。你们现在要用历史的观点，用历史学者的态度，去评价历史人物。不要用过去党内斗争中开斗争会的那种过火的语言，揪出一个人就把他的历史功绩一笔勾销了。不能只看一面，要看两面，要全面地观察，做出全面的评价，写出历史的真面目。不要受"文化大革命"中和"文化大革命"以前的一些传统说法的束缚，要打破这个束缚。

林彪在我军历史上是有名的指挥员之一，他后来犯了严重的罪行，受到党纪国法的制裁，这是罪有应得的。但是在评价他的整个历史时，应当分为两节，一节是他在历史上对党和军队的发展、战斗力的提高，起过积极的作用。另一方面是他后来对党、国家和军队的严重破坏，造成了极为严重的后果。这样，两个方面都写明确，不含糊，才符合历史事实。

在这条释文中，你们写了林彪在历史上担任了什么职务，这是必要的。但是在担任这些职务时，他指挥了很多战斗。据我了解，毛主席和朱总司令在中央根据地指挥中央红军作战时，他们手下有几个著名的战将，一个是彭德怀，一个是林彪，一个是黄公略。伍中豪同志牺牲得早，1930 年就牺牲了。黄公略也在 1931 年牺牲了。红四军是毛主席、朱总司令创建的，成立红一军团后，红四军就是林彪指挥，他是红四军军长。开始时一军团三个军，红三军军长是黄公略，红十二军军长是伍中豪，后来是罗炳辉。在这三个军中，战斗力最强的是红四军，战功最大的是红四军。他死后我还是这么说。有人说林彪不会打仗，这不是历史唯物主义的态度，不符合历史事实。

黄克诚在讲了写历史人物时的指导思想，和对林彪总的评价之后，具体地分做三个时期，讲明林彪的功绩：

在土地革命时期，他先当连长、营长、纵队司令，以后当红四军军长。在毛主席、朱总司令领导下，指挥了不少战斗，在我们军队中，他可说是一员战将。要承认这个事实。一军团在我国革命历史上起的作用是很大的，打过很多仗，在一军团基础上发展起来的部队也很多。当然主要是毛主席、朱总司令领导的，后来林彪是军团长。在写这一段时，我想可以写他指挥过红四军、红一军团，在一至五次反“围剿”和长征中，他指挥了渡江、腊子口等战斗。在广西金州战役中，他在前线指挥一军团和三军团一部分作战。那时我是四师政治委员，我带部队到金州地区时，他指挥我们。我亲自找了他，他告诉我部队怎么摆法。土城战斗是他指挥的，不过那次战斗没有打好，没有消灭敌人。总之，他是有战绩的。

在抗日战争初期，林彪指挥了平型关战斗。平型关战斗的胜利，对鼓舞全国人民的抗日信心，树立八路军在人民中的声威有重大作用。这个战斗是林彪和其他同志一起指挥的，他是一一五师师长，聂荣臻同志是副师长，罗荣桓同志是政治部主任，不过主要指挥的还是他。毛主席、朱总司令当时都不在前线。后来有人说，平型关战斗打错了。这不是历史唯物主义的观点。当然，平型关战斗一方面是胜利，另一方面也有教训要吸取，就是同日本人作战。当时按照毛主席的方针，是不能硬拼的，盲目地拼会把我们的老部队拼掉，当时我们没有多大的本钱。但是这个战斗的胜利，大大鼓舞了全国人民，有很大的影响和意义，这是不能否定的。

解放战争时期，1945 年冬我们进军东北的部队是 10 万多人，经过三年，到 1948 年的 12 月，部队进关时是 100 多万人。带 10 万人进去，带 100 多万人回来，建立了东北那么大的解放区。当然，这不是林彪一个人的功劳，这是整个东北局和东北部队指战员和东北人民的功劳。但是，林彪是主要负责人，不能抹杀这一点。不然外国人会说我们写历史不顾历史事实。在“林彪”这条释文中，对他的成绩需要写具体一些，概括地写几句话。譬如，他与陈云、罗荣桓、李富春等同志，共同领导了东北的解放战争，解放了整个东北，后来进关指挥了平津战役，解放了华北，以后又进军中南，直到中南地区全部解放，他才回来休息。总之，对他历史上的成绩也要概括地点出来。

最后，黄克诚强调对林彪历史上的错误，应当做具体分析。他说：

关于林彪在过去历史上的错误，我不知道你们写其他人的时候，像这类问题是不是都写上。譬如，林彪写信给毛主席，提出“红旗能打多久”的问题。在党内来说，一个下面的干部，向党的领导反映自己的观点，提出自己的意见，现在看来这是好事；如果把自己的观点隐瞒起来，上面说什么就跟着说什么，这是不正确的态度。林彪不隐瞒自己的观点，尽管观点是错误的，但敢于向上面反映，就这一点来说，是表现了一个共产党员的态度。在党内有什么意见就应该提出来，现在应该提倡这种精神。有些同志不敢提意见，生怕自己吃亏，这不好，提的意见不一定都正确，还可能有错误，这不要紧，错了可以批评。由于林彪提了这个问题，毛主席写了《星星之火，可以燎原》，如果林彪不提那个问题，毛主席那篇文章也写不出来。在党内不隐瞒自己的观点，按照组织系统提出自己的意见，我们应该提倡这种事情，不是批判这种事情。特别现在应当提倡这种作风。在“文化大革命中”，谁说一句就记账，弄得谁也不敢讲话，怕说错了挨斗。据我了解，像这类事情林彪不止这一回，他向毛主席提意见还有提得更厉害的。我考虑，如果其他人的条目释文中像这类问题都写，“林彪”这条目也可以写；如果在其他人的条目中这类问题不写，对林彪也不要那么苛刻。在我们党几十年革命斗争中，没有错误的人是没有的，没有讲过错话，没有做过错事，恐怕一个也找不出来。毛主席也犯过错误嘛。像这类历史上的问题，如果其他人的条目中不写，“林彪”这一条目也可不写。如果要写，也要在肯定他历史上的功绩之后，再提到他在历史上也提过的错误意见。至于他后期的问题，属于另外一个性质，那不是错误，而是严重的罪行。他坐飞机外逃，机毁人亡，身败名裂，自己给自己做了结论，这要严肃批判，当然也是按照历史事实表述出来。总的来说，我的意见就是要按历史唯物主义的观点，用历史学者的态度来写林彪的历史。好的、坏的，两方面都写，不要只写一面。

黄克诚是党和军队的著名领导人之一，“文革”结束后复出，曾任中共中央纪律检查委员会常务书记、中共中央顾问委员会常委。在1959年8月中共八届八中全会上，他被打成所谓“彭德怀反党集团”的成员，受到错误的批判和对待。“文革”中又受到林彪集团的残酷迫害。但他对党的历史问题和历史人物，光明磊落，不计个人恩怨，坚持历史唯物主义态度，不仅使得对林彪的历史评价得以端正，而且对党史军史的研究编写也有重要的意义。

千古罪人，盖棺论定

“九一三”事件爆发，林彪外逃投敌，叛党叛国，成为千古罪人，在历史上这是盖棺论定的。《军事大百科全书》的条目，限于篇幅，没有罗列林彪担任国防部长以后所干的种种坏事，只侧重强调了他在“文化大革命”中的罪行。事实上，林彪从一代名将到千古罪人的蜕变，在50年代特别是1959年他主持军委日常工作后就已经开始了。

1972年8月，周总理接见回国述职大使和外事单位负责人时说，对林彪要做具体分析，因为一个人的思想是发展的，不能说他早先的思想和他以后的思想是一样的，他也有一个从量变到质变的过程。1980年11月，当时党的总书记胡耀邦，在一次座谈会上讲：“由相信社会主义蜕化为法西斯主义，历史上是有的嘛”，“我看林彪一伙，也应该说开始是相信社会主义的，后来变成了封建法西斯分子”。

林彪为什么会蜕变？是怎样蜕变的？这是很多人思考的问题。依我所掌握的材料，对党内高层领导的斗争了解甚少，而且限于我现有的水平，很难把这个问题说透彻。我觉得中央党校于南教授所写《林彪集团兴亡初探》（见中共党史资料出版社1987年出版的《十年后的评说》一书）基本上把这个问题讲清楚了。于教授长期从事中共党史研究和教学，1980年参加了中央专案组对两案（林彪集团和“四人帮”）罪行的审查，以及最高法院特别法庭对两个反革命集团的历史性审判。

于南教授在这篇长文中，首先强调应以历史唯物主义的态度，实事求是地剖析林彪及其集团的兴亡。民主革命时期的林彪，虽然有一些错误，总的看功绩是第一位的。既不是像“文革”初期一些人吹捧的那样“一贯高举”、“一贯紧跟”、“最忠诚、最坚定”，也不能像“九一三”后一些批判文章说的那样，什么林彪一开始参加革命就是投机，抱有篡党夺权的个人野心和反革命目的，在各个革命时期都犯有滔天罪行，似乎一生下来就是个坏蛋。要探讨林彪及其集团的兴亡，首先要了解林彪个人野心滋长的过程，要从林彪在新中国成立后的发展变化说起。

于南教授分作几个时期对林彪进行剖析，我扼要转述如下。

新中国成立初期，林彪一直休养，没做什么工作。1953 年，他参与了高岗的反党阴谋活动，暴露出他有政治野心。那年 10 月，他在杭州养病期间，高岗特地到杭州与他串连，“商量”中央政府人选名单。当时党中央在做召开第一届人民代表大会的准备，高岗和时任中央组织部长的饶漱石阴谋计划改组国务院为部长会议，提出由林彪担任部长会议主席，高岗任党中央副主席，达到排挤刘少奇和周恩来的目的。为此，高岗还分别找陈云、邓小平谈过名单之事，拉拢陈云同他一起担任党中央副主席。陈、邓认为这很不正常，都向毛泽东报告了这件事。而林彪既未向毛泽东报告，也未向其他领导人透露。他的老婆叶群还几次代他去高岗住处谈“政治”问题。11 月末，林彪交给高岗妻子一封信，要她亲自转交高岗，不要丢了，也不要和其他人讲。高岗反党事件揭发后，叶群极力编造说，那封信是林彪批评高岗搞地下活动是危险的；当年在杭州看所谓的“中央人选名单”时，林彪曾批评高岗说这是非法的活动。其实，党中央和毛泽东对林彪与高岗的某些活动有所察觉，并派陈云去做林彪的工作。但林彪隐瞒了许多和高岗勾结的重要情节，中央未予深究，使他滑了过去。

1959 年，林彪主持军委工作后，个人野心开始膨胀。此前，在 1958 年的中共八届五中全会上，林彪被增选为党中央副主席、政治局常委。1959 年 9 月，又被任命为中央军委副主席兼国防部长。林彪担任了这样重要职务，掌握这么大的权力，他自认为这回可有了实现政治野心的方便条件，个人野心就开始膨胀起来。他采取了骗取信任、网罗队伍、排斥

异己这三个步骤,来达到篡夺最高权力的目的。于南写道:

林彪的第一个基本策略就是骗取信任,主要是骗取毛泽东的信任。在中国,在我党当时的历史条件下,在毛泽东享有至高无上的威望情况下,林彪要想爬上去,进行篡党夺权,他就必须把自己打扮成一个最坚决拥护、最忠于毛泽东的人。他从各方面观察、揣摩、探听毛的心理、好恶、动向,赞成什么,提倡什么,反对什么,讨厌什么,不喜欢什么人,这样来决定自己的言行。1960 年后,林彪陆续提出了“四个第一”、“三八作风”、“突出政治”、“抓活思想”、“四好连队”等一整套“左”的东西,受到了毛泽东的赞扬。1962 年 1 月的七千人大会上,林彪做了一个与众不同的……为“大跃进”错误进行辩护的发言,使得毛对他的信任进一步增强。……在全党全军也留下了林彪是“高举红旗”、“好学生”的印象。林彪的影响和威望有了明显提高。

林彪的第二个基本策略,就是拉山头,搞宗派,网罗队伍,拉一帮人形成一个团伙,为他吹喇叭,抬轿子,充当打手。……“文革”初期,整海军主要领导干部时,叶群曾对李作鹏讲那人是反对“双一”的。李不解地问何谓“双一”,叶群说就是红一方面军、红一军团。后来事实证明,林彪集团的骨干黄永胜、吴法宪、李作鹏、邱会作,都是他在红一军团和第四野战军的老部下。这不是偶然的。

林彪的第三个基本策略,就是使用各种手段,玩弄权术,诬陷忠良,排除异己,把他篡党夺权的障碍一个个清除掉。

这首先是从军队开刀的。1959 年,他主持军委工作不久就整了总政治部主任谭政。罗荣桓对他把毛泽东思想庸俗化的那套做法曾进行过抵制,遭到林彪的忌恨。罗去世后,“文革”一开始,林彪就指使人写大字报,揪斗罗的夫人林月琴。还用捏造罪名、栽赃陷害、突然袭击等卑劣手段,迫害了许多军队干部,甚至株连普通群众。

当时第一个直接妨碍他篡夺最高权力的,就是掌握军队实权、身兼六个重要职务的罗瑞卿(军委秘书长、总参谋长、副总理、中央书记处书记、国防部副部长、国防工办主任)。罗对林彪的许多“左”的东西,进行过抵制和斗争,使林彪十分恼火,于是就采取种种卑鄙、阴谋手段,捏造罪名,加以诬陷和残酷迫害。罗得到平反复出工作之后,自己说过:“就因为我不听林彪那一套，我这个位置成了他篡党夺权的绊脚石。他压了我几次没压过去，就下了狠心，要整掉我。”

林彪整倒一个罗瑞卿，就打开一个缺口，便于他上下左右搞株连，继续扫除他篡权的障碍，并且进一步网罗队伍，为下一步与江青集团勾结起来打倒一大片做准备。

由于骗取了毛泽东的信任，1966年8月，在制定“文革”16条的八届十一中全会上，林彪成为一人之下众常委之上的党的唯一的副主席。其个人野心恶性膨胀，在“大罢一批，大升一批，组织上要有全面调整”的借口下，肆无忌惮地整倒党政军的许多高级领导人。

1967年夏天，林彪利用军队文艺团体两派的斗争，把总政治部搞瘫痪；1968年春天，又利用所谓的“杨、余、傅”事件，撤了代总长杨成武及余立金、傅崇碧的职；安排他的一些得力干将和亲信，据有军队的各个要津部门。之后，林彪决定改组军委办事组，黄永胜任组长，吴法宪任副组长，成员还有叶群、邱会作、李作鹏，以办事组取代了军委，让当时在位的几位老帅完全靠边站。从而，以军队为基础的“林彪集团”正式形成。

1969年4月，党的九大召开，一中全会选出的21名政治局委员中，林彪集团的成员占了12名，林彪成了写入党章的毛泽东的接班人、军队的副统帅。障碍扫除，大权到手，名正言顺，羽毛丰满，林彪及其集团发展到了顶点。

野心无止境，权极必变。

1970年8月23日，中共九届二中全会在庐山召开。林彪一伙会前密谋串联，编选“称天才”的语录。在会上林彪带头讲话，陈伯达、吴法宪、叶群、李作鹏、邱会作分别在各组发言，集中攻击有人（实指康生、张春桥等）在讨论修改宪法的会议上，反对写“天才地、创造性地、全面地”三个副词和“以毛泽东思想为指针”，以此来打击江青集团，逼迫毛泽东同意设国家主席。结果，林彪想用会上起哄的方式，通过和平过渡当国家主席的企图宣告破产。

8月27日晚，林彪在庐山私下对吴法宪说：“我们这些人搞不过他们，搞文的不行，搞武的行。”这话预示着林彪要用武的办法解决问题。事实证明，九届二中全会以后不过半年，1971年2月，林立果的“小舰队”就开始制定反革命武装政变计划《“五七一”工程纪要》。

天理不容，武装政变还没有来得及实施，林彪及其集团全部走向覆灭。

于南教授的精辟分析，我读后的确顿觉豁然。我所能补充的一点是，作为一个具体人来说，“存在决定意识”是一条铁定的规律，而意识又反过来影响他的存在。存在在变化，人的意识也就不断变化，如果他的意识不能正确对待自己已经变化了的存在，在位高权极之后，没有什么人可以监督他的时候，腐化和蜕变就是不可逆转的了。轻则错误迭出，重则罪行累累。而在林彪的蜕变过程中，他的老婆叶群起了促变的作用，到最后阶段，她已不仅是助纣为虐，而是喧宾夺主了。

“九一三”事件后，周总理在一次讲话中说：林彪这个野心家、阴谋家、两面派，他有一个发展过程和暴露过程，我们对他也有一个认识过程。《中国共产党的70年》在简述“九一三”事件的过程后称：“从这一惊心动魄的事件中，人们清楚地看到，鼓吹个人崇拜最卖力的林彪竟然阴谋杀害党的主席”，这就“促使更多的干部和群众从个人崇拜的狂热中觉醒，客观上宣告‘文化大革命’的理论和实践的破产”，“毛泽东本人也由此陷入极大的痛苦和失望”。

毛泽东一生受过的打击，包括在苏区挨整和抗美援朝丧子之痛，没有哪一次比得上林彪叛逃的打击更为沉重。1971年9月下旬曾经休克过一次。10月8日，他在会见埃塞俄比亚皇帝海尔·赛拉西时，打趣地说两周前他“死”过一次。此后，他的身体迅疾垮下来。12月，他又突然昏厥过去，脸色发青，嘴唇发紫，仿佛没了呼吸，经过紧急抢救才逐渐苏醒。从此，他即重病缠身。

1972年，毛泽东引用唐朝诗人白居易《放言五首并序》中的第三首，对林彪其人作了评价，也抒发了自己悒郁的心情：

赠君一法决狐疑，不用占龟与祝蓍。
试玉要烧三日满，辨材须待七年期。
周公恐惧流言日，王莽谦恭未篡时。
向使当初身便死，一生真伪复谁知？

第九章 历史的追索

一本书污染了半个地球

史无前例的“文化大革命”终于过去了,我们的国家历尽劫波。从党的十一届三中全会开始,它逐步走上了改革开放的坦途。当年惊心动魄、震惊中外的“九一三”事件,日渐远去,有些被人们淡忘了。

然而,树欲静而风不止。

1982 年,我奉派到纽约,在中国常驻联合国军事参谋团任职。1983 年,一位华侨朋友向我推荐一本在美国出版的新书,是英文写的,书名为《The Conspiracy and Death of LinBiao》,作者 Yao mingle。这是一本侈谈“九一三”事件的书。1983 年 6 月,由台湾时事文化出版事业有限公司译成中文印刷发售,书名直译为《林彪的阴谋与死亡》。8 月,香港远东评论出版社也翻译出版,将书名更改为《林彪之死——流产政变幕后秘辛》。作者的名字,台湾版译为姚明理,香港版则译为姚明乐,并指出按中文谐音似“要鸣了”的意思。从该书台湾中译本的用词、用语、句法、语法来推敲,都是很流畅的中国话。书中涉及的一些有名有姓的重要人物,特别是在国内也鲜为人知的中共中央领导人的活动场所和一些军事机密单位的地点。除作者有意掩盖(例如说玉塔山实有所指,因某种原因而更改名称)的以外,都是惊人的准确。我怀疑这本书是先用中文写成,然后译成英文出版的,而在其背后可能有一伙专门搜集中国大陆情况的人群或者一个专门机构。

该书的“绪论”,是由美国颇有名气的“内幕记者”史丹利·卡诺写的。这位记者曾替一家美国报纸在台湾担任特派员十多年，擅长把报道和谣言拼凑到一起，然后与官方消息来源相印证。1971 年 11 月 27 日，他在《华盛顿邮报》头版，以《林彪据信已死》的大字标题，第一个在美国披露了“九一三”事件的消息。卡诺在“绪论”中，虽然没有直接肯定《林彪的阴谋与死亡》一书所编造的谎言，但他故意闪烁其辞地说：“这本书的故事确实和最近几年有关林彪事件的谣言和报道相当吻合。”

起初，我对这本书并未在意，认为美国和港台的出版商，惯于搞一些耸人听闻的东西，来诬蔑中国共产党。然而，由于这本书是用英文和中文两种文字出版，在海外无论华人或者老外都可以阅读，其影响由北美到欧洲逐渐扩大。

林彪外逃机毁人亡，一直到 80 年代中期，我国政府对其出逃细节和其座机坠毁原因，没有对外公布过材料，海外的中国人，特别是一二十万留学生，在寻求林彪死因时，自然把注意力转向这本书。结果，使得这本书制造的谎言不胫而走，几乎污染了半个地球。

这本书的梗概如下：

首先作者冒称是“看到中共中央有关林彪死亡文件的高干之一”。不仅如此，他还“看了参与林彪阴谋的人所做的证词”，看得越多他越怀疑：为什么林彪毫未抵抗就接受失败？为什么连动都没动就放弃了武装政变计划？为了向读者灌输并加深这种疑问，作者捏造了一个名叫赵研极的人。1971 年 9 月到 1973 年，这个人担任“中央办公厅特别调查小组”组长，任务是制造林彪事件的掩饰性文件。此人病死前曾留下一份回忆录，被本书作者“发现”，作为全书第一章发表，并在其他章节中时而引用。

这个赵研极自称“在军中的地位很高”，但“已有很久没有参与重要军务”；他“从来没有率兵打过仗”，1955 年毛泽东授予他军衔时说：“你在战场外有卓越的贡献。”1971 年 9 月 14 日，汪东兴把他从大连八七疗养院接到北京，派给他的“任务是调查、研究并报告某些与党中央所做有关林彪的中共中央声明相抵触的资料”。他在调查中发现，“以林彪的性格和经历，竟会像只缩头乌龟般躲在北戴河，任由他的爱人和儿子与毛泽东做生死斗争，这似乎是不相称也不可能的事”。由此他怀疑“除非有另一个林彪”，他于是就偷偷地去“发掘”这另一个林彪。

该书作者利用“赵研极的回忆录”，把事情搞得扑朔迷离，之后就根据他“所看到的‘中共中央一类档案’”，来编造林彪另有更大阴谋、最后死于毛泽东之暗害的神话。

连环套，是历来武侠小说和惊险小说惯用的表现手法，该书作者也求助于这种方法，“创作”了阴谋中的阴谋这种离奇故事。书中写道：

> 林立果当上空司作战部副部长之后，就刻意发展“上海小组”等秘密组织。有一天，他对周宇驰说，要准备暗杀并推翻毛泽东，要周起草武装政变计划，并强调这是他爸爸的意思。事隔不久，林彪叫吴法宪去，向吴交了底：“现在主席是决心要我在他之前死，他也要你们全部陪我到八宝山去”，因此必须“使用特别手段”，“迅速行动，控制情势”，“毛泽东的旗子不必摘下，但他的权力要除掉”。之后，吴法宪获知林彪已经同黄永胜做过类似的谈话，很快也要同李作鹏、邱会作谈。
>
> 林彪自己构想的“特别手段”，是与林立果的阴谋并行的另一套“宫廷政变计划”，叶群和黄、吴、李、邱“一致赞许计划精妙”。计划的核心是制造中苏冲突，同时借机杀掉毛泽东。实施办法一个是对苏联发动突然袭击，另一个是事先同苏联秘密接触，请苏联合作制造战争；战争爆发，就请毛泽东躲到“玉塔山的工事”自保，然后用毒气弹把毛杀死，尸体烧成灰烬；达到目的以后，就同苏联“从战争转为休战，敌对转为结盟”。计划既定，林彪一伙就让总情报部的苏军情报处物色了一个两面间谍吴宗汉，让吴向苏联转达他们的意图。但是苏方不相信，认为纯属开玩笑。
>
> 林立果起初并不知道他爸爸自己构想了另外一套计划。他殚精竭虑地组织了“小舰队”和“大舰队”，以实现武装政变的“571工程”。林立果“怕自己的名字没有足够的分量”，就向他的

党羽说政变“是我爸爸直接下的命令”。就在林立果紧锣密鼓地在上海附近指挥他的“小舰队”准备打毛泽东乘坐的火车时,9月7日林彪把他紧急召去北戴河,表示不同意“用导弹炸火车这样鲁莽的办法”,要他“赶快告诉上海的人立即停止”,并且向他讲解了“玉塔山行动方案”。

9月11日,林彪在北戴河召集有林立果、周宇驰、刘沛丰等人参加的秘密会议,说明他的“玉塔山行动方案”:估计毛泽东将在9月底前结束旅行返回北京,初定于9月25日爆发中苏武装冲突,五天内战线的长度和参战的人数,将高五至十倍,紧急情况下,劝毛躲进“玉塔山”的指挥中心,林彪等人则在邻近的“0号工事”里指挥作战,此时调几个心腹野战师包围“玉塔山”的8341部队,然后让“小舰队”的攻击小组,从地下通道进入“玉塔山工事”里,把毛泽东和其他领袖杀死。事后中央人民广播电台发布中央军委的声明,指出一个叛乱集团以毛泽东和林彪为攻击目标,现在已有效地击溃了这些反革命分子,宣布全国实施军管,以中共中央的名义推派林彪为最高领袖。

林彪和林立果的暗杀计划,被周恩来从几条途径获悉,周马上通报给毛泽东和汪东兴,建议即刻结束南方巡视之行,而且在抵达北京之前,要做出如何对付林彪行动的确切的决定。在毛泽东抵达天津的时候,周恩来通知毛,林彪意外地从北戴河回到了北京。

接下去,该书作者编造了一个“精彩”的场面,构成了全书的高潮:

9月12日下午,林彪在获知毛泽东已出乎意料地提前回到北京之后,就同叶群带了礼物“去拜访他以示尊敬”。汪东兴告诉他们主席已经入睡,主席定于今晚在“玉塔山”设宴,请林夫妇吃晚饭,主席已计划要在那里住到国庆节。林彪虽然觉得可能有危险,但认为可借机观察毛泽东的举动,以便决定是否提前实施“玉塔山行动方案”。林彪赴宴前,到“0号工事”会见“四大金刚”和

"小舰队"的核心成员，商量是否马上发动对苏突击。到会的人都主张不能再迟疑。就在拟定了作战命令等待他最后签署时，他突然改变了主意，认为不应该多疑而乱了方寸，决定"再等一阵子，等一切都准备好再行动，在本月的17或18日行动"。

9月12日晚8时10分，林彪、叶群带了海鲜和人参等礼物，抵达毛泽东在"玉塔山"的别墅。席间，毛泽东专门打开一瓶明朝的老陈酒招待林彪夫妇。毛先谈到南方巡视的经过，以及旅途的愉快，后又谈到关于长寿的研究，并和林彪相互夹菜，气氛亲切而热烈。宴席也有江青、周恩来、康生、汪东兴参加。晚宴结束，这几个人提前告辞，主席又挽留林彪、叶群谈了20分钟。10时54分，林、叶正式告辞，毛泽东和汪东兴目送他们上车。

晚11时整，毛的别墅内外都听得见接连两次巨大的爆炸声。原来是，林彪的座车以时速15公里驶过别墅外曲折的小路，在拐弯处离路障7~8米处滑停下来。这时，埋伏在附近的8341部队的爆破小组，看到发射火箭的信号发出来了，随即扣动扳机，瞬间一声震耳欲聋的爆炸声，一枚40厘米火箭弹不偏不倚打到汽车后部，接着第二枚火箭弹射向汽车的中部，汽车有好几部分在火焰里飞向空中。前座的两个人被炸得粉碎，后座的妇女，腰以上被炸成一堆破布与骨头，坐在她身边的男人炸得只剩下半边脸，但身体尚有部分完好无损。

后来，那个赵研极自称检视档案中的照片，从死者右眼、眉毛，以及那半开眼睛布满皱纹的四周，辨认出确实是林彪无误。该书作者煞有介事地写道：

这些照片与中央办公厅公布给高干看的照片大不相同，后者是驻蒙古的中国大使馆在飞机失事现场拍摄的。不用说，林彪躺在飞机残骸里的照片，和叶群、林立果的照片一样，都是经过改造的。

那么对于坠毁在蒙古境内的中国喷气飞机怎样解释呢？该书作者继续编造：

……林立果（当时已到西郊机场）突然之间变得不知所措，……周宇驰叫潘景寅率领机员登机，并打电话给机场说，空军司令吴法宪下令这架三叉戟准备起飞，然后叫刘沛丰陪林立果上飞机，……机上有七名机员，其中一名通讯员是中年妇女，其他都是男性：两名驾驶员、一名领航员、一名总机械工程师，以及两名机械员。……周宇驰在地面看到陆军开进机场，正接近停机坪，就用无线电通知林立果立即起飞。林立果问周自己怎么办，周说他可以乘直升机逃走，将在约定的地点会合。

周恩来找黄永胜谈话，说林彪已供认了他的秘密活动，将听候命令，接受审查。黄永胜感到已无回避余地，林彪屈服了，他只能跟着做。周令黄给吴法宪、李作鹏、邱会作打电话，说他已认罪。这几个人看到已别无选择，也都俯首认罪。周要吴法宪到空军指挥所去，向各军区空军和指挥中心发布命令，禁止全国各机场起降任何飞机，并问他是否可以迫使逃走的那架喷气式飞机下来。吴指示北京空军司令李际泰，派四架歼7飞机，从杨村机场起飞，去内蒙古追那架三叉戟喷气机。当那架飞机朝中蒙边境飞去时，周问吴怎么办，吴主张将它击落，周同意，吴就让李际泰下令靠近边界地区的三个导弹营发射地空导弹。那架飞机进入蒙古领空后，就从雷达屏幕上消失了。据空军的攻击效果分析报告认为，第一批导弹已将这架飞机击中使其受伤，但驾驶技术高明的潘景寅，立即降低高度躲避雷达追踪。

三叉戟256号飞机坠毁后，在乌兰巴托的中国大使馆派人到失事地点展开调查。大使馆用电报传回北京外交部呈周总理的秘密报告上，标有“81029号绝密文件”字样，里面说坠机的乘客年龄在20～50岁之间。大使馆努力安排把尸体运回中国，但后来接到一项命令——事实上是毛泽东直接下达的——要尸体就地埋在坠机地点附近。

苏联和蒙古均派技术人员对已埋葬的尸体进行检验，至少有一些苏联的验尸人员不相信林彪是那次坠机而死的乘客之一。

文章到此完而未完，作者在该书最后一章，引用“赵研极的回忆录”，说1973年汪东兴透露了干掉林彪的安排，是毛泽东一手策划的，在返回北京的火车上，就已确定了实施计划，而且“毛泽东坚持在林彪所选择的政变地点，来打他和林彪的最后一仗”。

从这本书的以上主要内容，可以看出它的险恶用心所在。它钻了我国保密制度严格，关于林彪外逃细节及其座机坠毁详情一直没有发表官方详细材料的空子，大肆造谣生事，混淆视听，并且一版再版，扩大发行范围。它的污染范围之大，影响之深，使当代许多演义性小说望尘莫及。无论是北美、欧洲、东南亚国家的华人，还是从这些国家回国的留学生，或者常驻国外和临时出国的公务人员，都传闻林彪并非摔死在蒙古温都尔汗附近，而是在北京被毛泽东搞掉的。这些国家的老外就更不用说了，他们更容易相信这本书的内容。原蒙古外交部专员、曾参加中蒙双方视察林彪坠机现场的古尔斯德，一直还坚信坠毁的飞机上没有林彪。当我向自己接触到的海外归来的年轻人讲明事实真相的时候，他们往往以《林彪的阴谋与死亡》一书的论点，同我争辩。

我深感有必要也有责任，向公众说明导致林彪机毁人亡的事实真相，以澄清视听。于是，在我任职期满回国以后，1986年冬天，在一个出版社的朋友劝说下，以笔名“伊白”写了一篇文章《林彪折戟沉沙目击记》，发表于《万象》杂志1987年1月号上。这份杂志虽然很快被抢购一空，一些小报争相摘登，好些读者给我写信，但它的影响毕竟有限。

撰文揭示历史真相

《林彪折戟沉沙目击记》一文发表后，引起了中共中央党校党史专家于南教授的注意。他于1987年4月22日给我来信,说1979年4月至1981年2月,他参加过“两案”的审理工作,看到驻蒙古使馆报回的关于林彪坠机事件的文电和照片。说他这些年一直在研究林彪问题,在一些地方讲过“九一三”事件;由于当年看驻蒙古使馆文电和照片时不准抄录,仅凭脑子记忆有限,因而我的这篇文章为他解决了很多问题,在最近给党校培训班和研究生班讲课中,运用了这篇文章的材料。他在信中指出了我文章中记忆不准的几个情节。

我此前并不认识于南教授,他是在参加审理“两案”时,看到我1971年9月24日,写给周总理关于林彪座机残翼那个大洞的分析报告,从而知道了我的真实姓名,后来又从我50年代一位老邻居那里,打听到我的下落。在这以后,我同于南教授建立了联系,并在1987年6月和1988年5月,应他之邀到中央党校给党史师资培训班和研究生班讲过两次课。

于南教授在同我的交往中,给我看了《党史信息》上刊登的胡耀邦总书记1986年11月16日的一段讲话,并交换对《林彪的阴谋与死亡》一书的看法,共同感到不能听任国外恶意造谣这样广泛流传,我国官方应该发表文章,揭示林彪外逃坠机的真相,澄清国内外视听。

胡耀邦的这段话,大意是:中央对建国以来的若干历史问题做出了决议(按:十一届六中全会决议),但只能是原则地说说,有不少重大的历史事件不要说年轻的中央委员不知道,就是有些年老的政治局委员也不大清楚。这些重大历史事件不在我们中央委员中讲清楚,将来老同志不在世的时候,就说不清楚了。因此,中央委员对1949年以来的主要历史事件应该知道。接着,胡耀邦列举了10个题目,要求有关部门研究编写:

1. 张闻天、王稼祥“二十八个半”究竟是怎么一回事情;

2. “三反”、“五反”是怎么回事;

3. 抗美援朝是怎么一回事;

4. 高岗、饶漱石的错误在哪里;

5. 庐山会议是在什么样的情况下开起来的,为什么把彭德怀同志给“揪”出来了;

6.“文化大革命”是怎么搞起来的；

7. 林彪事件究竟是怎么一回事情；

8. 江青、张春桥在历史上究竟是不是叛徒；

9.“四人帮”是怎样被抓起来的；

10. 华国锋同志不正确的地方在哪里，为什么把他换下去。

胡总书记讲话以后，社会上兴起一股写“文革”、写“九一三”事件的热潮。我给许文益大使打电话，建议外交部组织编写有关材料。许大使给外交部外交史编辑室主任裴坚章写了一封信，建议由他找同去林彪座机坠毁现场视察的沈庆沂、王中远和我，组成编写组，研究写出视察坠机现场和外交交涉的经过这段历史真相。1987 年 5 月，编写组成立，调阅了外交部的有关文电，并去中央档案馆查阅了档案，访问了李耀文、韩念龙、符浩等同志。经过半年的研究和写作，最后完成了两篇文章。一篇是许大使的《历史赋予我的一项特殊任务——“九一三”事件的对外交涉》，另一篇是我们三人合写的《视察林彪叛逃飞机坠毁现场纪实》。另外，外交史编辑室还请符浩写了一篇《“九一三”事件补白》。这三篇文章刊登在内部发行的《外交史资料》1987 年第 6 期上。后来，1988 年 1 月 15 日，公开出版的《党的文献》杂志（总第一期）予以刊登。1990 年 5 月，又收入世界知识出版社出版的《新中国外交风云——中国外交官回忆录》一书中。

许大使的文章，除在《世界知识》等国内报刊上刊登外，1988 年 5 月，还译成英文，在向海外发行的《北京周报》第 21、22 期上发表，引起了国际上广泛的注意。在巴黎出版的《欧洲时报》及其他海外中文报纸全文或摘要登载。有的外国报纸发表短评或质疑，他们不明白中国官方为什么在这个时候披露林彪出逃飞机坠毁的真相。

1988 年 1 月 31 日和 2 月 1 日，新加坡的《联合晚报》，连载了我在 1987 年 1 月发表于《万象》杂志上的《林彪折戟沉沙目击记》，他们换了个标题：《荒原上的疑云》，而作者用了我的真名，不是发表该文时的“伊白”。

1988 年春天，我应《解放军报》两位副总编的要求，写成《罪与罚——林彪坠机现场视察纪实》一文，从 4 月 25 日至 5 月 30 日，连载于该报第三版上，在军内引起热烈反应。由于这份报纸是在军内发行，因而社会上看到的人不多。

以上"亲历者"所写的这些文章，有力地驳斥了《林彪的阴谋与死亡》一书编造的谎言。

澳洲记者寻根究底

西方世界的新闻媒体，对新中国一直存在着固执的偏见，加以台湾和香港地区的某些报刊兴风作浪，他们散布大量怀疑论调，不相信我国作者揭露的历史真相。

林彪究竟是怎么死的，死在北京还是蒙古的草原上？对于最后澄清这个历史真相作出贡献的，是澳大利亚一位年轻记者彼德·汉纳姆。

在北京出版的《作家文摘》第80期（1994年7月8日）摘登了李安定写的《林彪之死真相查访记》，详细报道了彼德·汉纳姆的整个采访活动。该文称从1993年5月开始，彼德·汉纳姆用了半年的时间，锲而不舍地奔走于蒙古、俄罗斯、美国及台湾、香港，往返数万公里，写出了第一手调查材料，发表在《美国新闻与世界报道》杂志上。此事立即引起国际上的广泛关注，许多国家的报刊对他的文章予以转载和评述。西方的媒体认为，彼德·汉纳姆所进行的采访，"其意义在于，中国官方关于林彪之死的解释，第一次由一个西方记者通过客观的独立的调查给予证实"。

汉纳姆起初是自己出钱，进行这次采访旅行的。首先他来到改变了社会制度走向自由化的蒙古，自己雇车到达林彪座机坠毁现场。原来保护现场的铁丝网已被拆除，附近居民哄抢了飞机残骸，一些较大的部件，由贝尔赫矿区派人运走，卖给了中国商人。汉纳姆在现场只捡到12块飞机残片。现场附近的居民向他讲述了所见飞机坠地燃烧及遗体情况，许多人不知道林彪是谁，更无法证实林彪在这架飞机上。

汉纳姆回到乌兰巴托，找到一个过去在蒙古外交部担任英语翻译的人。此人讲，中国飞机坠毁不久，公安部找他去翻译一张英文纸片，他看了有点惶惑，原来是避孕药的说明书。公安部的人笑了，说这个说明书是放在失事女尸的手袋里。汉纳姆据此分析，叶群时年 51 岁，已过了使用避孕药的年龄，由此判断这个女尸不是叶群，那么林彪是不是在飞机上就很难说了。

正在"山重水复疑无路"的时候，汉纳姆找到了当年参与苏联专家检验遇难者遗体工作的蒙古病理专家莫尤(按：此人是中国大使及其随员视察坠机现场时，蒙方随行的卫生组法医)。这个人向他描述了一些鲜为人知的情节：

1971 年 9 月 13 日，中国喷气式飞机坠毁的当天，苏联人就赶到现场。这批苏联人是由军人和航空专家组成的调查组，他们负责了解飞机坠毁的原因，但他们对九具尸体不屑一顾，而对这架英国制造的三叉戟飞机更感兴趣，把三台罗尔斯罗伊斯公司制造的斯佩式发动机中尚完好的一台拆运回苏联。

苏联当局根据其驻华使馆的情报，认为应该对这架飞机上乘坐的究竟是什么人弄弄清楚，于是在飞机坠毁五周之后(按：后来俄罗斯报纸又称为 9 月下旬)，派克格勃的调查组来到坠机现场。他们把墓地的棺材全部挖了出来，逐个检验因天寒地冻而未完全腐烂的尸体，在蒙古专家的帮助下，首先肯定了遗体的所有伤痕都是因飞机坠毁造成的，排除了乘客是在坠机前死亡的可能性。

克格勃调查组虽然带来了"九一三"以后中国再没有公开露面的领导人资料，但烧焦的尸体已面目全非，比照资料难以判定。于是，他们割下了那个女人和那个岁数最大的男人的头颅，放在大锅里架起柴火煮，目的是将毛发、皮肉剥离干净。这种残酷的做法，外行人看来实在是异常恐怖。最后，苏联人把两个煮干净的头颅装箱带回苏联。

汉纳姆听了蒙古专家的讲述以后，认为揭开谜底必须到莫斯科去。但是，到那里找谁呢？他在乌兰巴托苦苦追索中，得到一张当时苏联调查组人员和蒙古官员聚餐的照片，有人向他指出其中一位是来自莫斯科第三医院的托米林——调查组的主要病理学家。

汉纳姆用自己的稿费买了机票，想到莫斯科来个顺藤摸瓜，弄清真相。但在一个国际大都市中，凭一张照片、一个名字来寻找一个人，实如大海捞针。当他得知莫斯科第三医院已经撤销的时候，真像是当头挨了一棒。但他没有死心，拿着照片几乎找遍了莫斯科的大小病理实验室，终于有人认出了托米林，给了他一个电话号码。

托米林友好地接待了汉纳姆，但他拒绝回答有关问题，强调他同克格勃有协议，不得泄露调查结果，尽管克格勃不存在了，仍然要经过克格勃的后继机构的批准，他才能把秘密公开。

汉纳姆费了很大周折，弄清了取代克格勃的新机构，递去了采访申请。当时正值盛夏，俄国许多官员都到郊外度假去了，汉纳姆一趟趟跑，也找不到要找的人。签证眼看到期，钱也花得差不多了。幸好，《美国新闻与世界报道》杂志知道了他的采访计划，愿意给予部分资助。于是，他利用等待莫斯科官方批准的时间，到美国去从另一个角度进行调查。

在美国，汉纳姆访问了外交界、情报界、新闻界许多人士，收获甚微。一个华人餐馆的老板介绍并安排他同在纽约的张宁见了面。张宁原是一个歌舞团演员、老红军的后代，“文革”期间经过“选美”来到毛家湾，成为林立果的“未婚妻”。“九一三”之前，她随林家到了北戴河96号楼。张宁向汉纳姆诉说了自己的遭遇，讲了叶群、林立果和林彪出逃的情况，她肯定林彪乘上三叉戟256号飞机飞走。

汉纳姆重返莫斯科，惊喜地获悉托米林得到批准向他讲明当年的事实真相。

1993年10月，托米林在他的办公室会见了汉纳姆，在座的还有当年飞机坠毁事件调查组的负责人、原克格勃的将军扎格沃兹丁。他们的对话如下：

“林彪和他的夫人叶群在这架飞机上，他们是因为这架飞机坠毁而丧生。”扎格沃兹丁断然地说。

“你们如何证实这个结论呢?”汉纳姆问。

托米林拿出一包令人毛骨悚然的照片和资料，其中有一张从正面和左右侧面三个角度拍摄的头骨照片。托米林指着照片说：“这正是

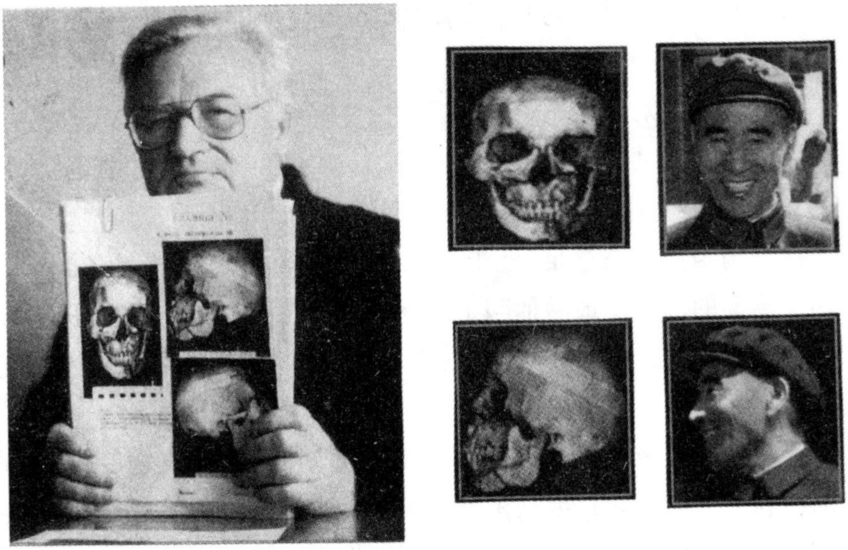

彼德·汉纳姆所拍林彪的头骨照片

（刊登于《美国新闻与世界报导》杂志）

（左图：托米林手执头骨照片　右图：林彪头骨与其生前照片对照）

林彪的头骨。”并解释说林彪的头部在战争中受过伤，其位置正好与头骨的伤痕相吻合，而且苏联保有林彪 1938—1941 年在莫斯科治病的详细病历，有关林彪牙科记录也与头骨的实际情况丝毫不差。

扎格沃兹丁补充说：“我们另一个鉴定方法，是用头骨对照了林彪生前的照片。克格勃的资料里有一张俯拍的免冠照片，清楚显示了林彪头部的伤痕。我们还把头骨照片和林彪过去的一些照片叠放，看到两者的轮廓完全重合。”

托米林还说，人们的耳廓如同指纹，一个人一个样，没有重复的，因而是鉴定身份的重要依据。当年从现场割下了那具女尸的一只耳朵，与叶群的有关资料对照，得出了相应的结论。

为了使鉴定头骨和耳廓的结论万无一失，克格勃的这个调查组，根据林彪病历中患过肺结核的记载，重返蒙古检验尸体。托米林记得那天正好是 11 月 7 日十月革命节，北风怒号，天寒地冻，他们挖出了林彪尸体，在其右肺确实发现钙化的硬块，与病历中的 X 光片一致。

调查组的工作，使苏联最高领导非常满意，他们得到了嘉奖和晋升。扎格沃兹丁擢升为将军，托米林则获得领导国防部所有病理实验室的特权。

扎格沃兹丁对汉纳姆说："22年来，全世界只有4个人知道这个事件的结果——勃列日涅夫、安德罗波夫（当时的克格勃主席）、托米林和我。今天，我们把这个调查结果透露给你。"

汉纳姆当然心满意足，他半年来艰苦的奔波采访，终于找到了一个历史悬案的谜底。最后他问了一下这架飞机上有没有黑匣子，扎格沃兹丁说黑匣子找到了，但克格勃鉴定时没有发现录音里有飞机和地面的通话。

汉纳姆的采访报道，在《美国新闻与世界报道》披露之后，许多国家的报刊予以登载。其影响相当广泛，使得《林彪的阴谋与死亡》一书所散布"林彪是在北京被毛泽东搞掉的，没有在那架坠毁的飞机上"的谣言及其造谣者，消弭得无声无息。

汉纳姆的采访报道问世不久，新华社《参考消息》1994年5月21日，登载了俄罗斯军队的《红星报》报道的《林彪事件鉴定始末》。据称他们于1994年5月派记者采访了托米林。托米林的真实身份是退役少将军医，当年已是著名的犯罪侦察学家、经验丰富的法医和高级专家，刚被任命为国防部法医学实验所所长。与他同去蒙古进行调查的，有克格勃的侦察员扎格沃兹丁及其助手病理学家沃尔斯基。

托米林回忆说：

"9月的一个早晨，克格勃的一位领导打电话问我能否立刻出一趟国，我说当然可以。""几天之后，我们乘飞机抵达乌兰巴托……在蒙古士兵的保护下驱车找到了飞机坠毁现场，一群野狼已在那里筑了窝，士兵们对天鸣枪驱走了狼群，我和沃尔斯基则开始掘尸检验。尸体共有9具，全部烧得面目全非并已高度腐烂。我在两具尸体的口中发现了做工相当精细的金齿桥和金牙套，于是决定将这两具尸体的头骨带回乌兰巴托。我只是凭直觉才这么做的，当时根本没有什么猜想。"

托米林回到苏联驻蒙古大使馆，翻阅几本杂志时看到了林彪的照片,他心里一动,脱口而出:“真像啊!”回到莫斯科以后,他便收集大量的林彪的照片,在一张脱帽照片中,发现了林彪的右太阳穴稍上方有一道明显的疤痕,而从蒙古带回的头骨上也有这么一条伤痕。当他找来林彪过去在苏联治病时的病历,一张 X 光片上清楚显示了其肺部结核钙化的硬结。于是他决定再次飞往蒙古,陪同他的是人体形态学研究所所长佩尔米亚科夫。

“当时已是 11 月,天气寒冷,我们每过 5 分钟就得把手伸进温水中暖一暖。结核病灶很快便找到了。临走时,我又收集了那两具尸体的几块骨骼和所有牙齿。回国后,我对那几块骨骼进行了研究。结果表明:死者的身高和年龄同林彪及其妻子叶群的身高和年龄完全相符。”

托米林怕万一有失,决定用拉特涅夫斯基氏液(由酒精、醋酸和漂白物质组成的混合物,可以大体恢复半腐败器官的形状和大小,甚至恢复肌肉弹性),来检验在飞机失事现场割下的林彪和叶群的耳朵。实验结果再次证实了前面的结论。最后,在向安德罗波夫汇报鉴定结果之前,托米林找到了能根据人的头骨构造恢复其面貌的专家,复制出林彪的头像,结果同照片分毫不差。

彼德·汉纳姆的报道和俄军《红星报》的采访,从蒙古方面也得到了印证,并有进一步补充。1998 年 2 月 18 日,《参考消息》刊登日本《朝日新闻》记者对“九一三”时任蒙古外交部副部长的云登的采访报道。

云登肯定地说:9 月 14 日,蒙方本来要派专机运送中国驻蒙古使馆人员去温都尔汗视察现场,突然接到苏方通知,苏军直升机已从赤塔飞到中国飞机坠毁现场进行调查,并拆走飞机上的一座引擎,因而运送中国人员的专机不得不推迟至 15 日下午起飞。云登还证实,死难者尸体掩埋四五周(按:此时间与汉纳姆所讲一致)后,苏联掌握了情报,认为“似乎是林彪乘坐的飞机”。10 月中旬,苏联国防部法医部门和国家安全委员会(克格勃)两名将军到现场,从墓中挖出了据信是林彪及其夫人的遗体,割下头颅带走了。11 月,这两位将军再次来到现场,详细检查了被割掉头部的男性遗体,并带走了上半身。当时有蒙古的两名法医在场，但在事后蒙古政府被抛在一边，遗骨也没有归回原葬墓地。云登透露，中国飞机坠毁现场发现了大量军用物品，包括：中国空军密码，含师级名称在内的飞行指示书，写有部队名称的燃料购买证，出入部队的身份证明书，军用手枪（中国造六支、苏联造一支）及一支自动步枪，军装和军队相关书籍，等等。蒙方认为中国军用飞机侵犯领空，进行间谍飞行或破坏工作的可能性是存在的，机上遗物情况没有告诉中国方面。中国方面虽要求归还机上遗物，但当蒙方要求提交全体机上人员名单时，中方撤回了自己的主张。

后来，云登又接受了日本《星期日周刊》记者的独家专访，对上述说法做了若干补充，其中较重要的是："我方人员在机内发现有军用航空地图，地图上从河北省北戴河穿过失事现场，一直画线画到贝加尔湖附近的伊尔库茨克，目的地是当时与中国为不共戴天之敌的苏联"；"此外，机上装备有苏联制造的高度仪"，"当时在操纵室里有两个高度仪，一个是该机从巴基斯坦购入时便已安装好的普通高度仪，另外一个是专门用于低空飞行的特别高度仪，属于当时苏联最尖端的仪器，并未供应给任何国家，即便是同盟国的蒙古。"

决疑的答案在哪儿

事情到此本该了结。但是，国内近一两年却兴起一阵关于林彪出逃、坠机原因和飞机残骸的报道热。究其由来，可能是"九一三"事件虽经历史判定，但还存在一些未解之谜。众多作者尤其是那些当年曾身历其境的人们，从各自角度来描述亲历的过程，寻找最后的答案。在我所看到的与此有关的回忆录和分析著作当中，比较有分量的有：1997 年 4 月，《传记文学》杂志登载的广辛写的《林彪仓皇出逃目击记》；1998 年 9 月，作家出版社出版的《张宁：自己写自己》；1999 年 2 月，《中华儿女》杂志刊登的《林彪卫士长李文普不得不说》；1999 年 6 月，解放军出版社出版的张聂尔著《风云"九一三"》。而其中张宁的书最具挑战性。

张宁，这位如花似玉的姑娘，步入社会以后，正在憧憬着美好的人生，却在史无前例的"文革"动乱年代，陷入"红颜薄命"不能自拔的宿命怪圈之中，差一点登上林彪出逃的飞机，成为林家在蒙古苏布拉嘎盆地坟墓里的殉葬品。后来又几经坎坷，几乎走到生命的尽头。时代给她造成的悲剧，使人们不禁同情而喟叹。凡是知道她的人，无不祝愿她下半生能真正享受安定幸福的生活。但是，她在移居美国后写的这本书，却又使她显得有点光怪陆离。

张宁的书，名为《自己写自己》，实际上并不限于写自己。这是她1997年6月，在香港出版的《尘劫》(香港明报出版社有限公司出版发行)的删节本。张宁在自己的书中叙述了"九一三"事件的经过，以她所见所闻提出了与历来说法不同的观点：林彪出逃是由叶群、林立果劫持所致，并非林彪自愿叛党叛国，影射周恩来和另外一个什么人(见该书246页)，在促使林彪出逃中起了某种作用。甚至在香港版的《尘劫》中，专列章节说明林彪9月8日的政变手令"永胜：盼照立果、宇驰指示办。林彪。"(按：原文如此。实际上物证手令无抬头，内容为"盼照立果、宇驰同志传达的命令办。林彪")是有人模仿林彪的笔迹伪造的。说《五七一工程纪要》的内容，是林立果的所谓秘书程洪珍借职务之便，把林立果日常工作和生活中与人开玩笑，起绰号，开会的时间、地点、内容，以及林立果对时政的批评，对毛泽东和"四人帮"的抨击，都背着林立果偷偷追记在自己的笔记本里。林彪死后，逮捕程洪珍，从他的宿舍里搜出这本笔记。至于"小舰队"一词，则是林立果一次看电影兴致所致，信口说出，并没有具体的组织程序。诸如"三国四方会议"、"江田岛精神"，都是戏说玩玩，并不存在什么秘不可宣的重大意义。此外，张宁在书中写"九一三"事件之前，还专有一节"引子：庐山会议"，对自己没有经历的事情发表了很多评论；在叙说"中央专案"之后，专写一节"林彪在'文革'中"，为林彪在"文革"过程中所作所为辩护。

我反复读了张宁的书，并把它与其他著作的有关内容加以对照，综合比较，希冀画出一个粗线条的但却力求明确的概念，供人们作出自己的判断。需要说明的是，有的问题作者之间是针锋相对的，有的则是各自表述无意中碰撞，并非彼此质对。为了使本书读者能够较为透彻地了解问题所在，我不厌其详地引用了这些作者笔下的原文。

（一）关于林彪出逃“被劫持”说

张宁写道：

9月13日凌晨，叶群带上林立果直奔林彪卧室，小陈和小张见状跟进，见叶群扑向床头一把拉起进入睡眠状态的林彪，大声喊道：“快起来吧！有人来抓你啦！快穿衣服走吧！”

李处长从门外探进头观看动静，叶群向他命令：“快去找大杨！通知他备车！”李处长转身跑出去。

林立果命令小陈和小张：“快给首长穿衣服！”

直通林彪卧室的地下车库，杨振刚发动了防弹红旗车，李处长坐进了车位。叶群和林立果一边一个扶架住毫无声气的软绵绵的林彪上了后座，刘沛丰提着公文包也挤了进去……

车子继续向莲花峰出口疾驶。

下面一段是李处长在专案组里所说的情况：

李处长突然命令大杨：“停车！”

大杨刚刹住车，李处长迅速开门跃出，返身问车内人：“你们想到哪里去？”

车内一时无人答腔。

瞬间后，听到林彪说：“到伊尔库茨克！”

李处长说：“当叛徒我不去！”

林立果向李处长开了一枪。

李处长负伤，拔枪还击一枪，然后倒地，车子门从里面关上急速开去。

李处长枪伤在胳膊上，由张青霖（按：林立衡的未婚夫）和8341的医生共同进行急救包扎。张青霖是外科手术室医生，检查伤口时发现枪伤是自伤。

张宁这样写，当然惹起从不接受记者采访的李文普的愤慨。他在1998年12月，接受了《中华儿女》杂志的专访，专访的题目是《林彪卫士长李文普不得不说》（发表在《中华儿女》1999年2月号上），澄清了事实真相。他说：

我拿了林彪常用的两个皮包走到外边，杨振刚把车开上来，刚到车库门口停下，林彪光着头出来和叶群、林立果、刘沛丰走到车旁。这是一辆三排座位的大红旗防弹车。林彪第一个走进汽车坐在后排，叶群第二个走进汽车，坐在林彪身边。他们坐定了，中间第二排座才能放好。第三个上车的是林立果，他坐在第二排在林彪前面。第四个上车的是刘沛丰，坐在叶群的前面。我最后上车，坐在前排司机的旁边。身后就是林立果的位置。

当时已是深夜，天很黑，车开动了。叶群对林彪说："李文普和老杨对首长的阶级感情很深。"我和杨振刚都没有说话。

车到56号楼时，我突然听到林彪问林立果："到伊尔库茨克多远？要飞多长时间？"

林立果说："不远，很快就到。"

汽车开到58楼时，姜作寿大队长站在路边，扬手示意停车。

叶群说："8341部队对首长不忠，冲！"

杨振刚加快车速，过了58号楼。

听林彪说要去伊尔库茨克，我才知道不是去大连，是要到苏联去。当时一听去苏联的地方，脑子里第一个反应就是叛逃，所以，在这一瞬间，我思想产生了激烈斗争。跟着跑，这不是当叛徒了吗？自己的老婆、孩子不成了叛徒的家属了吗？便决心下车。

我本能地大喊了一声："停车！"

杨振刚把车停下来，我立即开门下车。

叶群气冲冲地说："李文普！你想干什么？"

我说："你们究竟要到哪里去？当叛徒我不去！"

我转身朝58楼喊了一声："来人哪！"与此同时，我听到了车门响声和枪栓声，林立果就向我开枪。

当时距离很近，只有一米左右，我侧着身，手扬着，所以子弹从前胸擦向左臂。受伤后，我倒在路边，先后听到3辆车通过……

我提着枪流着血走回58号楼二大队队部，卢医生马上找了一个急救包给我包扎。在大队部里的人有姜作寿大队长、林立衡、杨森和张青霖。姜大队长和杨森处长都能证明不是张青霖给我包扎的。

杨森是空政保卫部派来的处长，专做林立衡的警卫工作，当时住在56号楼，后来转业到大港油田任保卫处长。他证实：

枪响，一个人倒地，警卫部队去人看是李文普被打伤，当时即送医院，不是张青霖和林立衡给包扎的。中央专案组在几年的审查中，也没有任何一个人说李文普受伤是自己打的。

至于张宁说，林家三口离开96号楼时，是“叶群和林立果一边一个扶架住毫无声气的软绵绵的林彪上了汽车”，李文普亲身经历是：

大约11点多钟，叶群拉我到林彪卧室门外叫我等着，她先进去和林彪说了几句话然后叫我进去。这时，林彪早已从床上起来穿好衣服。林彪对我说：“今晚反正睡不着了，你准备一下，现在就走。”我说：“等要了飞机再走。”叶群插话骗我说：“一会儿吴法宪坐飞机来，我们就用那架飞机。”

我当时怀疑为什么不让我调飞机，有些反常，心里没有底。我从林彪那里出来，叶群也跟着出来，叫我快点调车，并说：“快点吧！什么东西也别带啦，有人要来抓首长，再不走就走不了了。”

究竟往哪里走？我越发怀疑，就到值班室给北京打电话，找空军主管专机工作的副参谋长胡萍。我说：“首长要马上走，什么也不带，我觉得方向不明确，你知道去哪里吗？”胡萍在电话中很不耐烦地说：“你不要问了，不要问了，你不要再往北京打电话了。”不容我说，他就把电话挂了。

这时，林立果把我叫到叶群的办公室，他给在北京的周宇驰打电话，叫我在门外看着。我听到林立果说：“首长马上要走，你们越快越好。”他放下电话出来，催我快去调车。我回到秘书值班室，给58号楼8341部队张宏副团长打电话，告诉他首长马上就走。张副团长问我怎么回事，林立果又走了进来，问是谁来的电话，我说是张副团长，林立果立即伸手把电话压了。这时，杨振刚已把车开了上来。

张宁的书，最让李文普愤怒的，是其中诬陷他是8341或更高的人安插在林彪身旁的“内线”。张宁是这样写的：

李处长为什么命令大杨备车？

李处长为什么自己先行上车？

李处长为什么自伤？

李处长以谁的名义做大杨的工作？

周恩来的电话是李处长报给叶群的，为什么要隐瞒说话时间？

“林办”和林立果的所有电话事后得知都被李处长监控。

当夜，叶群的情绪变化，北京方面掌握得十分清楚，“适时添火架柴”，96号楼里的“内线”是谁？

张宁书中这一连串的问号，够吓人的。《尘劫》一书中还有一句定性的话：林彪如果是主谋，李文普便是策划者和安排者。

李文普在《不得不说》一文中，针对张宁说的他是中央警卫局派在林彪身边的人，组织关系一直没有调来“林办”，林彪的习惯之一是，内勤警卫李处长不先上车，他不上车……李文普声明说：

我不是毛泽东、汪东兴派在林彪身边的警卫。我是1948年入伍的，于1954年从广州军区警备团三连副指导员岗位抽调林

> 彪身边当警卫班长。……林彪看我老实，从不参与林家政治上的事，什么事情也不多问，便一定要调我到他身边去，而且处处不为难我，相信我，在这一点上说我是他的亲信也未尝不可。后来我到中央警卫局当参谋后，林彪非要我去不可，并说李文普不来我睡不着觉。这样，我才又回到林彪身边。组织关系在1964年就已调到“林办”。至于上车问题，稍有常识的人都知道，首长不上车，警卫人员不可能先坐到车上去。

张宁说，林彪专车司机杨振刚，9月10—11日两天，李文普找他谈话后，情绪陡变，从不喝酒的人却喝得醉醺醺的，直到12日深夜开车载着林彪等人进机场，一同上了飞机，死在外蒙古。并质问：“这个关键人物的工作是谁做的?”张宁这段话的含义是，李文普找杨振刚谈过话，强迫他开车载着林彪等人上飞机出逃。

李文普指出：

> 杨振刚为人忠厚老实，过去在西直门专家招待所当司机，表现好，由总参管理局调给林彪开车。他从来不喝酒，事件发生前每天准备好红旗车，随时听林彪外出转车，没有发现他喝闷酒、情绪不高，更没有谁给他做思想工作。把杨振刚说成是林彪逃跑死亡的关键人物，把我说成是知道林彪、叶群、林立果阴谋的帮凶，这完全是对杨振刚、对我的极大污蔑。

至于“报电话”问题，张宁说从李文普报给叶群，到叶群与周恩来谈完，足有半个时辰，而李文普后来在专案组讲，他在旁边听到的内容时间不长。张宁认为李文普一定向周恩来报告了什么，李是上面安插的内线。李文普对此愤怒地反问：“如果真是这样，我应当立头功，为什么‘九一三’事件发生后，我却成为监护审查对象，被关押四年之久?!”张宁在《尘劫》一书中，也讲到李文普被放出来就没有工作，没几年退休脱去军装，成了百姓，在街道居委会找点事做，挣些钱养家。

张宁和李文普之间尖锐的矛盾是，如果李文普不证明林彪问过“到伊尔库茨克多远，要飞多长时间？”，那就可以肯定林彪是被叶群、林立果劫持出逃的。

（二）关于飞机起飞后“空中盘旋”问题

张宁的书中写道：

> 空中传来了飞机声，所有人的心往下沉，跑向坡顶向空中眺望……大家都看见飞机往东南方向飞去。
>
> 我躺在床上，昏睡中觉得有人推搡我，睁眼一看，室内灯光通明，小王坐在床沿上，见我醒来，问道：“听到飞机声没有？”“听到啦，怎么啦？”此时空中真的传来飞机声，小王掉头跑出去……
>
> 事后才知道，这是飞机飞走后返回的声音，离第一次起飞时间相隔20多分钟。
>
> 96楼的人都聚集在坡顶向机场方向遥望，只听得飞机在机场上空轰鸣盘旋，大家都认为飞机回来了一定是想降落。……
>
> 飞机向莲花峰飞来，在96楼上空盘旋，久久不离去，大家仰望着它，最后见它在空中画出一个形似问号的线路，然后向北方飞去，再也没有回来。

张宁的这段描述，近似呓语或者幻觉，三叉戟那么大的飞机，怎么可能像小飞机那样在96楼上空盘旋？退一步讲，即使可能，从山海关机场飞到北戴河上空，也用不了20多分钟。

1997年4月，即在张宁的书出版前一年零五个月，《传记文学》杂志登载了广辛写的《林彪仓皇出逃目击记》。作者真名康廷梓，是本书前文提到的林彪座机三叉戟256号的第二副驾驶，时任空军××师专机大队第二中队队长。9月12日晚，林立果乘这架飞机去北戴河时，康廷梓与整个机组一起抵达山海关机场。13日凌晨，林彪一家3口仓皇登机出逃，机组9人只有4人上了飞机，康与另外4人未来得及登机。康在机场亲眼目睹了飞机强行起飞。他在回忆文章中这样描述：

嘭、嘭、嘭！一阵急促的敲门声把我从睡梦中惊醒，听到门外有人急呼："首长到机场了，快起床！"我听出是调度室主任在叫门。同屋的领航员和我几乎是同时被叫醒。此时，顾不上说话，想的和做的只有一个字"快"。我们都拿出平时紧急任务时练就的敏捷动作，以最简单最快捷的速度穿衣服。当我穿第二只皮鞋的时候，突然听到从停机坪传来发动机启动的声音。我顾不得系鞋带，也没有扣好衣扣，提上提包就冲出屋子。黑暗中，借着微弱的灯光，我看到第一副驾驶和通讯员已跑在了我的前面。我继续向东跑，当视线从右前方能看到停机坪时，256号飞机随着一声增大的发动机的轰鸣，突然向前滑了出去。摆在我面前的，是一个无法使我理解的现象。我顾不得去细想，只知道以最快的速度跑到停机坪，看看究竟发生了什么事情。

在飞机发动机的轰鸣中，整个停机坪呈现在一片混乱之中。在白炽灯的强光下，我看到256号飞机正沿着通往跑道东头的滑行道快速地移动。机场的保障人员及已跑到停机坪的机组人员，不约而同地望着离去的飞机，紧张得说不出一句话来。正在此刻，我发现一队人马占据了停机坪。一辆卡车满载着全副武装的战士，在停机坪的中央停住。与此同时一辆吉普车在离我几米远的地方，嘎的一声刹住，从车上动作敏捷地跳下一位40开外的陆军军官。他看我上身穿着夏季飞行服，认定我是机组人员，就左手拉着我的右臂，右手拿着手枪指点着远处滑行的飞机，操着一口山东腔，非常着急地对我说："你、你……快把飞机给拦住！"在当时的紧张局面下，我赤手空拳站在那里，怎么能把飞机拦住？我紧追问他是谁在飞机上，"这架飞机不能起飞！把它拦住！"他答非所问。

我看到停在那里的吉普车，急中生智，用手指着那辆车反过来"命令"那位军官："快！快把汽车开到跑道上对正飞机，堵住它，就不敢起飞了！"

当那位军官按我说的登上吉普车的时候，飞机已经滑入跑道的东头，机头已经调转过来对正了起飞方向。此时，在停机坪上所有的人几乎都意识到飞机就要起飞了。果然，在听到飞机发动机轰鸣声增大的同时，飞机开始增速滑跑，几十秒钟之后，消失在机场西南方。和我一样呆站在那里的领航员，习惯地低头看了一下手表，当时的时间是9月13日0时32分。

……我快步朝机场调度室走去，以最快速度沿阶梯登上塔楼。这时，荷枪实弹的战士已把塔楼给包围起来。进了塔楼，我发现刚才停机坪上那紧张气氛，一下子移到这里面来了。

机场调度员手握话筒，通过无线电指挥塔台不停地呼叫着256号的代号。但，接收机的音箱里死一般的寂静，没有答话。最后，调度员干脆呼叫256明码："256，256，××在呼叫，听到快回答，快回答！"还是没有任何动静。……在调度员呼叫的同时，雷达标图员头戴耳机，在一张较大的地图板上专心致志地埋头标着飞机的航迹。我和调度室主任的眼睛，不约而同地集中在标图员的笔尖。笔尖一点一点地移动，红颜色的笔在地图上画出一条弧形的轨迹。……这条弧线的方向从山海关机场起飞时的240余度（按：后来康设法核对，飞机起飞方向为244度）航迹缓慢转向正西，即270度。这时，我马上想到可能是飞回北京了，因为从山海关到北京基本上是朝正西飞行。然而，飞机的航迹在270度的位置上并没有稳住，而是继续增大，直到约300度时（按：中蒙边境二连方向）中断。这条航迹与正常飞行的航迹相差甚大。正常情况下，飞机起飞后，飞行员果断压坡度转弯，使飞机迅速进入到预定的航向上。……如果标在地图上，那个转弯只是一条折线。

第一转弯本应是折线，但却形成了一个过程较长的弧线，究竟什么原因？因为谁也不知道起飞之后驾驶舱里发生的事情，所以这是一个解不开的谜。可以做两种分析：其一，有意向前向西飞一段时间，迷惑地面……；其二，潘景寅起飞前只知道飞往广州的航线，而不知道狗急跳墙的叛逃计划。……

康廷梓亲历其境的描述,否定了256号飞机曾在机场上空盘旋和飞北戴河96楼上空绕圈的说法。那年康廷梓只有32岁,是专机中队里最年轻有为的飞行员,他的记忆力应该是无可挑剔的。

(三)关于飞机"被导弹击伤"说

林彪出逃飞机坠毁的原因,一直有这样那样的揣测。其中一个说法是,飞机被解放军防空导弹击伤,进入蒙古境内坠毁。

《周恩来年谱》(中共中央文献研究室编,1997年5月出版)关于这个问题有一段简明扼要的文字交代:

(1971年)10月12日、13日,(周恩来)在广州期间,两次听取广州军区负责人关于清查与林彪事件有关联的人和事的情况汇报,并简要讲述"九一三"事件经过。在谈及为何不将林彪座机击落时说,他是副统帅,打下来我怎么向人民交代?只好打开雷达监视飞机的行动,直到飞机飞出国境,才算是真相大白。这件事报告了主席,主席说:"天要下雨,娘要嫁人",他要跑,有什么办法。

可以做这段文字详细注解的,是《共和国秘闻录》刊登的肖思科写的《林彪死因真相》。该文写道:

1971年10月,周恩来陪同埃塞俄比亚的海尔·塞拉西皇帝到广州参观交易会,送别外宾离境后,应邀给广州部队领导机关做报告,说了林彪叛逃的一些内情。会上,有人递条子问是否总理命令部队用导弹把座机打下来的。周恩来看完条子,非常严肃、郑重地讲了下面一席话:

我再说一遍,林彪的座机不是我命令打下来的,确实是迫降时自我爆炸,自取灭亡。大家可以想一想,林彪是党中央副主席,我仅仅是个常委。在军队他是副统帅,而我在军队没挂职,我能命令部队把党中央副主席、军队副统帅打下来吗?他是“九大”写进党章的接班人啊!如果我命令部队把他打下来,我怎么向全党、全军和全国人民交待啊?!

当然了,林彪座机外逃时,我是及时向主席报告了的。这是一个共产党员起码的组织纪律性嘛!但主席说,天要下雨,娘要嫁人,他要走,就由他走吧。主席尚能宽容林彪,我周恩来为什么要阻止他呢?主席南巡时也说过,林彪还是要保的。如果他承认错误,还可以给他个政治局委员。主席对林彪宽容大量,我为什么要置林彪于死地呢?

周恩来的这一段话,我估计是作者肖思科听到当时参加过会议的人讲的,或者看到听讲人的记录,可能语句不那么十分准确,但这段话的主旨是非常清楚的。

张宁在《自己写自己》一书第五章末尾也讲道:

空军司令吴法宪,12 日当夜与周恩来一起监视雷达跟踪情况,吴法宪与叶群关系密切,怕惹祸上身,主动建议道:要不把它打下来?周恩来当时是制止的。

但是,张宁在《尘劫》(278 页)中,又讲三叉戟 256 号是被导弹打下来的,她引述了第二炮兵一个转业军人的话,这个人说:

当年出事时,我在基地当兵,我们接到开炮命令,不知道是什么目标,以后听到文件传达,心里才明白是林彪座机。

张宁问他是不是搞错了,打的恐怕是周宇驰的飞机。这位二炮的转业军人笑道:

打直升机哪用导弹?周宇驰的直升机是在北京郊区迫降的,根本没用开炮。我们导弹发射的方向不是北京。我们用的是新式导弹，弹头进去反向爆炸，当时打伤了飞机。

对二炮的武器和任务，稍有常识的人，绝不会相信这位转业军人的信口开河，更不能用来证明林彪座机是被导弹打的。在三叉戟256号坠毁现场的残骸中，的确有一截断翼上有个向一面炸开的大洞(另一面完好无损)，因此就编造什么“新式导弹，弹头进去反向爆炸”，这只能骗骗小孩子。直到目前为止，还没有听说过弹头打进飞机能反向爆炸的地空导弹。

(四)关于《“五七一工程”纪要》和“手令”

不久前，朋友送我一本张聂尔著的《风云“九一三”》。我越读越被书中的论证和论据所吸引，一气读了多遍。我觉得这是我看到的近年来写“九一三”事件最好的一本书。文笔铿锵有力，内容旁征博引，既有广度，也有深度。对于林彪和毛泽东关系的发展变化，以及“文革”中党中央上层的矛盾和斗争，不回避敏感问题，分析比较透辟。

作者是一位女作家，其父是新中国成立初期从陆军调来建设空军的那批元老之一，因而在“九一三”重灾区的空军，她熟悉不少人，包括当年牵连进去的以致犯事判刑的人，诸如王维国、陈励耘、周建平、鲁珉等。她对这些人进行了采访，获取了难得的第一手材料。

关于《“五七一工程”纪要》，张聂尔写道：

> 这个纪要确实出自于新野的手笔，并据分析确是林立果他们的想法。要说这个《纪要》是满纸胡言并不准确。从某个角度某些内容讲，它在当时的政治环境中，说出了某些人想也不敢想或敢想不敢说的话。但这个《纪要》通篇充满极端情绪，自我膨胀，杀气腾腾，令人想起19世纪20年代俄国的“十二月党人”——那些指望靠军事密谋推翻沙皇尼古拉一世的贵族军官。
>
> “九一三”事件发生后，中央公布了《“五七一工程”纪要》，其中有“用民富国强代替他‘国富’民穷”一句，看起来《纪要》写这

句话是有来历的，这就是林彪起草“九大”政治报告时阐述的思想。

张聂尔没有就此对林彪起草的九大政治报告内容展开分析，但在其他章节中讲到由此引发毛、林之间裂痕，可以看出一些端倪。九大之前，大约是1969年2月，毛泽东指示林彪准备在九大上作政治报告，并决定由陈伯达、张春桥、姚文元来起草。林彪把这三个人召来商量起草事，谈了自己的想法。张、姚推陈先写出一个稿子。结果，陈的稿子受到以江青为首的“文革”小组的激烈批判，说是鼓吹唯生产力论。毛泽东遂决定由康生与张、姚另行起草一个稿子。在九大预备会期间，中央会议讨论康、张、姚的稿子，陈伯达提出意见：“还是应当搞好生产，发展生产，提高劳动生产率。尽搞运动，运动，就像伯恩施坦所说的‘运动就是一切，目的是没有的’。”两天之后，在另外一次会上，陈伯达受到了严厉的斥责和批评。陈伯达不服，把他写的稿子亲自封装在牛皮纸袋里，送呈毛泽东，结果毛泽东给退回来了。陈伯达发现牛皮纸袋根本没有拆封，伤心地哭了一场。林彪也很不高兴，在政治报告的定稿上，他曾批示：不掠他人之美。九大于1969年4月1日开幕，林彪直到上台的最后一分钟，也没看一眼这个报告稿子。他上台念报告，所有的人都以为是他搞的报告，其实根本不是。林彪曾对着叶群自言自语地说：“多念错一点才好。”

> 如果说，毛林体制是在1966年8月的八届十一中全会上开始确立的，则到了1969年4月的“九大”正式写在党章上时已经产生裂痕，这是一件非常可悲的事。历史的进程证明，林彪在党的“九大”上表面上似乎达到其政治地位的顶峰，但九大恰恰又是他败落的开始。

张聂尔颇有感慨地作出这样的判断。

于新野起草的《“五七一工程”纪要》共有九个部分：可能性、必要性、基本条件、时机、力量、口号和纲领、实施要点、政策和策略、保密和纪律。上文所引“用民富国强代替他‘国富’民穷”一句，来自纪要第六部分。

林彪是否看过这个纪要？张聂尔写道：

至今无人知晓。但这个纪要中的某些东西，如对时局的分析，倒是表达了林彪的某些思想。不管怎样，纪要至少代表了“小舰队”的思想，这一点是无可置疑的。……除了李伟信之外，没有第二个活着的人在“九一三”之前看过这个纪要，……不过，这个纪要肯定存在，因为其中的某些用语，如“B52”，如“舰队”，在极少数人中早已流传。而且字迹是于新野的，这一点肯定不会错；再者，那一天，当周宇驰、于新野从直升机上下来后，义无反顾地喊着“林彪万岁”去自杀，可见他们是应当有一个纲领，即《“五七一工程”纪要》，或什么比之更完整的东西的。但是没有人发现比之更完整的东西。

关于林彪的手令，张聂尔书中写道：

1971 年 9 月 8 日，林彪在北戴河下达了武装政变的手令。内容是：“盼照立果、宇驰同志传达的命令办。林彪，9 月 8 日”。当晚 9 时 40 分，林立果带着这个手令乘飞机到达北京。林立果到达北京以后，立即开始进行暗害毛泽东的密谋。他把这个手令给“小舰队”的所有成员看过，也给被他强拉进来的那些人看过，都表示坚决执行，无人怀疑过这个手令的真实性。只有江腾蛟在林彪出逃机毁人亡之后，于羁押中两次讲，他所看到的手令，与公布的这份周宇驰临死前撕碎后拼起来的不一样，字体不像。

张宁在《尘劫》一书第七章有一节专门谈到手令，她认为林彪从来不用小、中号红笔书写，而是用红油笔，这个被撕碎的手令是别人模仿的。

那么辨别手令真伪的关键在哪呢？

我认为在于弄清林彪是否知道林立果和“小舰队”暗杀毛泽东的密谋。

张聂尔书中的分析，可资佐证。她写道：

> 从林彪最后的叛逃看，似乎可以做出两种推测：
>
> 一种如中央文件所说，林彪和林立果紧紧地站在一起，是他直接指挥林立果布置杀毛；在得知毛离开上海后，认为杀毛机会已失去，又让林立果布置南下另立中央，与毛对峙。但在12日深夜，突然得知毛到京的确切消息，认为毛回来后可以禁航和封闭全国机场，使南下不可能实现。此时，惟一的选择只能是逃往苏联，像王明一样做寓公，以待东山再起。
>
> 另一种可能是：毛的南巡讲话使林彪感到毛同自己已完全对立，关系无法挽回，心情沮丧，决定“坐牢”或“从容就义”。而林立果的小舰队则决定谋杀毛。但毛及时离开上海，林立果感到杀毛机会已失去，于是飞往北戴河用各种理由说服林彪去广州“避风”，林彪同意去广州。但这天深夜，林立果、叶群得知毛泽东回京的确切消息后，认为在毛的眼皮底下连去广州也不可能，林立果即向林彪摊牌：原来布置了杀毛，没成功，想去广州另立中央，现在看来也不行，毛回到北京，一切将被知情人泄露，儿子、老婆干的事，林彪推不掉责任。那时全家将遭杀身灭族之祸，与其成为俎上肉，不如逃。林彪在经过一番激烈的思想斗争后，决定与老婆儿子去苏联。
>
> 这两种可能哪一种更合逻辑？
>
> 当然，无论是林彪要林立果去杀毛，还是最后林立果告诉了林彪自己要杀毛，林彪出逃的决心都只能说明林与毛已完全对立，林至迟在出逃前已知道杀毛阴谋，这使林无法再面对毛，连“坐牢”和“从容就义”也不可能。林面前只有一条路——跑。

自古判官司有句名言，叫做“死无对证”。林彪出逃之谜，只能由众多作者广泛地占有资料，进行深入细致的分析，寻找最后的答案。

“九一三”事件，真是一部写不完的书！

今日的坠机现场

许多人关心林彪座机坠毁现场今天的情况怎么样，飞机残骸还在不在。

1997年11月23日，《环球时报》刊登该报驻蒙古特派记者敖其尔的独家报道《今日温都尔汗》。这是26年后，第一次有中国记者去到坠机现场。

1997年10月中旬，敖其尔在蒙古《消息报》记者巴图孟赫陪同之下，从乌兰巴托驱车去温都尔汗。深夜两点抵达温都尔汗，住宿在巴音旅馆。

第二天一早，巴图孟赫找来了两位当地的知情者，一位叫巴图苏赫，原来是肯特省呼拉尔主席，一位叫巴塔。在早餐中相互敬酒以后，巴图苏赫说，坠机事件发生那年他在军队里，当时他听说有一架中国飞机在苏布拉嘎盆地坠毁，不知道是谁坐的这架飞机，只记得当时部队突然进入战备状态。1984年，他去过一次飞机坠毁的地方，看到飞机机翼等残骸还在。1992年，蒙古的查士顺赫尔公司拉走了坠机的一个残损的发动机，现放在离乌兰巴托20公里处该公司的旅游点中展览，以吸引旅游者。据说，飞机其他两个发动机，一个早被苏联拿走，另一个下落不明，后来听说在贝尔赫矿区一个院子里。飞机的一个机翼也在这个矿区的院子里。

巴塔老人1990年以来，去过坠机地点两次。他说，第一次去时听说，飞机坠毁时差一点把一个牧民的蒙古包天窗刮掉。第二次是1993年4月，他亲眼目睹中国海拉尔一家农垦公司，开着一辆卡车和一辆吉普车，带领十几个人，拉走了1吨多重的飞机残骸。

同两位蒙古的知情者交谈以后，上午10时敖其尔和巴图孟赫乘车从温都尔汗出发，向东北方向的苏布拉嘎盆地行驶。中午1时抵达目的地，在山谷西北山腰停下了车，开始四处寻找坠机地点，一个小时过去了，毫无结果。忽然，一个蒙古人骑着红色摩托车直奔过来，他叫巴雅尔赛汗，原是这个地区的警察。他知道了敖其尔的来历后，主动提出帮忙，骑摩托带领敖其尔等，在草原上奔波了半个小时，终于在呼和山西北草地上，找到了当年飞机坠毁的地点。

首先看到的是一个宽20米、长30米的寸草未生的灰堆。这里大的飞机残骸已经不见了，但已烧成黑色的碎件还不少，中国瓷器碎片上，还能清楚地看出“唐山裕丰瓷厂”字样。敖其尔用手在灰堆上挖了一尺多深，发现了已烧毁的各种电器零件，烧成一团的铝块和一些精密器材碎片。在离灰堆150米的草丛中，又发现一堆飞机残骸，其中有飞机后轮的支架，还有圆形钢板等。

根据巴塔老人提供的线索，敖其尔一行来到了苏布拉嘎盆地西北一个名叫扎森的小山南坡，找到了丧生者九具遗体埋葬的地方，这里距飞机失事现场大约4公里。墓地虽然被1尺多高的茅草覆盖着，但凹形坟地还是很明显的。墓上还立着3块长1米、宽20厘米左右的木板，上面的字已无法辨认。

据巴塔老人说，墓地被苏联人来挖过两次，第一次是飞机坠毁后五个礼拜，10多个苏联人专程从莫斯科来蒙古，挖开坟墓割下那个女人和那个岁数最大的男人的头颅，把它们放在架起的柴锅里煮，然后把头骨装箱，带回了苏联。老人记不起苏联人第二次来时是哪一年，只记得已经到了天寒地冻的季节，苏联人在坟墓边搭起了帐篷，再次验证那个年岁最大的人的尸体。后来听说他们把这些残缺的尸体火化了。

敖其尔一行在苏布尔古呆了四个多小时。下午4时30分，一位骑着黑马的蒙古老人飞奔而来，他叫拉腾格尔勒。据了解，这位老人曾是省里有名的摔跤手，他的家离飞机坠毁地点只有5公里，当年曾保护过飞机坠毁现场。老人邀请敖其尔一行到他家，予以热情款待，桌面上摆满了酒、奶食和面包，还煮着满满一锅肉。吃饭中间，敖其尔问起当年飞机坠毁事件，不知为什么，老人不想透露具体内容，故意转移话题。但在最后,他提供了一个很有价值的信息——最早发现飞机坠毁的是拉哈玛大娘。她原来住在离飞机坠毁地点3公里的地方,现在住在苏布拉嘎盆地20公里处。

敖其尔一行到拉哈玛家已是下午6时多。老人已67岁,中等身材,穿一身灰色蒙古袍,头上围红色头巾,右眼不好,老伴已去世。家里摆设特别简单,家境并不富裕。

提起当年的飞机坠毁事件,拉哈玛摇摇头说:"那是个可怕的夜晚。"据她回忆,1971年9月13日凌晨两点钟,一阵嗡嗡声把她惊醒,她急忙穿好衣服,出门一看,发现这难听的声音是空中传来的,这时羊群惊散,马嘶狗叫。她仔细一看,从西南向北飞过来一架冒着大火的飞机,飞得相当低,在巴图脑尔布苏木上空,绕图门山转了一圈,顺着扎森山谷向西南方向飞行,声音越来越大,大概不到20分钟,在苏布拉嘎盆地坠毁。当时没有听到大的爆炸声,只看到现场大火连天。天亮以后,看到飞机坠毁的地方,一片废墟,还冒着青烟。当地老百姓保护了现场。飞机上的人都死了,其中有一具女尸,还有一个高大的欧洲人的尸体。乌鸦和老鹰一直在空中盘旋。第二天,飞机坠毁的地方来了不少苏联军人,不让老百姓靠近。拉哈玛最后说:"死者埋葬时,坟上立起无名墓碑,离这里不远,你们是否去看了?"

敖其尔回到乌兰巴托以后,查阅了蒙古报纸。有的报道说:1971年9月15日早晨,苏联一架直升机突然飞往温都尔汗,据说在中国飞机坠毁的地方,发现飞机上组装的苏制低空飞行器PB-YM。还有一种报道说,1971年9月12~13日,温都尔汗市停电,贝尔赫矿区没停电,所以夜里飞行的中国飞机,把贝尔赫矿区误认为是温都尔汗,坠毁在离贝尔赫不远的苏布拉嘎盆地。

《环球时报》记者敖其尔的采访,使人们了解到今日坠机现场的情况,以及当地人对坠机的说法,无异是有相当价值的。只可惜他晚去了几年。其文中提到的地名、墓地距离等,与我参与现场视察时听到蒙方按地图讲的不一致。这可能是当地牧民约定俗成的叫法。至于拉哈玛大娘说空中飞来冒着大火的飞机,据空军专家分析,她可能把机上耀眼的着陆灯错当成大火。

《环球时报》记者敖其尔上述报道中提到1993年4月，中国海拉尔一家农垦公司，到飞机坠毁现场拉走残骸1吨多。这件事从《解放军报》有关的采访报道得到证实。

1998年7月24日，《解放军报》在周末版上刊登《林彪出逃座机残骸收藏始末》一文，报道了对海拉尔某边贸公司邬经理的采访。1991年7、8月份，邬到蒙古肯特省温都尔汗洽谈贸易，曾与当地官员联系，想到林彪坠机的地点看看，结果被一口回绝，说是那里有专人看管，有铁丝网圈围，无法靠近。

邬经理再去温都尔汗，已经是1993年3月，蒙古国内政局已经发生了变化，邬听说256号残骸已经没人管了，有人把残骸上的铝都抠下来卖了。他便向负责外事接待工作的达先生，再次提出到坠机现场看看的要求，但没有得到确切答复。事有凑巧，在达先生与乌兰巴托的通话中，邬经理获悉，近日将有一个美国记者要去温都尔汗，接触林彪座机残骸，上司要求当地官员给予配合，尽量满足这个记者的要求。邬经理马上向达先生表示不满，质问为什么美国人可以去现场，中国人反倒不行？达先生无可奈何，只好同意了。

林彪坠机刹车轮轴号码

3月20日，邬经理来到坠机现场。这里很荒凉，似乎罕有人迹。他发现还有一些大块的飞机残骸，其中起落架和轮毂就有数百公斤重，在以坠机中心为圆心差不多5公里（按：疑为500米）直径的范围内，散落着大大小小的飞机碎片。他决定把这些具有文物价值的残骸运回国内，赶紧雇车找人，把起落架等沉重的大件先搬上车。后来又雇了当地二十几个小孩帮助搜集，甚至不放过隐没在草丛中的螺丝，最后统统装上卡车，重约3吨~4吨。他去现场前，曾在一蒙古朋友家中看到一个发动机的外壳，朋友告诉他这台发动机的内芯让港商买走了。回国途中，他寻找了一个运废铁的同行，把飞机残骸分装两车，上面覆盖废铁板加以伪装，沿克鲁伦河走了七天，又在蒙古的外贸口岸等了十几天，费尽千辛万苦终于运回国内。

256号坠机现场中央之灰烬遗迹

就在《解放军报》登载上述报道的同时，邬经理已与秦皇岛市有关部门商定，在长城老龙头附近开办了"林彪折戟沉沙展"供旅游者参观。这些残骸包括起落架支腿、刹车轮和中轴、刹车盘、发动机涡轮残片、传动装置及支撑架，以及大量的飞机蒙皮和零散部件。国内许多报刊报道了邬经理搜集运回飞机残骸的事迹。当"九一三"事件已完全进入历史范畴的今天，林彪座机的残骸无疑是具有一定文物价值的。

坠机发动机涡轮残骸之一（蒙古旅游公司展出）

坠机机身蒙皮铭片（英国航空专利号码）

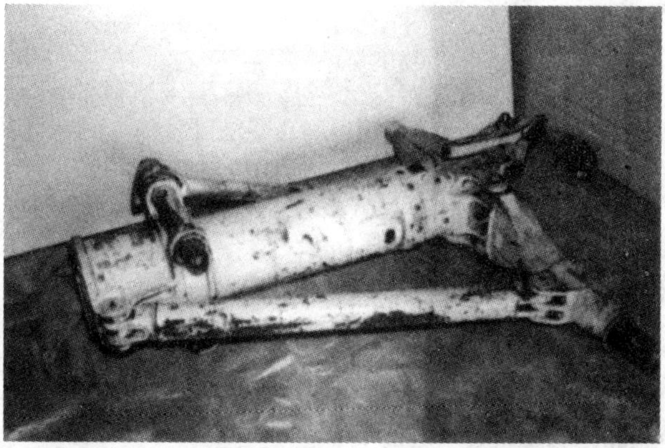

坠机起落架支腿

郧经理谈及他收藏的原因,这样说:“我认为‘九一三’事件是中国历史上一个重大事件,而256号飞机残骸是这个事件中的重要物证。作为一个中国人,把这样一些物证运回国内并收藏起来,不论吃多少苦,付出多少代价,都值。”

残骸运回后,曾有一个姓黄的台商开价60万人民币,要求收购这些残骸,邬经理一口回绝。他说:“如果是为了钱,我不会费这么大的劲舍着命去收藏这些残骸。这是非常珍贵的文物,不能随意处置。”

中国革命历史博物馆为筹备建国50周年《中华百年风云》展览,经过驻蒙古使馆的政务参赞沈庆沂,从蒙古人手中买回了另一个起落架的支腿及若干散件。

可惜的是,三叉戟256号精华部分的三台发动机,一台主发动机让苏联人拆走了,一台内芯被港商买走了,另一台留在蒙古人开办的一家旅游公司手中,他将这台残损的发动机放在四轮木车上展出。还有那个比较完整的飞机尾翼和一个有大洞的大片机翼,不知哪里去了。

至于更能进一步揭开256号飞机坠毁之谜的飞机黑匣子,尚在俄罗斯当局手中。坠机死难者的遗体,包括身首异处的林彪、叶群的尸骨,还有那些机上的遗物,俄罗斯和蒙古当局没有丝毫理由再继续扣压,应当无条件地交还中国。

坠机发动机涡轮残骸之二(蒙古旅游公司展出)

第二部分

亲历中蒙关系波折

第十章　穿越大漠南北

去蒙古不算出国吗

1965 年冬天,我奉派去中国驻蒙古人民共和国大使馆工作。

这个冬天,北京少雪、干寒,天气老是似晴非晴,似阴非阴,早晚还笼罩着一层灰蒙蒙的薄雾。但是,人们的心情却没有因天气而压抑,相反都比较开朗舒畅。天灾人祸酿成的三年经济困难,饿肚皮时的“瓜菜代”已逐渐远去,国民经济得到了全面的恢复和发展。老百姓营养必需的粮、油、肉、蛋,虽然数量不多且要凭票供应,但终究是家家户户都能吃到了。孩子们几年来满是菜色的脸庞,也渐渐重新泛出了红晕。人们当然怀着比过去几年高得多的热忱和信心,准备迎接 1966 年的到来。

但是,我的心情却难能开朗和舒畅。10 月上旬,人事部门通知说,组织上决定派我到驻蒙古大使馆工作,给的准备时间只有一个半月。天哪!短短 45 天那么多事我得干完:交代本职工作,阅读有关蒙古的材料,拜访相关部门领受任务,看望使馆内未见面的几个同志的家属,还有制装。蒙古属于高寒地带,必须有一套抵御严寒的装备,一件皮大衣光制作也得个把月。而且,老母生病未愈,妻子被派到河北定兴县搞“四清”回不来,一个孩子刚上小学,一个孩子还在襁褓之中。为了安排好所有这些事,我简直是日夜奔忙,头昏眼花,内心一片焦躁,完全没有那个年代能够出国而感到幸运的心情。能否要求宽限一点时间?张不开口!“服从决定,绝不讨价”,是五六十年代干部的普遍心态，也是我一直信奉的原则；而且，我反复琢磨，这么急着让我走，必是有点原因。

蒙古人民共和国，旧称外蒙古，是一个深居内陆有些神秘的国度。对中国人来说，它既亲近又疏远。

我的一个要好的邻居，看我忙得团团转，主动来帮我料理家务。在送走给我老母治病的医生之后，我同他闲聊起来。他直言不讳地对我说："到外蒙古算什么出国，那原来是中国的地方，就同内蒙古差不多。"我正在考虑怎样回答，他怕对我太刺激，马上换了一下口气："当然，这地方离国内比较近，每年能回来休假一次，也不错。"我完全理解，邻居的话并没含有对我出国的轻蔑之意，而是同不少中国人一样，对外蒙古的沧桑巨变不甚了解。

毋庸讳言，直到20世纪20年代，外蒙古还是中国领土的一部分。然而，这是一块多灾多难的土地。历史上，它北邻沙俄、东近日本，直接受到这两个帝国主义国家的侵略和压迫。沙俄早在18世纪，就对蒙古怀有领土野心，觊觎着这块人烟稀少、天然资源丰富、战略地位重要的150多万平方公里的土地。其官方刊物曾公开声称，俄罗斯在外蒙古有特殊使命，戈壁沙漠是帝国远东和东南部的天然边界。不过，当时沙俄的侵略重点在于鲸吞整个满洲（中国东北），对外蒙古的入侵还放在次要位置。1840年鸦片战争以后，特别是1860年清朝政府被英法联军打败，沙俄乘机强迫清廷订立了许多不平等条约，从中国割占去大片大片的领土，并在蒙古地区攫取了许多特权。

1904—1905年，在我国辽东半岛爆发了两个侵略强盗之间的格斗——日俄战争。结果沙俄在同日本争夺中国东北的战争中失败，遂与日本签订了划分南北满洲势力范围的密约，把南满让给日本，换取日本承认它在外蒙古的"特殊利益"。从此，沙俄把在中国北部侵略扩张的重点转移到外蒙古。1911年，它趁中国发生辛亥革命之际，怂恿外蒙古喇嘛黄教大活佛第八世哲布尊丹巴为首的封建上层，宣布独立，建立"大蒙古国政府"，自称"大蒙古皇帝"，驱逐清朝政府驻库伦（今乌兰巴托）办事大臣，私自签订了非法的《俄蒙协约》。辛亥革命推翻清廷的统治后，当时的中国政府于1915年与沙俄签订了《恰克图条约》,规定外蒙古为中国领土的一部分,承认中国宗主权,中国则承认外蒙古自治。后来,沙俄陷身于第一次世界大战,无暇东顾,接着其国内又爆发了十月革命,沙皇的专制统治被推翻。1919 年夏,外蒙古以哲布尊丹巴为首的封建上层,与中国北洋政府开始关于取消“自治”的谈判。11 月,外蒙古“自治”政府撤销并呈请恢复旧制,中国政府同意这一请求,宣布中俄之间关于外蒙古自治的文件无效,册封哲布尊丹巴为博格多汗,并派西北守边使徐树铮率军进入外蒙古,恢复了领土主权。未几,徐军主力从外蒙古调回关内参加军阀混战,只在库伦及其以北蒙俄边境上的买卖城(今阿勒坦布拉格)留驻少量兵力。

1919 年初,外蒙古的历史发生了重大转折。在俄国十月革命的影响下,蒙古人民革命领袖苏赫巴特尔和乔巴山,在库伦先后成立了两个革命小组。不久这两个革命小组合并为一个统一的革命组织,即蒙古人民革命党,领导蒙古人民起来闹革命,自己掌握自己的命运。

1920 年夏,在中国由英美操纵的直系军阀,打败了执政的亲日本的安福系军阀,这就使日本帝国主义失去了在蒙古进行阴谋扩张的安福系走狗。因此,日本决定利用被苏俄红军击溃后逃窜到中国东北的白匪军残余部队,在蒙古为自己攫取地盘。同年 10 月,日本的走狗、白匪头子温甘伦男爵,带着他的 800 名将士组成的骑兵师进入蒙古境内,利用蒙古人民对徐树铮军事独裁统治的不满情绪,骗取了蒙古封建王公和一部分不明真相的人民群众的支持。1921 年 2 月 3 日,温甘伦的匪军击溃了中国驻军,占领了库伦。2 月 15 日,温甘伦扶植第八世哲布尊丹巴重新登上了“蒙古皇帝”的宝座,成立了所谓的“自治政府”,政府的成员由温甘伦指派。温甘伦的罪恶目的是利用这个傀儡政府,把外蒙古变成未来的反苏战争基地。因而,反苏备战和供养其军队的沉重苛捐杂税,以及名目繁多的各种劳役,全部压在蒙古劳动人民头上。蒙古人民越来越看清了温甘伦匪帮及其扶植的傀儡政府的反动本质,甚至一部分封建主也对温甘伦表示不满。蒙古人民开展武装斗争的条件成熟了。

1921 年 3 月 1 日,蒙古人民革命党在俄共的帮助下,在俄罗斯境内的恰克图召开了第一次代表大会,讨论通过了“进行反帝反封建的人民革命,解放民族,把政权移交给人民大众,进而改造社会生活”的第一个奋斗纲领。3 月 13 日,在苏俄境内的特罗伊茨克萨夫斯克市举行了蒙古边境苏木(亦称旗)劳动人民代表、义勇军代表和党组织代表参加的会议,选举产生了临时人民政府。临时政府于 4 月 10 日向苏维埃俄国政府请求军事援助,共同反对温甘伦白匪。苏俄军队三个团于 6 月 28 日进入蒙古,协同苏赫巴特尔和乔巴山领导的义勇军,于 7 月 6 日攻占了温甘伦白匪军盘踞的库伦。此前,于 3 月上旬,苏俄少量部队曾进入蒙古边境与蒙古义勇军首先攻打了驻扎在买卖城的中国北洋军阀的部队(加上 2 月初由库伦溃逃至此的中国军队共万余人)。这些中国驻军在色楞格省北部,沿鄂尔浑河谷进行了抵抗,但因前有红军后有白匪,孤立无援而失败,最终溃散或被俘。7 月 10 日,在库伦以哲布尊丹巴为皇帝的蒙古君主立宪政府正式成立并宣布独立。第二天即 7 月 11 日,后来被定为蒙古国庆日,而解放买卖城的日子——3 月 18 日,后来则定为蒙古人民军的建军日。

对于蒙古的独立,当时的中国政府未予承认。1924 年,中国政府与苏俄政府签订《解决悬案大纲协定》,仍规定外蒙古为中国领土的一部分,中国享有领土主权。但由于中国国内爆发了北伐战争,北洋军阀忙于打仗,解决悬案的谈判不了了之。1924 年 5 月,第八世哲布尊丹巴病死。一个月后蒙古取消君主立宪政体,建立共和制,成立蒙古人民共和国。从 1924 年起,外蒙古政府宣布对外闭关,断绝了同中国的一切来往,加上千里大漠的阻隔,它境内发生的一系列事件,除了苏联政府,鲜为外界所了解,西方称之为世界上一个神秘的国度。但是,蒙古人民革命党和蒙古人民,对于中国共产党所进行的革命斗争,抱有深切的同情,并给予力所能及的帮助。例如,1935 年中国工农红军长征到达陕北以后,特别是抗日战争爆发后,中国共产党为了沟通与苏联的联系,在蒙古政府的支持下,通过其领土建立了国际交通线,输送往来人员和文件。当时有一些中共领导干部,就是通过这条交通线,来往于中苏之间。不过这条交通线是相当危险的,因为它要跨越沙漠戈壁和无水草原。

蒙古国行政区划简图

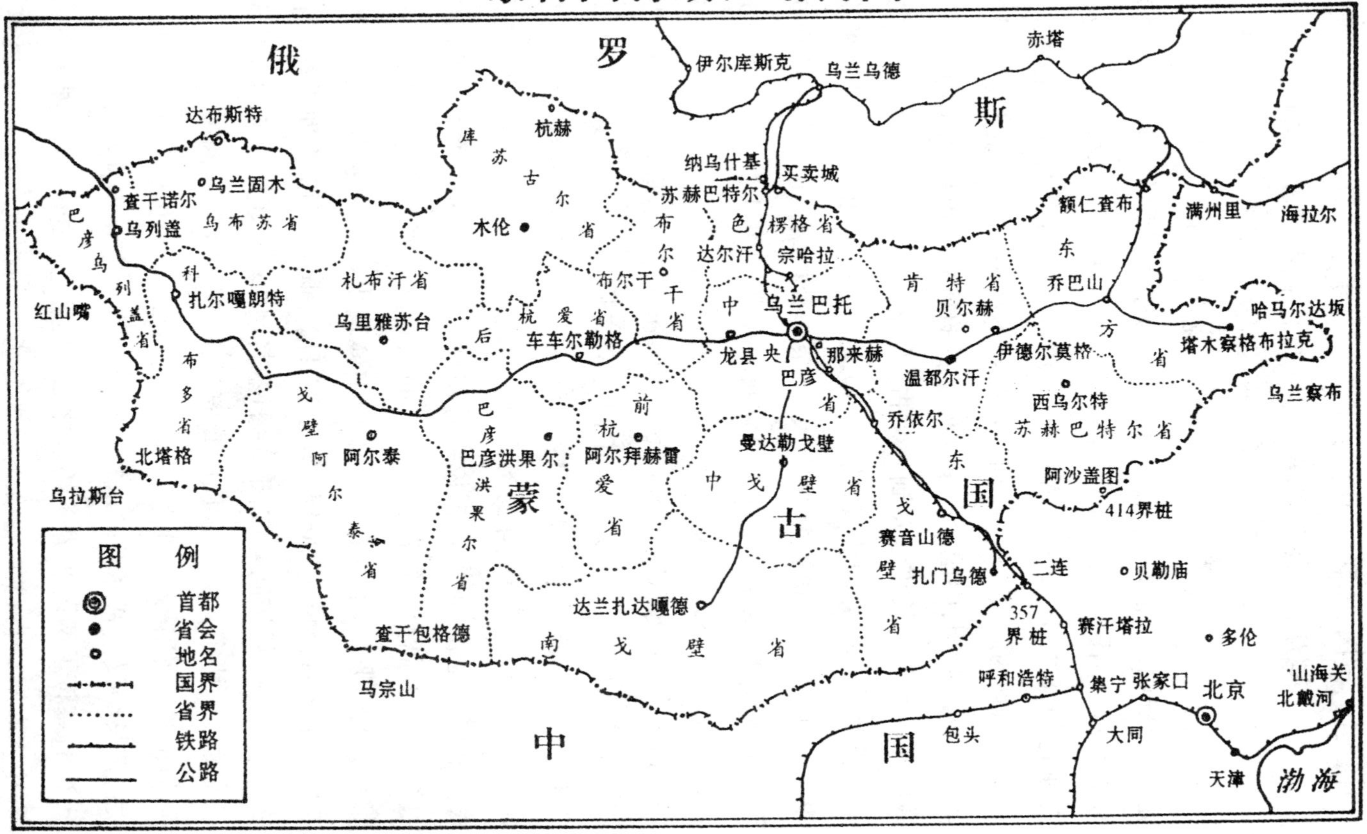

俄
罗
斯
伊尔库斯克
乌兰乌德
赤塔
达布斯特
乌兰固木
查干诺尔
乌列盖
乌布苏省
巴彦乌列盖省
红山嘴
科布多省
北塔格
乌拉斯台
扎尔嘎朗特
札布汗省
乌里雅苏台
库苏古尔省
杭赫
木伦
后杭爱省
车车尔勒格
布尔干省
布尔干
纳乌什基
苏赫巴特尔
买卖城
色楞格省
达尔汗
宗哈拉
中央省
乌兰巴托
龙县
那来赫
肯特省
贝尔赫
温都尔汗
额仁查布
东方省
乔巴山
满州里
海拉尔
哈马尔达坂
塔木察格布拉克
伊德尔莫格
乌兰察布
西乌尔特
苏赫巴特尔省
阿沙盖图
414界桩
巴彦
乔依尔
东戈壁省
赛音山德
扎门乌德
二连
贝勒庙
357界桩
赛汗塔拉
多伦
前杭爱省
阿尔拜赫雷
曼达勒戈壁
中戈壁省
达兰扎达嘎德
南戈壁省
巴彦洪果尔省
巴彦洪果尔
戈壁阿尔泰省
阿尔泰
查干包格德
马宗山
呼和浩特
集宁
张家口
北京
山海关
北戴河
大同
包头
天津
渤海
蒙
古
中
国
图例
首都
省会
地名
国界
省界
铁路
公路

蒙古的国际地位是在第二次世界大战结束以后确立的。1945 年 2 月，美国、英国、苏联三国达成了关于苏联参加对日作战的《雅尔塔协定》，美、英为了促使苏联早日出兵迫使日本帝国主义投降，一致同意苏联提出的在协定第一条写上“外蒙古的现状须予维持”，美国答应并说服蒋介石接受该协定。中国国民党政府，迫于三国的压力，特别是为了在战后依靠美援控制全中国，在美国的“说服”下，在苏联表示战后只承认国民党一个政府，不打算支持中共的“允诺”下，答应外蒙古独立，于 8 月 14 日同苏联签订了《中苏友好同盟条约》，互换了关于外蒙古问题的照会。中国政府声明，日本战败后如外蒙古公民投票证实其独立的愿望，中国政府承认外蒙古的独立。1945 年 10 月，国民党政府派内政部次长雷法章到外蒙古“观察”全蒙古人民公决独立的投票。投票从 10 月 10 日开始，至 10 月 20 日结束，参加投票的公民 494074 人，赞成独立的 489291 人，其余为弃权票。也就是说明 99% 的选民赞成独立。最后，中国国民党政府在 1946 年 1 月 5 日发布正式公告，宣布承认外蒙古独立。

1949 年中国解放，中华人民共和国建立。继苏联承认中华人民共和国中央人民政府，率先与新中国建交之后，蒙古人民共和国于 1949 年 10 月 16 日同新中国建立了外交关系。1950 年初，中国和苏联在谈判签订《中苏友好同盟互助条约》时，苏方希望在条约中强调“蒙古人民共和国的地位”问题。据说当时在莫斯科访问的毛泽东主席对中方主持谈判的周恩来总理说，外蒙古的独立已成事实，既然苏联人坚持，那就由他们吧，但不要在友好条约中体现出来。中蒙两国建交以后，友好关系与日俱增。1960 年 5 月 27 日，中国国务院总理周恩来和副总理兼外长陈毅访问蒙古，于 31 日签订《中蒙友好互助条约》《中蒙经济技术援助协定》，并发表两国政府联合声明。以后，两国有关部门交换地图，谈判划定蒙古独立以来一直未定的中蒙边界。1962 年 12 月，蒙古部长会议主席泽登巴尔和部长会议副主席扎格瓦拉尔来华访问，于 26 日签订了两国边界条约。之后，中蒙之间进一步发展了友好往来，中国政府尽自己所能给予蒙古各方面的援助。可是，好景不长，1960 年苏联公开反华，蒙古跟随其后，随着中苏关系的恶化，中蒙关系一天天变冷。

现在,我要去我国驻蒙古大使馆工作,怀着曲折复杂的历史情结,面对愈来愈冷的两国关系,真不知前途究竟如何。但说不算出国,我认为不能这么看。在国际政治中,尤其是外交关系上,承认现实、从实际出发这是最重要的原则之一。既然我国承认了外蒙古的独立,双方建立了外交关系,签订了有关条约,就应从理智到感情上不再纠缠逝去的历史。就像60年代初开始的中苏边界谈判,百年前沙俄强占我国远东和中亚共150多万平方公里的领土(如同一个外蒙古那么大),苏联政府必须承认强迫清朝政府签订的划占中国领土的一系列条约是不平等条约。1919年,列宁曾宣布过应该废除这些不平等条约。但是,中国政府考虑到苏俄人民已经在这些领土上定居一个世纪之久,从实际出发不要求苏方归还这些领土。虽然外蒙古问题与中苏之间的领土问题情况有所不同,但是,这个原则在中蒙之间也是适用的。我既然奉派到驻蒙古使馆去,就必须做一个称职的外交官,在国家关系上,忠实地贯彻我国的外交政策。

1965年12月9日(星期四),夜11时许,我怀着丢开一个多月烦恼和焦躁如释重负的舒坦和对前景未卜的一种茫然两相混杂的心绪,离开家门踏上旅途。在只有单位领导和同事送行而无任何亲人陪伴之下,来到北京火车站,乘上北京—乌兰巴托—莫斯科国际铁路联运的旅客特快列车。从此一去,完全没有料到竟然在大漠那边的国度里,度过了8个春秋。并且,还碰上了党的副主席、军队副统帅、被指定为毛主席接班人的林彪,乘坐飞机外逃摔死在蒙古境内这一举世震惊的不寻常事件。

旅途见闻

登上国际列车,列车长把我安排在一间四个铺位而没有其他旅客的单间里,这可能是出于照顾外交官的缘故吧!列车半夜12点多才启动,徐徐离开北京火车站,在铁道两边阑珊的灯光中逐渐加速,不久驶入一片夜暗之中。

车厢内温暖如春,房间设备齐全,被套、枕套、床单一片雪白。我换上睡衣躺了下来,心想这回不会像乘坐国内列车那么坎坷,该是一次舒适的旅行了吧！然而,怎么也睡不着,就拿出临行前邻居塞给我的那张载有《评新编历史剧〈海瑞罢官〉》文章的报纸。这文章11月10日发表于上海《文汇报》,北京大报后来普遍转载,我下意识地感觉到这可能是有点分量的东西。我把它从头到尾浏览了一遍,文章的中心意思是指斥吴晗写新编历史剧《海瑞罢官》是别有用心的影射,上纲上线地称吴晗所写是鼓吹"单干风"、"翻案风",是大毒草,是资产阶级反对无产阶级专政这个阶级斗争的反映。我心想:有这么严重吗?姚文元何许人也,敢点名批判北京市副市长?吴晗是位著名的学者、历史学家,我进北京前在解放区就听说过他的许多故事,他写的《朱元璋评传》还专门送请毛主席审阅,毛在西柏坡亲切接见了他,指出文中对朱元璋的批评失之过当。我想毛主席在1959年初于上海召开的中央工作会议上,针对当时党内不敢讲真话、实话的不良风气,不是号召高级干部学习海瑞,认为尽管海瑞攻击嘉靖皇帝那么厉害,对皇帝还是忠心耿耿的,应该提倡他那种刚直不阿的精神吗?姚文元这样批吴晗,把毛主席说过的话置于何地呢?如果硬说吴晗这个剧本有阴谋而展开批判,以后谁还有胆量研究历史事件和写历史剧本呢！是不是……想不清楚,不觉一阵困意袭来,迷迷糊糊进入梦乡,这一个多月实在太疲劳了。我对时事比较关心,但在当时万万没有想到,这篇文章竟是点燃"史无前例"年代大动乱的导火索。

一觉醒来,绿色丝绒窗帘的缝隙透出亮光,拉开一看,列车正沿着一条河的河边奔驰。拉开房间门望望对面,远处一脉高耸的山岭,随着列车的前进而向后飞奔,山岭顶部隐约可见连绵不断的长城。列车员告诉我,列车天未亮时已过张家口,现正在长城以内西开大同,这条河叫南洋河,北面山岭就是燕山山脉。

早晨大约7点钟,列车抵达煤都大同,停车10分钟。旅客们纷纷下车活动,有的伸臂有的转腰,还有的原地小跑。我赶紧穿好衣服下到站台，来回信步走走。不远处有一群穿着一色深蓝呢大衣的女孩，在那里嘻嘻哈哈又说又笑，旁边有几个穿着皮大衣的中年人在交谈。我很奇怪，在中苏中蒙关系变冷的今天，怎么会有这么一伙女同志出国？我放慢踱步靠近看个究竟。她们有的瞅瞅我这个穿着厚厚皮大衣的旅客，没有停止她们的谈笑。看来这些女孩子十分年轻，都不过20岁左右，那几位中年人也只有40岁上下。后来列车员告诉我，这是一批医护人员，到乌兰巴托的中国援蒙友谊医院与上批人员进行轮换。她们显得那么天真愉快，其实同我一样，谁也没有料到此去大漠以北竟在那里"抛锚"8个年头，贡献了一段宝贵的青春年华。

列车离开大同车站向北开进。旅客上下的车门关闭后，我站在门里尽量向西望去，希望能看到武周山麓的云冈石窟，哪怕能见到一个角也好。几年前我曾有机会参观过洛阳附近的龙门石窟，那是北魏王朝从大同迁都洛阳以后建造的，大大小小1300多个洞窟，有不少珍贵的佛龛佛像，还有那古阳洞中北魏书法艺术珍品——龙门二十品，都给我留下难以磨灭的印象。但是，北魏在龙门开凿的洞窟，都不及它的祖先在云冈建造的石窟那么雄伟。唐朝武则天时代在龙门建造的规模宏大的奉先寺，以及按照武氏面庞雕刻的大卢舍那佛，虽然佛高17米，同云冈石窟的大佛差不多，但在年代上则晚了200年。我多么想亲眼看看与敦煌莫高窟、龙门石窟并列为三大佛教艺术宝库的云冈石窟，可是随着列车的加速，除了近处无所不在的煤灰和远处灰蒙蒙的天空，什么也没有看到。

我若有所思地直接去餐车用早餐，并顺便观察了这趟列车的几节车厢。每节都是国内列车那种软卧车，只有一节比较别致，两人一间，能在里面洗漱，现正住着一批老外。

早饭后，列车长把事情料理完毕，来到我的房间闲谈。他高高的个头，方脸白净，穿一套合身的灰蓝混纺毛哔叽制服，臂上镶着海蓝色的铁路联运臂章，显得魁梧而英俊。他说在铁路上已干过十几个年头，过去跑过国内的专列（中央首长或高级外宾乘坐的），调到这趟国际列车上也有3年了。他说中蒙苏之间的这条铁路是1952年三国协议修建的,解决了北京到莫斯科铁路客运必须经满洲里和东北三省大弧形环绕的问题,切近了1141公里。蒙古境内这段铁路长1103公里,蒙古首都乌兰巴托以南700公里,以北403公里。蒙古境内没有多少客人和物资可运输,它的主要收入靠中苏两方提供的过路费,每年数量都挺大,这是友好时期两个"老大哥"对"弟弟"的照顾。你到乌兰巴托附近可以看到,为了凑足南边这700公里,在那座有名的博格多汗山下绕了好几圈。

我们谈得很投入。他告诉我,这趟国际联运的旅客列车是1956年开通的,1960年5月24日开始由中国来经营,专门从民主德国进口载客的车厢,统统是软卧车厢,其中有一节是"高包",每房间两铺位,两个房间之间有一洗漱间,两面都可以用。这趟国际列车,过去乘客很多,有时非常拥挤,中苏中蒙关系变坏以后,这几年不行了,亏本经营。苏联原来经营的从莫斯科经西伯利亚、我国的满洲里、东三省的旅客列车也还在跑,客流更少,更亏本。关于三国间的铁路联运,中蒙苏政府间有协议,在关系变冷以后,谁也不愿承担撕毁协议的罪名,于是,就这么每周对开一次,亏着本钱跑来跑去。他说,不仅如此,中蒙之间北京到乌兰巴托还有国际小联运客车,每周二、五对开两次,只有两节卧铺车厢,在中国境内行驶时,挂在北京至呼和浩特的89次特快列车尾部,到集宁改由货运列车拖挂至二连,在蒙古境内则由蒙方车头拉着单独运行。大使馆的人,比较多的愿意乘坐小联运。

列车长告辞离去,我和衣睡了一会儿。车内温度下降把我冷醒,原来列车已抵达内蒙古自治区的集宁车站。这不是已经到了塞外吗?两千多年前昭君出塞的故事那么曲折动人,而我这次出塞竟在打盹之间!我想这就叫现代化了吧!

集宁是内蒙古中部工、农、牧业产品的集散中心,北京到包头、大同到二连的铁路交叉点。从国防上讲,这里自古以来就是面对北方的屯兵重镇。因为停车只有两三分钟,只能从车窗看看露天站台旁木材加工厂的吊车,以及远处楼顶的肉类联合加工厂的大红字标牌。

大漠中的遐想

列车继续北去，乌兰察布盟南部大草原，在太阳照耀下泛着一层金光，令人赏心悦目。但随着列车疾驰，草原逐渐褪色，地上小石子越来越多。土木尔台车站的白底黑字的标牌一闪而过，从这里列车进入了戈壁地带。以前我没有到过北方边境地区，曾经把沙漠和戈壁混为一谈，因为书上一般都把这两个词连用，误认为两者不过是一回事。后来看了有关资料，才明白沙漠是大风一吹移来移去的那种细沙，基本上寸草不生；而戈壁地表是小石头和大沙砾组成，夏季可生长稀疏小草，大风可以把沙砾吹起，却无法使之成堆。戈壁滩上的低洼存水处，还可以放牧，野骆驼就是生活和游荡在戈壁滩上。

不久，列车经过了赛汉塔拉车站，由于往北一直上坡，车速比较慢。这个车站只有一片平房，房前有几棵树。“塔拉”在蒙古语里是地表起伏微缓的盆地。顾名思义，这里想来是戈壁滩中的一片绿洲，可惜冬天看不出它的特点。赛汉塔拉的著名之处，还在于它的地理位置，它是横亘在我国内蒙古与蒙古人民共和国之间的大漠的南部边缘，古代穿越大漠的旅客必须驻足的驿站。

这片大漠，南北纵深约500华里，东西横宽近千华里。自古以来，河北、山西北部的商人，到大漠以北的库伦一带去做生意，每年春秋两季都要穿越大漠。这是一段艰险的旅程。年年春节过后，他们分别从张家口和大同出发，带上足够的货物，组成骡马和骆驼混合的商旅，到土木尔台或赛汉塔拉住下，备足粮、水、草料，探听大漠有无风暴气象，然后就沿途北上。穿越荒无人烟的大漠，一般要十天至半个月，如果遇上风暴，就得趴在骆驼腹下，恐怖地等待。一旦沙漠风暴连续施虐，有的商旅断水断粮，就可能被大漠吞噬。艰险的一段旅程走完，商旅们到了大漠戈壁北缘的驿站倬依伦（现名乔依尔），还要在大草原上跋涉10天左右，才能到达库伦。之后，必须在百多天之内将货物出手，8月中秋前后就得南返，再次穿越大漠。到了清朝末叶和民国初年，有些商人在漠北的生意越做越大，他们就在库伦开设商号，让新雇的伙计留下过冬，甚至两至三年才让回关内探亲。于是在外蒙古特别是在库伦，就留驻了越来越多的汉族人。1924年，蒙古政府宣布闭关，这些中国人再也回不了家乡，就变成华侨，绝大部分与蒙古妇女结婚，生儿育女。但是，由于民族隔阂和蒙古政府排华的政策，他们无法融入蒙古社会，生活虽可维持，但政治地位低下。20余年的闭关，他们与内地音讯隔绝，对祖国的变化很少了解。我离开北京前，侨委的同志向我讲了一则故事：新中国成立，中蒙建交，我国驻蒙古使馆人员乘汽车穿越大漠，到乌兰巴托走了一个多礼拜；建馆后通知华侨来办理护照，有一天来了几个老华侨，穿着长袍马褂，脑后拖着长长的辫子，见了领事部主任，马上跪下磕头，口称参见领事大人……

说起大漠，虽然令人有些恐惧，但它也是我幼年就向往的地方。小时候，父亲常给我讲古代军人跨越大漠征战厮杀的历史故事。后来自己学历史、看小说，不由得对这片荒无人烟的大漠产生了许多遐想和憧憬。我仰慕两千多年前汉朝大将卫青、霍去病，还有飞将军李广，年仅二三十岁，就统帅大军与匈奴作战，数度穿越大漠南北，直到南匈奴内附，北匈奴被赶西去直到地中海边。他们金戈铁马，不畏艰险，出入大漠，当年将士们不知是怎样一种感受。还有1300多年前，唐朝征服强大的突厥，大将军李靖（在《封神演义》中被封神为托塔天王）率10万大军转战阴山山脉，灭掉东突厥，隔着大漠与强盛的薛延陀对峙。接着，大将军李勣又率大军与南侵的薛延陀决战，薛延陀20万大军全部覆没，漠北余部请求内附。唐朝遂纵跨大漠开辟一条驿道，称为参天可汗道，分置68驿站，备马和酒肉供使差来往，漠北各部每年贡貂皮作为赋税。

更令幼年的我心驰神往的，是一代天骄成吉思汗。

浩瀚的呼伦贝尔大草原，处于我国大兴安岭西麓，与蒙古东部草原相衔接，额尔古纳河（古代称望建河）流域斜贯其中，沃野千里，水草肥美，自古就是我国北方许多著名的少数民族成长壮大的摇篮。2200年前的匈奴，1900年前的鲜卑，1500年前的柔然，1300年前的突厥，次第发祥和展翅于这个大摇篮之中。它们兵强马壮以后，逐渐向西向南转移，或被融合或者远徙。1100多年前，一个新的民族出现了，这就是后来不可一世的蒙古族。

公元840年以后，这个部族的大部分也照例向西南迁移，同留在漠北草原上的突厥语居民融合，从游猎生活过渡到游牧为主。以后，经过近300年的繁衍，人口益众，氏族支出，地盘扩展于现今蒙古的肯特山脉以东以南的大草原上，并从奴隶社会过渡到封建社会。又过了百年左右，原来部落林立的蒙古社会，经过相互征战厮杀，只剩下五个大的对抗集团：蒙古、塔塔儿、克烈、蔑儿乞和乃蛮。谁能兼并这些集团，谁就会成为统一蒙古民族的大汗。

在茫茫的大草原上，一个蒙古部落的妇女，带着几个孩子在仓皇奔逃避祸，她的部落已被塔塔儿兼并。其中最大的8岁男孩名叫铁木真，他怀着父亲被塔塔儿人毒死的深仇大恨和重建本部落的宏图大志，在颠沛流离的苦难中长大。正如中国古书所说："天将降大任于斯人也，必先苦其心志，劳其筋骨，饿其体肤，空乏其身，行拂乱其所为，所以动心忍性，增益其所不能"，少年时期艰难困苦的经历，培养了铁木真坚毅不拔勇往直前的性格。后来，他又在长达8年率本部落与其他部落的相互拼杀中，掌握了善于利用矛盾、联远攻近和各个击破的军事斗争策略，锻炼了详探敌情、分割包围、远程奇袭、佯退诱敌和运动中歼敌，史称"深沉有大略，用兵如神"的卓越指挥才能。终于在1206年他44岁的时候，统一了本民族的诸部落，被拥戴为蒙古大汗，号称成吉思汗，建立了蒙古国，并定都于山青水秀的哈尔和林（现在蒙古前杭爱省北部）。

成吉思汗即位后，制定了一系列进步的制度和法律，创制了蒙古文字，泯灭了原来部落纷立的界限，加速了蒙古社会的繁荣和发展，并且建成了一支庞大的子弟兵型的精锐军队。成吉思汗率领这支军队，对外开始了大规模的军事行动，以他独有的雄才大略去实现征服亚欧的雄心壮志。首先于1205—1207年，向西征服地处黄河河西走廊的西夏。然后，于1211—1215年，越过大漠南下，攻击占据长江以北中原土地的金王朝，破金90个州、郡，占领金中都（今北京）。接着，又亲率20万大军，于1218—1223年，进行了第一次西征，先攻灭西辽（哈喇契丹）和花剌子模国（今中亚乌兹别克等地），又西越高加索山区，大败斡罗斯和钦察突厥的阻击，把蒙古国的领地范围扩展到中亚和南俄。可惜的是，成吉思汗回师后，计划最后攻灭西夏和金王朝，但在1227年西夏国主投降前夕，不幸病死军中，时年65岁。

古都哈尔和林

古都哈尔和林的城垣

成吉思汗传奇的一生，为蒙古民族写下了辉煌的一页，他是蒙古民族无可争辩的英雄。他死后，他的能征善战的子孙们，继承他奠定的事业，以军事手段为主继续扩大疆域，在不到20年的时间里，建造了历史上空前绝后的、横跨欧亚两洲的四大汗国，其疆域西起现今东欧的波兰、匈牙利和地中海沿岸的土耳其，东到朝鲜半岛和太平洋西岸，南迄阿拉伯海滨的伊朗、阿富汗以及巴基斯坦、印度的北部，北至北极圈附近。并且，还最后灭亡南宋，入主中原，建立了大元帝国。

诚然，成吉思汗及其子孙们的军队作战，具有从游牧部落战争带来的野蛮残酷的特点，大规模屠杀抗拒的居民，毁灭城镇田舍，破坏性比较大。欧洲人称之为“黄祸”，当时人们一提到成吉思汗便为之色变，小孩吓得不敢啼哭。四大汗国之一的钦察汗国，攻灭并统治斡罗斯各公国约250年，致使直到现代的俄罗斯人，对这段历史仍然耿耿于怀。

过境前后

我思古抚今，完全沉浸在大漠的遐想之中，几乎忘掉自己身在奔驰的列车里。突然，房间门被拉开，列车员告诉说，边城二连快到了。我的思绪断犹未断：是啊，过了二连就要进入蒙古人民共和国了，会看到各色各样的现代外蒙古人，并与之打交道。中国有句古话：“君子之泽，五世而斩。”历史篇章已翻过了800年，现代外蒙古人是否也像我国境内的蒙古族一样，仍然是成吉思汗的英雄后代？

列车缓慢地爬行，铁路两边不知什么时候已变成大大小小的沙丘，铺着小石子和沙砾的戈壁，连同它上面枯黄稀疏的小草，也都看不到了。蒸汽机车头气喘吁吁地吼了两声，列车在二连车站停下。从车窗向西望去，隔着站台是个两层楼房建筑，顶部中间挂着一个比较大的国徽，楼门楣上标着候车室几个大字，不少旅客已下车向候车室奔去，从衣着打扮看多是外蒙古人。

列车长进到房间对我说，旅客车厢马上要进厂换底盘，餐车留在站台，你现在可以去用餐。说完转身去检查旅客走空的房间，列车员把每个房间一一锁上。换底盘是怎么回事？我一面想着一面随着人流走向餐车。

餐车宽敞、干净、明亮。我选了个紧靠东侧窗口的座位，要了两菜一汤一瓶青岛啤酒，这是在国内的最后一餐了，要好好吃一顿。我凭窗外眺，看到不远处有个高大厂房，一串旅客车厢，由车头从后面顶着，徐徐进入厂房。我问餐车服务员，为什么列车要换底盘？他边摆饭菜边回答说，进入蒙古境内铁路变成宽轨，比我们国家的标准轨宽，必须换成他们的底盘才能入境。说完转身去别的桌收拾碗筷。过去我只听说旧中国时代，阎锡山统治的山西省，铁路用的是窄轨，目的是为了割据当土皇上，怕外来列车长驱直入。蒙古铁路搞宽轨，是否也有这个意思呢？饭还未吃完，就看到车头拖着旅客车厢从厂房开出来，闪过餐车一直向南，一会儿又返回停在餐车东侧的另一股岔道上，这股岔道想来是宽轨了。后来，我进一步弄清，1949 年苏联人帮助蒙古修筑了乌兰巴托至苏联边境的纳乌什基的铁路，路轨与苏联境内取得一致，都是宽轨。修筑中蒙之间由乌兰巴托至中国边境的这条铁路，是 1952 年 9 月 15 日，中蒙苏三国政府签订协议后开始的，苏联人把宽轨一直铺到我国内蒙古纵深的集宁，双方在集宁建筑了换装列车底盘的工厂，并在边城二连建设了边境车站。这些工程，1955 年 9 月 1 日落成。12 月 1 日，集二线通车，全长 338. 7 公里。1956 年 1 月 3 日，与蒙古境内铁路接轨，从此中蒙间的铁路正式开通。翌日，中蒙苏三国政府发表联合公报，宣布三国间开始铁路联运。起初几年，国际联运由苏联列车担负，1960 年改换中国 3、4 次特快列车，每周一次对开北京—乌兰巴托—莫斯科之间。中苏关系变化之后，换装底盘的工厂于 1965 年 9 月迁到二连，中国境内的集二线铁路，由轨距 1520 毫米的宽轨，改为宽 1435 毫米我国境内通用的国际标准轨。我这次在二连所看到的列车换底盘，是新建刚投产不久的换装厂。

饭后，我下到站台，虽然是下午两点来钟，天晴日朗，但是这个地方真够冷的，我不禁紧裹着皮大衣，来回走了几趟。沿着站台，候车楼两边是一系列平房，房前排列均匀地栽着一排树，落了叶看不出是什么树，多数已有人的大腿那么粗，每棵树都竖扎席棚，防风防沙。望望这个居民点的南北远处，都是看不到边的沙漠，有的大沙丘比候车楼还高。我心想，在这里工作和生活可真不容易呀，把树栽活就更不容易了。历史书上讲，二连自古以来就是穿越大漠通道上的重要驿站。多少代人在这沙漠深处打发掉多少万个时日！

走进候车室，门侧是楼梯，有带箭头的指示牌，分别写着：二连边防站、二连海关和二连检疫站。看来楼上是边境口岸管理单位办公的地方。楼下看不到卖车票的窗口，而是日用品相当齐全的货架和柜台，售货员正在跟一些外蒙古人边卖货边交谈。候车室的里面是个餐厅，多数座位已空，但还有几个外蒙古人在贪杯，大口大口地喝着老白干。在大同车站看到的那几位中年医务人员，也在候车室内溜达，四处看看，但是那一群女孩子却没有下车来。

列车在二连足足停了两个半小时，从北面开过来一辆柴油机车，鸣叫几声，咣当一下挂上了这一串旅客车厢。列车就要过境了，我是第一次出国，在即将离开国门的时候，有一种说不清楚的心情，似乎是对家园的恋念和对前途未卜的茫然，两种混杂的感情在萦绕。

列车徐徐开动，我瞅着窗外铁路旁即将越过的界桩。虽然列车速度很慢，那1米多高上面标着国徽和红色数字的界桩却一闪而过，没有看清是多少号界桩。列车员过来告诉我，那是357号界桩，二连到蒙古边境站扎门乌德是10公里。我注意到蒙方地面上没有迥然不同的变化，是同二连那边一样的起伏不平的沙丘，然而这已是异国的土地了。25分钟后，列车抵达蒙古人民共和国边境车站——扎门乌德。

列车停稳，我挪近房间门坐着，拿出护照和黄皮书（检疫证）。走过来三个蒙古人，第一个穿军装，向我敬了个礼，拿起护照翻开看着，并指着内页向第二个穿蓝色制服的咕噜了一句，就把护照还给我。我把黄皮书递给第二个人，他摇了摇头，意思是用不着看了。第三个穿黑色西装，带着笑容探头瞅了瞅房间，就跟上前面两人去别的房间了。

在扎门乌德，列车停站一个小时。从车窗看出去，这个车站比二连荒凉多了，孤零零的两层站房，两根立柱撑着两面坡的屋顶，除了样式别致和大门旁的雕塑马之外，就没有什么惹人注目的地方了。从车上下去十几个中国人，穿着蓝色或草绿色带栽绒领子的棉大衣，肩上挎着、手中提着大大小小的包裹，跟在蒙方海关人员后面走进候车室。列车员说这是一些华侨，他们的行李本来应当同别的旅客一样在车内检查，但蒙方海关人员偏要带进站房检查，便于他们没收"违禁"物品。我刚进入蒙古境内，就看到蒙方对华侨的某些歧视，印象非常深刻。

列车终于开动了，车速逐渐加快，不久就飞跑起来。车比在我国境内跑得快，可能是柴油机车马力比较大的缘故吧，但路基不怎么好，车体时而向左时而向右地晃动。太阳已开始西沉，沙漠不见了，接下来的是一望无际有些幽暗的戈壁滩。这是500华里大漠的北半部，蒙方把它划为三个省：南戈壁、东戈壁、中戈壁，加在一起比我国境内的戈壁滩更大，也更荒凉。处身在这大戈壁之中，使人有寂寞凄然之感。我不禁想起唐朝李华的《吊古战场文》："浩浩乎平沙无垠，夐不见人，河水萦带，群山纠纷，黯兮惨悴，风悲日曛，蓬断草枯，凛若霜晨，鸟飞不下，兽铤亡群。"实际上，眼前这片大戈壁，也曾经是古战场，但它既没有河也没有山，看不到一只鸟兽，比李华当年描写的古战场更为凄凉。"伤心哉，秦欤汉欤，将近代欤"，《吊》文中这三句话，叹息古代征战兴衰交替，令人不胜感慨系之，如果再添一句"将现代欤"，不是也很贴切吗？

天黑下来，肚子有点闹"革命"了，晚饭怎么吃呢？是否可以去餐车？列车员告诉我，餐车去不得，进了蒙古境内就是蒙方的餐车，进了苏联境内就是苏方的餐车，苏方的餐车还算可以，蒙方的餐车没啥吃的，而且那种羊膻气你根本受不了。怎么办呢？我又没带吃的。过了大约半个来小时，列车员端来一碗热汤面，说是他们自己做吃的，给我也来一碗。我真是感激不尽。

关于马背上的民族

车外什么也看不到了，我拉上窗帘，开了台灯，从提箱中拿出一本介绍蒙古的小册子，书名是《蒙古——马背上的民族》，这本书我在国内还没来得及看。开头几句话，马上引起我的兴趣："那些乘国际列车经过蒙古来往于我国与苏联之间的人们，由于看不到这个国家的全貌，就纷纷诉说蒙古完全是沙漠和戈壁，简直寸草不生。事实如何呢？回答是否定的。它在古代完全不是、近代也不完全是一片沙漠和戈壁。"这些话简直是对我说的，乘火车穿越大漠，虽然不过10来个小时，但那种荒凉凄然之感，一直萦绕在心头。

这本书的自然地理部分第一个小标题是：蒙古曾是恐龙的乐园。文中说，大约数亿年以前，这块土地是一片汪洋大海，随着地壳的变动，沉陆逐渐上升，切断了与大海的联系，慢慢变成了浩淼无边的内陆沼泽，气候温暖湿润，不同种类的蕨类植物繁茂，各色各样的动物生息繁衍，爬行动物的霸主——恐龙把这里变成了自己的乐园。形形色色的恐龙，大的、小的、食草的、食肉的、地面跑的、空中飞的，一代一代生活嬉戏其间。6500万年以前，这里的恐龙与地球上其他地方的恐龙一样都突然灭绝，陆地继续不断上升，沼泽渐渐干涸，出现了绵延的山脉和干燥的原野，那些水底的海洋生物，如原始贝壳、海藻和鱼类等，夹在沉积岩中突露出地面，恐龙和鸵鸟、大象、犀牛、马鹿、野牛等的骨骼，则或浅或深地埋在地下。19世纪中叶至20世纪初，西方探险者和考古学家，陆续来到这片土地上，寻找远古的遗迹，尤其是恐龙化石。在戈壁滩的岩层中，挖掘出恐龙的部分骨骼以至完整的恐龙化石。在一条硕大的食肉类恐龙化石旁边，还发现了变成石头的恐龙蛋。当时专家们曾推测，这条恐龙是来此吃蛋的。也有反对意见，认为说不定这条恐龙是在这里产蛋的，产后可能像鳄鱼一样，把蛋埋在土里孵化，自己在旁边守护着，但也可能像母鸡一样，坐在蛋上用自己的体温来孵化。这是多么有趣的情景呀，一条庞然大物竟像一只老母鸡一样，静悄悄地坐在蛋上孵化出小恐龙来。

我兴趣盎然地看下去。第二个小标题是：蒙古是亚洲人类起源地之一。远古时代，蒙古这块土地不仅仅曾是恐龙的乐园，也还是亚洲人类的起源"圣地"之一。几百万年以前，这里完成了由猿人到真人的漫长的转化过程之后，大约2万年前，气候开始发生剧烈的变化，原始人类便离开当地向四方逃散,来到华夏大地的若干支蒙古人种构成了中华民族的始祖。据说逃向东北亚的蒙古人种,其中一支构成了通古斯族的祖先,另一支为后来商族的祖先。向蒙古以西奔逃的,其中一支经过甘陕或者新疆、中亚转而东移,成为夏族的祖先。据美国学者考证,还有一支逃到东北亚以后继续东进,越过白令海峡(古时海峡两岸陆地相连,气候也不像现在那么寒冷)到了阿拉斯加,构成了北极因纽特人和北美土著印第安人的祖先。

看到这里我想,那么蒙古人不成了中国人的祖先了?不!书中有一注解:必须提请读者注意,远古时代的蒙古人种不是近代的蒙古民族,近代的蒙古民族11世纪发祥于望建河流域。哦,明白了,列车正在奔驰的蒙古土地,只不过是远古人种的载体,“蒙古”二字不过是其标称而已。

书中第三个标题是:蒙古地形像一个倾斜的元宝。文称,整个蒙古的地形,在其疆域于14世纪定型之后,北面疆界平直而稍有曲折,南面则呈一个弧形,从地图上看活像一个大元宝。而且,它腰部由西到东占领土49.5%高耸的弧形山系,即阿尔泰山脉、杭爱山脉和肯特山脉,西高东低地把这个“元宝”分成内外两个部分。它的外部,是向南缓慢倾斜的草原、戈壁和沙漠,与我国内蒙古的北部边缘相连接。庞大弧形山系的北面,地势由南向北逐渐降低,到与俄罗斯接壤的边境,海拔只有500米左右。由于蒙古深处亚洲内陆,得不到太平洋上暖湿气流的恩惠,因而南半部干旱少雨,年降水量不到200毫米,有的地区甚至只有十几毫米。而北面,来自北冰洋越过西伯利亚吹来的湿润空气,使得“元宝”的核心部分,河流众多,适宜农耕,物产丰饶,只可惜面积较小,不到蒙古领土的10%。

第四个标题是:蒙古的河流流向何方。内称,蒙古的河流与我国大不相同。我国河流除内陆河外,基本上都是由西向东汇入太平洋。蒙古的河流则分流四面八方,分别属于北冰洋水系、中亚内陆水系和太平洋水系。北部的色楞格河、鄂尔浑河及锡尔锡德(又译希什黑特)河,分别注入俄罗斯境内的贝加尔湖和叶尼塞河,属于北冰洋水系。西部的河流,科布多河、图音河、翁格河等,都分别注入蒙古本土的大湖盆地和戈壁地区的许多小湖泊及龟裂地域。东部的河流，属于太平洋水系，鄂嫩河流经俄罗斯境内，汇进石勒喀河注入黑龙江；克鲁伦河是东部最长的河流，夏天水量较大，流经三个省份，注入我国满洲里以南的呼伦湖；还有一条哈拉哈河，发源于我国兴安岭西麓，弯进蒙古东端的突出部，然后又弯出注入中蒙边界上的贝尔湖，最后流进我国的呼伦湖。这条河虽然不大，但在历史上却有名气，1939 年 8 月，苏蒙联军同日本军队作战的哈拉哈战役（又称诺门罕事件），就发生在这里。

蒙古虽然干旱，却拥有大量的天然湖泊，有淡水湖、咸水湖、盐湖三大类。最大的咸水湖是西北部的乌布苏湖，面积 3350 多平方公里，比我国的洞庭湖稍小一点。最大的淡水湖是北部的库苏古尔湖，这里正处于地质断裂带，湖最深点达 262 米，是中亚最深的湖泊，面积 2620 平方公里，比我国的太湖还要大 400 平方公里。

小册子的第五个标题是：气候真是那么严酷吗……我不能再看下去了，虽然后面还有关于马背上的一些事，但已是夜里 10 点多钟，再有不到 8 个小时，就要到达乌兰巴托了。我赶紧脱衣熄灯，钻进被窝，再盖上皮大衣，伴随着列车规律而有节奏的“咣当咣当”声，慢慢地进入了梦乡。

500 里大漠，古代征战艰难逾越的大漠，商旅望而生畏的大漠，我就这样穿越了，感到有点遗憾似的。

河边的景色

第十一章　乌市友谊街5号

抵达驻蒙古使馆

睡得正酣,突然被急促的敲门声惊醒,列车员稍微拉开房门递进话来:"再有40分钟就到乌兰巴托啦!"我急忙起床,拉开厚厚的窗帘,看到天色已透亮,赶紧去洗漱。从两边车窗看出去,景色有了令人吃惊的变化。进入蒙古境内一路上看不到一棵树,而这里一边是覆盖着密密层层暗绿色松林的高山,一边是草丛上片片残雪略有起伏的山谷盆地,列车正在两地之间的高山根部盘旋。由于南边地势高,而乌兰巴托地势低,列车只有在盘旋中逐渐降低高度,才能驶出山谷,因而有时车头车尾竟然打了照面,甚至转来转去又回到原处附近,当然高度已经下降。我想,这大约就是列车长曾谈过的为了凑足700公里而修筑的"盘陀"路吧！在铁路专业人员看来,修路劈山取直是天经地义,最令他们反感的是无故绕行。不过,在这种地形上,少花点工程费,让列车多绕几圈,也算情有可原吧!

列车在山谷里绕了足有20分钟,才缓缓驶出谷口。一出谷口,眼前豁然开朗,一条宽宽平平的冰冻河流横躺着,看来这就是土拉河。对岸沿河布局的乌兰巴托呈现在面前。这座东西长南北窄呈扁担形的城市,中段有不少高层楼房,两端则基本上是平房,背后山坡上还有大片蒙古包群。

列车越过铁路桥,鸣笛驶进乌兰巴托车站。列车员帮我把行李提到站台,列车长过来道别,问使馆接站的人见到没有。我非常感谢他和列车员一路上的照顾，希望今后能再乘坐他们的车。他说那今后肯定有很多机会，不过你将来可能更喜欢乘小联运了。正说话间，两位穿皮大衣的人快步走来，问我是不是北京来的孙一先同志。他们自我介绍，我当时只记住瘦一点的是老姜，胖一点的是小毛。他们同列车长打了招呼，并跟我一起同列车长道再见，祝他莫斯科之旅一路顺风，然后帮我提上行李走出车站。这时，太阳还没有出山，而天色已经大亮。

路上行人不多，车辆更少，我们的车开得挺快，十来分钟就抵达使馆。在车上我左顾右盼，想尽量多留下一些第一次的印象。老姜不断指点一些建筑，给我介绍是蒙古的什么部门，不过，乌兰巴托给我这个新来乍到的人留下较深刻印象的，只有市中心的政府大厦和它前面的广场，以及广场中间高耸的骑马的苏赫巴特尔塑像。但是应该说，异国他乡的新鲜感还是有的。车开进使馆大门，绕过主楼开到后院的宿舍楼，小毛说下车吧，到家啦！家？这个字眼我顿时感到有点生疏。他们俩帮我把行李搬上二层事先准备好的两间一套、卫生设备齐全的房间，没有坐下，小毛就建议先去吃饭，因为食堂已开过饭，不能久等我们。饭后，他们带我走进使馆的主楼。

蒙古人民共和国政府大厦前广场

说也凑巧，正好张灿明大使在前厅向一位个子不高但身材壮实看来十分精明的同志交代事情。张大使看到我们进来，没等老姜介绍，就连说：“欢迎，欢迎！”并同我握手。张大使个子高高的，看上去50岁左右，面容酷似解放军著名儒将、副总参谋长张爱萍上将，我在国内就听说他们是亲兄弟。张大使向我介绍了那位个子不高的同志：“这是办公室主任刘吉德同志。”然后挽着我的胳膊，一面走一面说：“到我办公室谈谈去。”

上到二楼东头他的偌大的一间办公室，在沙发上坐下，我首先向他问好，并转达国内有关部门对他的问候。他再一次表示欢迎我来馆工作，询问我旅途中感受如何。第一次见面交谈，虽然有点外交程式，但洋溢着同志式的热情。

“你的外交职衔是二等秘书？”张大使问。

“是的，这是国内定的。”我回答。

“那你就在文化处负责吧！使馆下设这么几个部门：办公室、研究室、商参处、经参处、领事部，还有文化处，干部加职工总共50多人。”张大使一口四川话，乡音未改。“你爱人为什么不一起来？”

“她在河北省搞‘四清’，明年春天才结束，人事部门说明年上半年派她来使馆。”“国内情况怎么样？”

“经过这两年的调整和恢复，市场供应好多了，粮、油、蛋都能吃上，凭票供应，量还是不多，牛奶只给小孩和病人。马上到年底了，人们展望1966年，对生活进一步改善，挺有信心的。”

“听说最近有一篇评《海瑞罢官》的文章，全国各大报都刊登了？”

“是的，一个叫姚文元的人指名批判历史学家吴晗，说他写这篇东西有阴谋，鼓吹‘单干风’、‘翻案风’，是资产阶级反对无产阶级专政的阶级斗争的反映。”接着我又补充一句：“我来时随身带了一张报纸，大使有兴趣，我送来您看看。”

“好的。”他转了话锋，“中蒙关系变冷了，我国对蒙古的劳动力援助已被迫结束，经济援助也在扯皮，贸易开始下降。苏联军队一个建筑旅已开进蒙古，中东南部省份出现了好多处苏军勘探队，说是为了找水、打井，但每个队都配了野外通讯电台车。”

“苏联军队建筑旅进蒙，还有那些可疑的勘探小分队，在北京有关部门向我介绍了，他们要求我进一步注意查证。”

“是啊，你不光搞文化，可能也得来点武化喽。”说着，他和我都笑起来。

作者 1968 年在中国驻蒙古大使馆主楼前

不敢过多占用他的时间，我起身告辞，下楼前去另一房间看望了大使夫人杨波，她和大使同是抗战时期参加新四军的老战士。

然后，我来到文化处的办公室。文化处包括我在内一共四人，除了老姜（振忠）、小毛（家义），还有一位女同志乌嫩，她是我国的蒙古族，普通话说得慢但很清晰。她同小毛一样，都是乌兰巴托蒙古国立大学的留学生，但比小毛要高几班。她同丈夫张德麟是同期留学的高才生，是该大学教授、蒙古文化泰斗仁亲先生的得意门生，毕业后夫妇二人都留在使馆工作，老张现在是研究室的骨干。四个人像是一见如故，很快就热烈地聊起来。老姜话不多，作风朴实稳健。他原来在别的使馆当过文化随员，到驻蒙使馆提为 3 秘。小毛说话带有南京腔，是那种厚道淳朴一看就信得过的年轻人，他的爱人在援蒙友谊医院当护士。小乌胖胖的面庞，特别像我离京前去看望过的她的妈妈。

他们谈了不少蒙古文化和文化界人士的情况，听起来很新鲜。小乌说，要了解蒙古的历史，应该看看《蒙古秘史》这本书。我很惭愧，这本书我翻了翻，很难读，不好懂，就扔到一边。

谈了一会儿，小乌有事出去了，老姜概括地向我介绍了中蒙关系。他说，回溯 50 年代，那真是黄金时期，称兄道弟，我国是有求必应。中蒙苏国际铁路联运开通后，每年按里程（大头在中国一边）分别给蒙古提供上千万卢布的过境费，最多的年份，我国付给蒙方 1800 多万卢布。根据中蒙两国政府的协议，我国承担了大量的经济援助项目，派了几千名工人来建工厂、盖楼房、修公路；还应蒙古政府请求，派了1万多劳动力（连同家属近3万人），分配到各省搞建设，甚至种菜、养猪、养鸡。蒙古领土156万平方公里，而人口只有130多万，平均每平方公里不到一个人，所以，劳动力援助也同经援一样，对蒙古的建设来讲十分重要。但是，到1960年布加勒斯特（罗马尼亚首都）世界共产党会议上，苏联公开反华以后，中蒙关系开始变化。蒙古囿于自己的处境，它当时还限制在意识形态方面，只跟着苏共的调子写点文章，领导人在有关会议上讲那么几句，国家关系没大影响。到1963年，蒙古党第一书记泽登巴尔亲自出马，撰文和发表讲话攻击诬蔑我们党和国家。这年12月，蒙古党第十四届五中全会做出反华决议，使其反华宣传达到了空前高度。1964年更把反华扩大到国家关系上。这一年的4月，片面撕毁了劳动力援助协定，把全部员工连同他们的家属，统统限期离境。此前，还发生了一件令人发指的恶性事件：员工于深水被残酷杀害，员工窦海玉受诬陷坐牢。

小毛接着介绍这个事件的始末。他原来是使馆工人事务处的译员，现在的办公室主任老刘是当时工人事务处的负责人，劳援协定被蒙方撕毁后，工人事务处撤销。小毛说，1955年4月，中蒙两国签订了《关于中国派遣员工到蒙古帮助建设的协定》，1960年又续签了这一协定。派蒙员工总人数年均7000人（不包括家属，下同），最高年份曾达到12000人。于、窦事件的缘起，是蒙古在中国的留学生杀了人被判刑的。1963年，蒙方向上海派了3名学语言的留学生，两男一女，女的起初跟一个叫那松扎布的留学生谈恋爱，后来变了卦跟另一个留学生好起来，被甩的那松扎布怀恨在心，酒后同女的大吵特吵，并猛地抽出匕首把女的捅死了。中国法院查明事实，那松扎布承认杀人犯罪，1964年2月3日，法院依法判了他15年徒刑。此后不久，蒙古有关方面为了报复，借口中国员工同蒙方人员吵嘴打架，于1964年3月6日，拘留了为首的两名中国员工，一名叫于深水，一名叫窦海玉。5月8日，蒙古法院判于、窦二人各4年徒刑。但蒙方不以此为满足，6月11日这一天，拘留所里的“犯人”出来放风，窦海玉离开房间较晚，听到外面喊中国人打架了，他以为又是蒙古人欺侮中国员工，就操起一个木棒跑出来，到外院一看，于深水躺在那里，后脑被打裂，正汩汩流血。接着，蒙古警察就把窦海玉铐起来，“认定”窦海玉杀了于深水，作为物证的木棒，原来干干净净，后来也有了血迹。使馆派人前去调查，据其他员工反映，窦海玉与于深水是好朋友，两人在同别人的纠纷中常常是互相帮助的，他不可能杀死于深水。中国大使馆对此提出质疑，要求验尸并面询窦海玉。蒙方表示同意，我国公安部派定了法医，但蒙方很快翻悔。而蒙古法院不顾中国使馆的抗议，迅即开庭判了窦海玉 15 年徒刑。半年之内还不准使馆去人探视。这显然是蓄意制造的冤案，是蒙方对其留学生被判刑的报复。

听了老姜和小毛的介绍，使我对中蒙关系的现状有了深一层的了解；“于深水、窦海玉事件”，更令我深感蒙古当局的政治偏见与野蛮无理。此后，在我长达 8 年的驻蒙外交生涯中，这件事不时地浮上脑际。

中午饭后，老姜陪我在院中散步。我把那张载有评《海瑞罢官》文章的报纸，交给公务员转送张大使。我向老姜介绍了这篇文章的梗概，问他张大使干吗要看这张报纸。老姜说，使馆订阅的国内报纸，要十多天后才能来，因而大家每天晚上要听国内中央广播电台新闻联播。张大使是“老外交”，很重视调研工作，对国际国内形势都很关心。但是电台广播不可能把长文章字字播放，所以还得看报纸。我想，张大使等不得报纸从国内寄来，就索看这篇文章，除了关心国内形势，可能还预感到些什么。

拜访使馆各部门

下午，老姜陪我参观中国驻蒙古使馆建筑，并拜访馆内各部门。我们首先走出使馆的大门，老姜指着门前这条比较宽的东西走向的街道说这是友谊街，使馆是友谊街 5 号。据说 50 年代修建使馆时，这里还没有正式的街道，可能是有了中国使馆，才有了友谊街的名称。接着他指着右侧隔一条南北街道的一片楼房说这是蒙古国立大学，左侧与使馆邻接的是音乐舞蹈学校，再往左面是波兰驻蒙古大使馆，与中国使馆隔街相对的是国立大学的几个系。我听了老姜对左邻右舍的介绍，感到使馆所处环境文化氛围蛮好的。但是，我刚刚形成的这个印象马上就被老姜打碎了。他说中蒙关系变坏以后，蒙古公安部门动用了200多人员，加强了对中国使馆的监视，这三面建筑都有一两个窗户是蒙方监视用的，蒙古技术落后，但苏联的监视和窃听技术是先进的。转身往回走时，老姜指着大门两边墙上的图片展览橱窗说，这是由咱们文化处负责展出的。

进了使馆大门，使馆主楼矗立在面前，虽然只有两层，但坐落在汉白玉的“须弥座”上，而且每层高度都超出了一般建筑规格，因而显得颇有气势。踏上20多层台阶走到楼前，楼门两侧有弧形坡道，汽车可以直接开到楼门口。进了楼门，穿过两侧是敞开式衣帽间的过廊，迎面是一个穿堂式的会客厅，通过客厅进入礼堂。礼堂面积不大，顶多有三四百个座位，但有个深度较好的舞台，老姜说国内来的艺术团组，可以在这里演出。与舞台遥遥相对的是叠层房间，上面是电影放映室和小型图书馆，下面是举行招待会时的备餐间。

作者在中国驻蒙古大使馆庭院中

离开礼堂，老姜带我在主楼一层两侧拜访各部门的同志，大家都很热情，姓氏名谁一下子记不清；令我意想不到的是，几乎所有的人都穿着同国内一样的灰的或蓝的布衣服，屋角挂着一件件棉猴，办公设备包括桌椅和铁皮柜也都如同国内，使人觉得仿佛置身于北京的某个机关。在一楼东头的一个较大的办公室，看到上午见过的老刘，他一口胶东口音，比我的还浓重。他是1963年从青岛市商业局长任上调来使馆任二秘的，专门负责劳动力援助工作，“劳援”被迫撤掉以后，他转到使馆办公室任主任，兼管“劳援”的善后处理，包括“于、窦事件”。老刘和蔼健谈、平易近人，是那种擅长交际、一见如故的人。我问他使馆人员的穿着问题，他说使馆从大使到工人，上班都穿得和国内差不多，只有对外活动时才换装。你也可以到中建驻蒙公司，让他们的裁缝师傅给做个棉猴，这东西方便实惠又暖和。老刘的部下，有三秘汪忠华，译员刘振鲁、刘承海，当时这几人都没在办公室。在老刘办公室的隔壁是研究室，进门见到两个同志在伏案工作，老姜介绍说这位是老张，文化处小乌的爱人，那一位是小沈，沈庆沂，业余的修表师傅。听这两位的口音都是上海人，老张说话略带点喉音，戴一副度数较深的眼镜，更突出了他的学者风度；小沈说话又急又快，人瘦但精神十足，是那种意气风发的年轻人，他的修表技术是父亲传授的。研究室负责人是二秘王海山，返国休假未回。研究室的隔壁是领事部，主任孙立殿又高又胖，而随员李德天却比较细瘦，他们主要负责签证业务。负责侨务工作的二秘王庆周当时未在办公室内。

老姜带我走出主楼，从门侧坡道绕到楼后。这是一个相当大的院子，北面是一个长60来米的3层宿舍楼，西北侧是两层楼的食堂，东侧是车库和花房。我们特意到车库拜访了几位司机，他们都是从内蒙古选调来的老师傅，车辆除了大使专用的吉斯轿车，还有一部苏联的吉姆轿车和一部联邦德国的奔驰轿车，其余都是苏联的伏尔加牌和嘎斯69等。离开车库，我们走到东北在庭院亭子里小憩角的锅炉房，几名工人正在往锅炉里填煤，热得满头大汗，他们也是从内蒙古调来的。据说在蒙古一年要烧8个月的暖气，从每年9月中旬到第二年5月中旬。煤从国内运来，蒙古产的煤热量低经不住烧。锅炉房旁边院墙上有一铁门,老姜说出了这个门可以从后面进入援蒙友谊医院,使馆的人去看病很方便。

在使馆楼内外、院子里转了将近两个小时,老姜要去主楼办公,让我回宿舍休息。蒙古的地理纬度高,冬季比北京昼更短夜更长,下午4点多钟太阳就要落了。我从宿舍窗户望着有点灰暗的院落和院中间的休闲小亭,突然有一种孤独感涌上心头。面对日益冷却的中蒙关系,驻蒙使馆是否也会像驻苏联、东欧的使馆一样,成为一座孤岛?而我就要在孤岛上长期坐冷板凳了。

晚上,老姜、小毛,还有小乌带上她爱人老张,来宿舍房间看望我。我请他们吃从北京带来的橘子、糖果和五香花生米,一边吃一边闲聊。他们给我讲了蒙古的风俗习惯和蒙古人的许多趣事。

小乌的爱人老张原是天津南开大学中文系肄业,准备到苏联留学,后来服从分配来到蒙古学蒙语。他不但在学异国语言上有特殊的才能,而且在中文方面也很有修养,是一把“刷子”(北京机关里称赞文笔好的人的一种说法),连蒙古外交部的高级中文翻译,有问题时也来向他请教。他从60年代开始到90年代初,一直在驻蒙古使馆工作,几进几出,从随员一级级地干到大使,最后退休。不仅是他,在蒙古留学后留使馆工作的小毛、研究室的小沈,原来在国内都学过俄语,也都是一直在使馆从翻译一级级干到政务参赞。他们的经历使人感到,当时我国的外交官制度确有不合理的地方。西方外交官,年轻时频繁转馆,增加其知识和阅历,中年以后逐渐固定于一个方向的一两个使馆,成为这个地区或国家的情况通、专家。蒙古与苏联同属一个方向,上述同志也都懂俄文,为什么年轻时就不能转换到苏联、东欧国家去工作呢?至于我,离北京前,人事部门领导也答应让我在蒙古工作几年,然后转到莫斯科的中国使馆去。这个未知数,何时得到答案?

他们几位在我这里聊了将近两小时,都非常开心。据说使馆人员长期习惯于开夜车(夜间加班工作),不超过24点一般是不睡觉的,若不是体谅我旅途疲劳,还会继续谈下去。我就寝前把剩下的橘子放在两层窗户中间,怕屋里热橘子放不住。第二天早晨起来,看到窗外地面上铺了一层薄雪,习惯地打开窗户想换换空气。刚打开内层窗户,

作者在庭院亭子中小憩

吃了一惊,昨夜放的橘子已完全变成了“石头”,而外层窗户早已密封得严严实实。写字台上的橘子皮,则干得一捏就粉碎。原来听说蒙古冬季气候严酷,却没有想到冷得这么厉害,又这么干燥!昨天来到使馆,听说室外气温是零下20度左右,却没有觉得特别冷,脸和手也没有在北京冻得那么刺痛。橘子的“教训”,使我对蒙古的冬天有了一定的警惕。而真正的考验,是两年以后,冒着零下40度的奇寒,钻地沟烤水管,那才真正“较劲”。

第二天上午上班以后,老姜陪我拜访昨天没有见到的经参处负责人、一秘王琨。他原来是辽宁省朝阳市副市长,一年前调来驻蒙古使馆负责对蒙古的经济援助工作。协助他工作的是译员巴图。老王向我介绍说,当前我国援蒙项目,由中国建筑公司驻蒙公司负责实施。现在有三个工地,一个是569工地,在乌市以西的陶拉盖图,目前主管在乌兰巴托盖民用楼房;另一个是566工地,在乌市以东的阿木格楞(华侨称之为东营子),目前主管修乌兰巴托至煤矿区那来赫的公路;还有一个在北部色楞格省的宗哈拉(又称东哈拉,蒙文宗字译为东),主管当地民用楼房的建造。我问他:“不是还有个援蒙友谊医院吗?”他说:“医院原来属于劳动力援助项目,归老刘他们管,今年才划归中建驻蒙公司领导。”他听说我也想同大家一样找驻蒙公司的裁缝做一件棉猴,他爽快答应，立即拿起电话给驻蒙公司的领导讲了。经参处的隔壁是商参处，商务参赞王琢之是一位老八路，抗战时期就干商贸，返国休假未回；当时在办公室的是三秘李殿人，同我寒暄了几句，他就忙办公了。

老姜带我乘车去中建驻蒙公司，见到公司经理武勇、副经理张兴华，受到热情的款待。他们立即叫来裁缝师傅给量体，限其3天内做好。我问做一件多少钱，他们说对使馆的人统统免费。我看他们很忙，不便久留，道谢之后表示希望能到各个工地看看。他们一口答应，老武说新年过后给安排。老武是山东泰安人，抗战时期的老八路，新中国成立以后随整个部队转业搞建筑工程。

外交拜会

新年将到，张大使指示要我尽快开始拜会蒙方有关人士，争取年前要见到蒙古外交部三司司长，便于日后开展工作。老姜同小乌一起，拟出了一张20多名拜会对象的名单，经大使同意后，办公室打印照会，送蒙古外交部礼宾司。过了一个多星期，礼宾司12月25日复照同意拜会名单中的18人，并首先安排拜会三司司长。小乌讲，蒙方安排拜会时间比较快，拜会的人也较多，这是相当友好的表示。小乌告诉我，蒙古外交部三司主管对外文化交流，现任司长是礼宾司副司长图门登贝尔勒的丈夫，图门同中国使馆打交道比较多，态度友好。

蒙古外交部地处市中心政府大厦对面，中间隔着一个广场和一条马路，是个3层楼房建筑。外交部内设将近十个司，中国使馆经常与之打交道的有礼宾司、领事司、亚洲司（也称地区二司，一司为欧洲司）和对外文化联络司（也称三司）。蒙古的建交国有50多个，但在乌兰巴托设使馆的仅有11个，其中西方国家只有法国一家。

12月28日，离过年还有3天，小毛陪同我拜会蒙古外交部三司司长奥尔索。在外交部楼一层一个小型会客室见到这位司长，他是个细高个，穿着一套合身的带条纹灰西服，与我的领扣扣得紧紧的严谨的

中山装形成鲜明对照。双方寒暄后在沙发上坐下。他问我:

“秘书同志,过去您在哪里工作?”

“长期在对外文委工作,到文委以前在山东做过政府工作,还当过教员。”我回答。

“以前在别的国家工作过吗?”

“没有。到贵国来我是第一次出国,在今后工作中希望得到您的帮助。”

“协助各国在我国的文化官员开展工作,是我们三司的责任。今年我们两国的文化交流项目执行得很好,都已如期实现了。”

“的确执行得不错,这也是您司长的一份贡献。不过,还有一项我们驻蒙古文化官员访问科布多省,似乎也应在今年之内。”这是小乌特意让我催问的。

“是的,是的,这件事我们尽快安排。秘书同志,您都有些什么喜好呢?”

“我喜欢文学和历史,特别是对一些历史名人非常敬仰,比如对蒙古人民的祖先、民族英雄成吉思汗,我就很崇拜。”

“啊,啊,我们蒙古现代也有许多名人,例如著名作家达木丁苏伦,文学泰斗仁亲教授。”

“我听说过,希望今后能够见到他们。”

双方又谈了谈乌兰巴托和北京的天气,以及其他一些闲话,彼此还互祝即将到来的新年快乐,之后我就告辞了。

回馆的路上,小毛提醒我以后同蒙古官方人士接触时别提成吉思汗。我诧异地问为什么。他说,1962 年是成吉思汗诞辰 800 周年,蒙古人民革命党中央主管意识形态的中央书记,提出在首都开纪念大会,在肯特省建大型纪念碑,不但没有实现,反而在苏联的干预下,把这个中央书记给撤了,还被打成反党民族主义集团的头子。我不禁想到,700 多年前,成吉思汗及子孙西征建立的四大汗国,其中钦察汗国统治俄罗斯 250 年,那时俄罗斯人在小孩哭闹时只要说成吉思汗来了,小孩就吓得不敢出声。当时是为了制服小孩的啼哭,今天则是制服蒙古领导集团中的不同声音,真是可悲!

拜会在1966年新年前后继续进行。在拜会接触中，蒙古文化界人士尽管他们的党中央跟随苏联反华，声调日渐高涨，而且已开始扩展到国家关系中，但在同我交谈时，没有一个人借端挑衅。

我用了近两个月的时间，拜会完蒙方文化界的上层人士和蒙中友协主席、人民军事务部外事处长等朋友。蒙古朋友对中国的友好情谊使我深受感动，尤其是美协主席楚勒特木和音协主席贡其格苏姆拉给我的印象尤深。我感到这种情谊是历史上天长日久的积累，也是新中国建立后对蒙古无私援助的深刻影响，人心的向背是会影响历史的进程的。楚勒特木的画风深受中国画影响，他特别敬仰我国名画家徐悲鸿。第二次见面时，我送他一幅荣宝斋水印徐悲鸿的《雄鸡引吭长鸣》条幅，他特别喜欢，但不知题词内容是什么，表现有些担心。我给他解释"风雨如晦，鸡鸣不已"8个字的历史背景，他若有所悟地不住点头。我同贡其格苏姆拉只见过一面，因为我不懂音乐，没有多少话题好谈。1967年6月，我国氢弹爆炸之后，小毛给他送使馆公报，他问小毛有什么新闻，小毛讲了氢弹爆炸的消息，贡其格苏姆拉听后自言自语地反复说："不能说中国同志无能，绝不能说中国同志无能！"他这样情不自禁地吐露心态，表明不仅是由衷地赞扬中国，且系有所指而发，因为我国第一颗原子弹在1964年10月爆炸成功之后，苏联报刊宣称，中国可以制造10万吨级的原子弹，但其技术水平造不出100万吨级的氢弹。

走访侨领

在开始外交拜会之前，我在领事部王庆周秘书的引领下，走访了华侨协会主任赵廷元。华侨协会地处乌市政府大厦以西，与著名的喇嘛庙——甘登庙东门隔街相对，其南北是华侨聚居的一至九道巷。这里好似华人在海外的唐人街（中国城），但不仅规模小，而且房舍简陋破败。侨协的平房小院中间有个三开间的办公室和对面一排放杂物的小屋，建筑陈旧，有的窗户已经歪斜，看来起码经历了40年以上的

位于蒙古乌兰巴托市的华侨协会所在地

风霜。这同我在画报上看到的东南亚国家的华侨协会或同乡会的建筑，差距太大了！据说当年侨协院子很大,还有一个专供演出的“戏园子”。

赵廷元中等个头,身体比较壮实,40 出头的人看上去接近 50,估计同旅蒙其他华侨一样,过去也是个受苦人。他热情地接待我们,特别表示欢迎我这个新来的人,以后多同华侨接触接触。他介绍说,他是 1945 年日本投降以后来蒙古的,先是做小生意,乐于为大家办事,也会说蒙古话,1960 年侨协改选时,当选为主任。此前侨协主任是 20 年代来蒙的老华侨李苏平。他看我老凝视他的面孔,可能意识到我对他的眼睛有问号,解释说这只左眼是小时候害眼病留下的后遗症,视力已近乎零。我是听使馆的司机讲,华侨中传说赵主任来蒙前当过伪警察,受过伤。我不经意的凝视,竟引起他的敏感,心中挺抱歉的。

他向我介绍了一些旅蒙华侨的基本情况。他说,在蒙古的华侨总数大约不到 1 万人,其中乌兰巴托有五六千。大体上是分三批来蒙的:第一批是(1924 年)闭关以前来的,大多数是做买卖留下的,也还有些徐树铮军队的辫子兵,这两种人基本上都同蒙古妇女结了婚,子女都成了蒙古人;第二批是 1945 年日本投降以后来的,大多数是我国的蒙古族人,后来差不多都入了蒙古国籍,少数汉族人仍保留中国籍;第三批是 1956 年中蒙铁路修通以后来的,当时中蒙关系友好,蒙古建设需要劳动力,河北、山西北部几个县的农民,大批大批投亲靠友来到蒙古,据说当时有上万人,这些人绝大多数都住在乌兰巴托,原籍河北阳原县的最多,其次是山西的天镇县,再次是河北的怀安县和山西的盂县。

关于华侨的生活和工作情况,赵主任颇有感慨地说,他们都很苦哇!基本上都靠出卖劳力为生,做泥瓦匠、油漆工,少数会点儿蒙古语的做个小生意,还有些人种菜、养鸡、养猪,干点家庭副业。蒙古的工厂、商店是统统不要华侨的。华侨的生活艰难,但只要能劳动,都还能够维持。山西、河北山沟来的人,认为在蒙古起码能吃上大米白面,比在家乡强。

华侨经济地位这么低下,那么侨协的经费从哪里来?赵主任说,侨协规章是要收会费的,但能按时交会费的不多。侨协的经费主要靠老华侨去世后的遗产。六七十岁的老华侨,有些一直独身,有的有蒙古老伴,也是把辛苦积攒的钱,独自藏到箱柜夹层,有的装入坛子里埋到地下,或者坚壁于墙缝之中。他们死后,一般由侨协去办理安葬,遗产归侨协所有。别看这些老华侨省吃俭用穷苦一辈子,藏下的钱却成千上万。

正说话间,侨协的工作人员贾秀文和孟宪文外出办事返回。他们都是1945年来蒙古的。贾秀文蒙古语说得好,但他在侨协是兼职的,他自己有个小商店。孟宪文是侨协全日上班的工作人员,有了她,便于做华侨妇女的工作。

看到贾秀文同主任有话要说,我和老王就起身告辞,他们送到院子里。我随口说了一句:“这院子小了点,开不了华侨大会。”赵廷元马上申明:“您别看院子小,当年冼星海还在这里指挥过黄河大合唱呢!”“冼星海?”我惊讶地问。他回答说:“是,这事您可以问问上届侨协常委王荣,他当时是合唱团的。”

走访侨协赵主任后不几天,王庆周又引领我拜访了20年代的老华侨王荣先生。王荣的家在乌市北郊华侨与蒙古人的混居区。地名叫五站,是从政府大厦后身由南向北按一至七站排下来的。我问王庆周,这条路没有公共汽车,站名何处来的?他说可能过去有过吧!其实他也不大清楚。

我们进入一条积雪厚厚的土路，两旁是一个个用木板栅栏隔起来的小院，院子里天蓝色的平房，都陈旧得油漆斑驳。走进王家的小院，拴着的狗狂叫起来，王荣迎出来同我们握手。他同王庆周比较熟，同我虽然第一次见面，也非常热情，连连说："你们都是来自祖国的亲人哪！"进屋后，看到一个蒙古打扮的年轻姑娘。我把为祝贺新年而带来的《中国建设》和《人民画报》等杂志递给王荣，王荣随手交与那个姑娘，并向我们介绍说，这是他的小女儿，大学毕业后在一家杂志社工作，她就爱看中国画报。这女孩很有礼貌地向我们鞠了个躬，就拿着画报进里屋去了。

王荣高高的个子，胸阔肩宽，相当魁梧，但头发已经花白，背也有些驼。我向他问好后强调说："今天见到您很高兴，您的身体这么好，可不像60岁的人哪！"他说："已经往70奔啦！我是18岁——1919年五四运动那一年来蒙古的，给山西一个老板当小伙计，闭关以前每年还能回国，利用冬天上私塾读点书，后来回不去了，就定居下来自己做生意，同蒙古人结了婚，生了几个孩子都是蒙古籍，现在只有小女儿还没结婚，同我们住在一起。"正说话间，王荣的蒙古老伴，用茶盘托着几杯盖碗茶来招待我们。我们用蒙古语问好："赛拜呶！"她却用中国话讲："你们好！欢迎来我家。"说得挺清楚，只不过发音有点硬，还带山西味。

双方随意交谈了一阵后，我问："听说冼星海在乌兰巴托指挥过黄河大合唱，有这事吗？"

"有！那大约是1940年，冼星海想经过蒙古南部返回延安，日本鬼子大'扫荡'把内蒙古的交通线卡断了，不得已就在侨协住下来，就住在目前放杂物的那两间小屋。他向侨协的人提出来，为了进行抗日宣传，希望组织一个合唱团，由他教唱《黄河大合唱》。合唱团很快组织起来，我也参加了，没有钢琴，就找了个风琴伴奏。练了个把月，唱得不错，想到蒙古剧院去表演，没交涉成功。这么一来，华侨青年来侨协的多起来，不少人常到那个小屋找冼星海聊天。"

"我在国内看到有关资料，说冼星海是在苏联的哈萨克，想通过新疆回延安，因为与中共合作的省主席盛世才背叛，抓杀共产党人，结果冼星海回不了中国，在哈萨克贫病交加去世的。”我想对证一下这段历史。

王庆周看到王荣在沉吟思索，就接下话茬：“说不定是想通过蒙古回国行不通，又转到哈萨克去的。”

“这很可能，可能是这样的！”王荣说。

我又问：“侨协赵主任讲，老华侨中有徐树铮的辫子兵，是怎么回事？”

“这些人我见过。民国8年，徐树铮当筹边使，带着几万军队来蒙古恢复主权，在蒙古的中国人都称他徐大帅。他的兵主要驻扎在库伦，小部分驻在北边的买卖城。当时虽然已经是民国，但那些兵还留着辫子。后来苏联军队进来，会同蒙古义勇军，把中国的辫子兵打散了，有些往南溃逃回国，有些拥到买卖城，同那里原有的军队一起被缴了械。以后，这些辫子兵就留在蒙古，在北部的色楞格省以务农种菜为生，不少人住上蒙古女人，也有一些一直混光棍。”王荣眉飞色舞地讲述这段他亲历过的历史。他说的“住上蒙古女人”，是华侨中通用的说法，指的是非婚同居。

“啊，无怪乎我在国内听说，有些老华侨到新建的中国使馆办护照，见到领事部主任就下跪，口喊参见领事大人。”我把来蒙古前在侨委听到的那个故事讲给他们听。

王庆周是侨委派去的干部，他知道这件事，与王荣同声说：“对！就是那些辫子兵！”王庆周又接着说：“他们那时根本不知道中国变成了什么样，以为还是北洋政府呢，至死也不剪辫子。前年我到北面去，遇到一个留辫子的老华侨，我正要同他握手，他却跪下一条腿打千儿，说参见领事大人”，老王这位真正的领事“大人”，一面说一面模仿那位老华侨下跪请安的姿势，逗得我和王荣哈哈大笑。

告辞王荣回到使馆，我跟王庆周说，拜访两位侨领长了不少知识，能不能让我见见1956年以后来蒙古的华侨？老王说这很现成，给中国民航看房子的王文魁，是1958年来蒙古的，他每月来使馆领工资。

中国民航局在50年代与蒙方签订了民航协定以后，就在乌兰巴托机场建了一所平房，为机组人员休息使用。中蒙之间断航后，这所房子雇用华侨看守，中航经过使馆给看守人员每月发工资。

在我拜会了蒙古外交部三司司长的第二天，王文魁来使馆领工资，王庆周给引见，他两只手紧紧握住我的手久久不放，连声说："你是从祖国来的亲人哪！"王庆周事前告诉我，1956年以后来蒙古的华侨，都是全国解放后的翻身农民，对党的感情深厚，见了使馆的人分外亲切。王文魁虽然穿着一件蒙古工厂制作的不大合身的皮夹克，但看起来还是一个农民的模样。他告诉我他是1958年全家一起来蒙古的，老家在河北省北部的怀安县，土改分了地，但是山沟地薄，怕旱怕涝，年年歉收，全家无法糊口，就投奔亲戚来蒙古了，他们村有不少人在乌兰巴托。他的怀安土话，我听起来很费劲。

华侨种的菜田

我问他来蒙古后靠什么生活。他说别的不会干，就是靠卖劳力，曾经同几个华侨合伙做点心卖，干的时间不长，后来夏天干油刷活儿，给蒙古人修理和油刷房子，冬天刨厕所。

"刨厕所？"我奇怪地问。他看我不懂就详细解释："乌市周边住的蒙古人，不像城中心住楼房的人家里有抽水马桶，而是在院子外僻静处挖个一人多深的大坑，坑边砌上厕所，一年到头不清理，只等冬天冻结实了,雇人一块块挖干净,一个坑至少能挖出十几立方。""挖一方多少钱?""60 图格里克,活儿虽脏虽累,收入却不错,一两天挖一个,能挣到将近 150 元人民币。"(按:当时人民币与图格里克的比价为1:4)"乌兰巴托的华侨,多少人干这活儿?""不少。青年人嫌脏,冰碴溅到脸上直恶心,不肯干,老年人身体好的,冬天都干。"

我问他家里几口人,一个月生活费多少。"我一家六口,一个月 300 图格里克就可维持。"接着他又满有感慨地说,"生活虽然比在国内强,但终究不是自己的国家,在这里处处受歧视。"

他说到老年人,我问他多大年纪,他说:"45 啦! 前年刨厕所手伤了,使馆的王秘书就让我接替那个多病的老华侨,给中国民航看房子。"45 岁只能算是中年,但看去他风吹日晒的面孔,足有 50 开外。

我走访了两位侨领,又接触了来蒙古不久的新华侨,对于旅蒙华侨的状况有了大概的了解。他们背井离乡,到国外寻找生计,然而在蒙古只能游离于社会的边缘,受到各种限制,甚至迫害,他们实在活得艰辛。我不由得想起来蒙古途中,在扎门乌德看到的情景,那群华侨被蒙古海关人员叫到站内进行检查,回来时一个个哭丧着脸。

一般华侨在国外,几乎个个都热切盼望着祖国尽早富强起来,蒙古的华侨基本上是由个体劳动者组成的群体,因此,他们盼望祖国强大的心情尤甚。我亦深切地希望他们能有一天过上扬眉吐气的富裕日子。

第十二章　蒙古昔日的辉煌

兴衰更替

1966 年上半年，我在工作的间隙，常到使馆的小图书馆翻翻书。这里的书不过两千册，却很适用，主要是历史和文学两大部分，而关于蒙古的情况介绍占有相当数量。

我来蒙古前阅看有关资料时，一直有一个没有彻底解决的问题：成吉思汗及其儿孙所创立的惊天动地的业绩，历史上这样一个强悍的民族，为什么会衰落？是怎样衰落的？我带着这个问题，在图书馆里寻求答案。

经过一番认真的阅读和查考，一个比较完整的轮廓逐渐形成：从 1206 年铁木真登上成吉思汗的大汗位到 1368 年元朝被推翻，是蒙古民族的鼎盛时期；从 1368 年开始的北元到 1644 年满族人入主中原建立清朝，是蒙古民族由盛转衰的式微时期；从 1644 年到 1911 年，是蒙古民族臣服清政府而无所作为的衰败时期。也就是说，兴盛 162 年→式微 276 年→衰败 267 年。

继承祖业的忽必烈，1259 年登上蒙古大汗位，建都中都（后改称大都，即今北京），1271 年改蒙古国号为“元”，取《易经》“大哉乾元”之义，建立了元朝。他还在当藩王时，便思“大有为于天下”，怀有奋力开拓疆土的雄心。经过 20 年的胜利征战，于 1279 年击灭南宋，统一了全中国，结束了唐末、五代以来，辽、宋、夏、金、吐蕃、大理等国持续 300 多年的并立和相互攻战的局面，基本上奠定了中国统一的多民族国家的版图，幅员之广超过了汉代和唐代。他不仅使辽东、漠北、西域、云南等地进入大一统，而且吐蕃地区从此正式并入中国，意义非常重大。在巩固了对中原汉地的统治后，他又立即着手恢复对西道诸王（四大汗国）的政治控制，征抚并用，使这些宗藩国维持与元朝的正常关系，并由此架起了东西方间的桥梁，使中国同外国的交通和经济、文化交流，进入了极盛时期。

忽必烈称帝后，其保守、嗜利和黩武等消极因素都有发展。采行汉法、改革落后旧制的工作陷于停顿。邀宠大臣阿合马等人主持国政，吏治腐败，专注搜刮，阻碍了社会经济的发展。同时，为了对外战争，打造出征海船，沿海和江南地区徭役日益加重。人民不堪沉重的封建剥削与压迫，纷纷起义。而这时，大漠南北受封的蒙古诸王连年相互混战，有的甚至叛离朝廷。因此，在忽必烈在位 35 年于 1294 年逝世之后，元朝已是强弩之末，皇位递传九代仅 74 年，农民大起义埋葬了曾经不可一世的大元帝国。

兴盛 162 年，看起来时间不算短，但在历史的长河中，也不过弹指一挥间。蒙古民族的兴衰更替，正如古书所说："其兴也勃焉，其亡也忽焉。"

元朝灭亡，残余力量退居蒙古草原，史书称之为北元，持续年代从 1368 年至 1402 年，为漠北西部崛起的瓦剌部取代。

明朝建立，把北元视为心腹之患，曾多次进兵漠北，在绥服近边蒙古诸部后，陆续在辽东、漠南、嘉峪关外和哈密等地设置蒙古卫所，企图以此为屏障，把漠南和漠北蒙古隔绝起来。退居漠北的蒙古大汗，局促一隅，权威低落，大小封建主实行割据，内讧不已，明王朝又从中挑拨，使之"人自为雄，各自为战"。到 15 世纪中叶，瓦剌封建主也先力量壮大，取代北元，西征哈密，东取辽东，南犯明朝边境，蒙古民族一度中兴。1449 年，瓦剌部在北京附近八达岭外土木堡（今河北省怀来县东南）所进行的"土木之役"中，曾俘虏明朝皇帝明英宗，接着又攻到北京城下，只是由于明朝大臣于谦率众拒守，也先未能得逞。但从此明朝军队全部退入长城以内。不过，瓦剌部好景不长，到 15 世纪末叶，达延汗兴起，他消灭权臣，削平割据势力，调整蒙古的封建秩序，把当时错落纷纭、各不相属的大小领地，合并为六个万户，重新划分领地，各部驻牧地区得到稳定，经济逐渐恢复。达延汗死后，蒙古各部又趋分裂。但这时已与前期的分裂战乱和经济衰败的情况不同,各部只是脱离大汗的控制,尚未兵戎相见,经济也略有发展,与明朝之间也保持着相对的和平。

1644年,明朝灭亡,清朝建立。清朝统治者根据自己同蒙古族长期接触的实际政治经验,总结历代中原王朝常败于北方民族入侵的历史教训,制定了一系列统治蒙古族的政策。他们从入关前的努尔哈赤时期起,前后花费了近150年的时间,终于制服了蒙古各部。

首先,实施盟旗制度,将原来的"爱马克"(血缘集团)、"鄂托克"(地域集团)等大小领地拆散、合并,重新改编为许多互不相属的旗,作为军事行政单位。通过两大行政管理系统,即实行大臣、将军直接节制的总管旗制"内属蒙古"系统,及实行理藩院监督的札萨克旗制"外藩系统",以防范内外蒙古联合抗清,从而加强了中央王朝对蒙古地区的控制。旗之上还有"部"、"盟"两级组织,旗以下有"佐"为基层单位。将内蒙古划分为6盟24部51旗,外蒙古划分为4盟4部86旗。清政府还规定了旗札萨克(旗长)的权限,严格划分旗界,不准越界游牧、耕种及往来、婚嫁,固定了牧民对各等级封建主的依附关系,也限制了封建主滥施权力及相互勾结。

清政府为了分而治之,又将外蒙古4盟4部(土谢图汗部、札萨克图汗部、车臣汗部、赛音诺颜汗部)由理藩院监督,进而按地理位置,派驻库伦办事大臣和驻乌里雅苏台(今扎布汗省境内)定边左副将军分别管辖。

其次,为了麻痹蒙古族的斗争意志,清朝对喇嘛教采取全面保护的鼓励政策。古代蒙古族原信奉萨满教,13世纪一些外来融入蒙古族共同体的人群信奉景教,蒙古统治家族的个别人也接受了景教的信仰,但都没有发生多大影响。元代,宁玛派喇嘛教盛行于蒙古统治者的宫廷,而广大蒙古族人民仍信奉萨满教。及至16世纪(俺答汗时期)格鲁派喇嘛教(黄教)传入蒙古之后,清朝以各种尊称名号、职衔加封上层喇嘛,敕封特殊领地(喇嘛旗),使其主持的寺庙拥有大量土地、牲畜,享有各种特权,形成与世俗封建主并存的僧侣封建主集团。由于喇嘛可免除赋役,当喇嘛的人数日多,到1920年,外蒙古有寺院2500多所,喇嘛10万多人,占当时蒙古男子的1/3。他们脱离生产,不准结婚生育,大大妨碍了生产的发展和人口的增殖。喇嘛教遂成为渗入蒙古社会每一角落,支配蒙古族人民精神世界和世俗生活的唯一宗教。

清朝对蒙古族统治的加强,有效地制止了封建割据和战乱的重演,使蒙古社会获得近200年的稳定,经济有了长足的发展,库伦也因贸易的兴盛而发展成漠北较大的商业城市。但是,广大的蒙古人民,则遭受着封建主深重的政治压迫和经济剥削。

18世纪末和19世纪前期,清政府的民族隔离和旗界封禁政策,在内外矛盾激化和经济力量的冲击下,逐渐变得徒有其名。盟旗制度也失去先前的约束力,蒙古社会出现了新的不稳定的因素。到1840年鸦片战争以后,随着帝国主义的入侵,蒙古地区也和全国一样,逐渐沦为半殖民地、半封建社会。

走向新的振兴

1921年,蒙古人民革命胜利后,蒙古民族面前出现了重新振兴的曙光。

当时,战争使本来就非常落后的蒙古遭到严重破坏,国库空虚,经济停顿,百业凋敝。另外,大部分领土尚在温甘伦白匪统治下,而且不甘心失败的封建主勾结内外反动势力,妄图扼杀新兴的革命力量。

人民革命党的领袖苏赫巴特尔和乔巴山,为了巩固革命的成果和新兴的政权,进行了艰巨而惨烈的斗争。

苏赫巴特尔,1893年2月2日出生于买卖城的贫苦牧民苏赫巴特尔家庭。5岁时,举家迁往库伦谋生。由于家庭贫困,没有受过什么教育。14岁,被雇用到库伦至恰克图的驿道上当了一名马夫,后来又回到库伦打短工。在这段时间里,他亲眼目睹了清廷官吏腐化糜烂、穷奢极欲的生活,也亲身感受到封建主和喇嘛首领对下层劳动牧民的残酷剥削。1912年,他19岁应征参加了"蒙古自治军",不久被派到俄国人主办的呼吉尔—布拉克士官学校学习,毕业后回到军队当过骑兵连长、机枪连长。他在军队里受到几个同情苏维埃革命的俄国教官的影响，了解到一些有关俄国革命运动的情况。俄国十月革命爆发，更激发了他的反叛精神，而北洋军阀政府的腐败和残暴，加速了他思想的转变。

1918年底，苏赫巴特尔从军队退伍后，回到库伦在一家印刷所当排字工人。由于他生活艰难却很讲义气，很快有一些人聚集到他周围，慢慢形成了蒙古的第一个革命小组。1919年秋，他与乔巴山组织的革命小组开始合作，于1921年3月建立了蒙古人民党（后改称人民革命党）和蒙古义勇军。

乔巴山，1895年2月8日出生于车臣汗部（今蒙古东方省）克鲁伦河畔一个贫穷的牧民家庭。他的童年生活十分艰苦，母亲忍痛把他送进喇嘛寺院。他在寺院忍饥挨饿地当了两年喇嘛，便偷偷逃了出来，时年17岁。1912年，他流落到库伦，在经历了一段辛酸生活之后，考入“自治蒙古外交部”附设的一所学校读书，学习非常刻苦。1914年，他被送到俄国的伊尔库茨克学习，在那里他受到俄国革命运动的深刻影响。十月革命爆发后，他回到库伦，目睹统治者的腐朽和下层民众的普遍不满，便把与己志向相同的人聚集起来，于1919年秋组织了地下革命团体，并与苏赫巴特尔组织的第一个革命小组合作，从而建立了蒙古人民革命党。

苏赫巴特尔和乔巴山的人民革命党，在苏俄的支持和具体帮助下，取得了革命胜利。1921年7月10日，在库伦正式成立了蒙古人民革命政府。囿于当时的历史条件，国家政体采用了保留第八世哲布尊丹巴为帝的君主立宪体制。苏赫巴特尔在政府中任军事部部长，兼人民军总司令；乔巴山任军事部副部长，兼人民军副总司令和政治委员。

蒙古人民革命政府成立后，在不到3年的时间里，人民革命党在苏赫巴特尔和乔巴山领导下进行了艰苦卓绝的斗争，取得了一个又一个胜利。

首先是肃清盘踞在蒙古西部广大地区的温甘伦残余匪帮的斗争。当地的人民革命党人，在乌里雅苏台发动起义，并组织游击队与白匪战斗，但由于力量弱小，没有取得进展。苏俄远东共和国派遣西部一支骑兵小分队支援游击队，结果被白匪包围，与游击队一起共同战斗十余天，弹尽粮绝全部牺牲。苏俄红军远东司令部遂派大批正规部队,由库伦向西和由伊尔库茨克向南,两路进军乌里雅苏台夹击白匪军,于1922年7月全歼白匪残余势力,生擒温甘伦,交付军事法庭判处死刑。

其次是镇压沙其喇嘛的反革命暴乱。沙其喇嘛本是西藏的一个高利贷商人,与第八世哲布尊丹巴关系密切。他不仅曾怂恿哲布尊丹巴秘密勾结温甘伦白匪,而且在人民革命胜利后,暗中进行活动企图推翻人民政府。他利用失势的王公贵族和反动喇嘛对政府经济改革政策的不满,广为收罗党羽,并秘密从西藏等地运进武器,密谋于1922年12月在库伦发动暴乱,进攻政府办公大楼。他们的这一阴谋,很快便被人民政府获悉,人民军在库伦进行了大搜捕,暴乱阴谋被粉碎,沙其喇嘛被处决。

更严重的事件是人民政府总理鲍道企图发动政变。鲍道出生在一个封建主家庭,受过良好的教育,还精通汉文,对中国文化颇有研究。蒙古革命以前,他在一个寺庙当喇嘛。革命发展到库伦,他离开寺庙加入人民革命党,受到苏赫巴特尔和乔巴山的信任,人民政府成立时被推选为国务总理兼外交部长。他就任以后,在国内的社会和经济政策方面反对激进的改革,在国际上主张不仅仅同苏俄保持联系,还应同中国、美国、英国、日本等国都保持来往,这就同苏赫巴特尔、乔巴山等领导人发生严重分歧。斗争的结果,鲍道辞去了总理和人民革命党中央委员职务。他为了寻求自己的"拯救蒙古民族"的道路,不仅在库伦积极活动,宣传他独特的思想,还向第八世哲布尊丹巴阐述政治主张博取同情,甚至偷偷地于1922年5月跑到中国沈阳,动员军阀张作霖出兵外蒙古,回蒙古后继续同张作霖暗中来往。他的这些活动,当然为人民革命党所不容,最后以阴谋进行反革命政变罪,将他及其同党沙格达尔扎布(司法部长)、达赖喇嘛(内政部长)处以死刑。

1923年2月22日,苏赫巴特尔被人毒死于医院中,这对全蒙古人民和人民革命党无异于晴天霹雳。苏赫巴特尔在层出不穷的反革命事件中,殚精竭虑日夜忧思,他虽然只有30岁,也感到精疲力竭,便住进医院休养治疗。一天晚上,他服药后正躺在病房看报,忽然腹部剧痛,头晕目眩,昏迷不醒,医生进行急救为时已晚。后来检查,死于中毒。

乔巴山随即宣布全国处于紧急状态，下令捉拿凶手。蒙古内防部费尽九牛二虎之力，未能将此案彻底侦破，最后逮捕了几名医生，枪毙了医院院长。

事隔20年后，1940年12月，乔巴山在党的中央全会上宣称，是以丹尚为首的人民公敌毒死了苏赫巴特尔，目的是为了引起人民革命党的内部混乱，以达到阻挠劳动牧民反对封建主的斗争。

丹尚是人民革命党的元老之一。苏赫巴特尔去世后，他担任政府副总理兼人民军总司令。他同乔巴山由政治观点的分歧发展到内斗。在1924年8月4日的第三次党代表大会上，双方决裂，并在嗣后召开的紧急会议上兵戎相见。丹尚及其支持者被逮捕枪决。

1924年5月20日，第八世哲布尊丹巴，君主立宪政体的蒙古皇帝，病死在自己的宫殿里。

6月7日，蒙古人民革命党举行中央全会，决定取消君主立宪政体，建立共和体制，成立蒙古人民共和国。10天后，以政府决议的形式宣布：蒙古为人民共和国，不设总统，最高权力属于大呼拉尔。11月8日，第一届大呼拉尔在库伦召开，经过18天的讨论，26日通过了蒙古历史上的第一部宪法。大呼拉尔还肯定了蒙古人民革命党第三次代表大会提出的沿着非资本主义道路发展的总路线。

一个民族的振兴，当然首先要有稳固的强有力的政权，不过这还不够，还必须发展经济，改善人民生活。还在同反革命势力激烈搏斗的时候，蒙古人民革命党就在经济上采取了激进的民主改革政策。

1921年以前，蒙古经济十分落后。游牧养畜业是国民经济的主要部门，牧业人口约占全国人口的90%，居民生活必需品2/3来自畜产品，1/3依赖进口。当时没有工业、农业、现代化的交通运输，商业操纵在中国内地来的商人和俄、日、英等国的资本家手中。没有本民族的银行，也没有自己的货币。也就是说基本上停留在中世纪的自然经济阶段。

新成立的蒙古人民政府，于1921—1922年间首先废除了土地私有制，使封建主失去了对土地、草场的特权，废除了商业高利贷者的债权和僧俗封建主向人民大众征收的一切捐税，制定了新的税收制度。

接着，又废除了旧社会封建司法机构及其刑法，取消了封建主阶级的各种特权，废除了世袭封建领主制度和农牧民人身依存关系。这些激进的民主改革措施，虽然导致了阶级斗争的异常尖锐化，但因有苏俄和本国军队做后盾，达到了解放生产力的目的，从而为蒙古的经济和文化沿着社会主义道路发展奠定了基础。到1940年，单一的畜牧业经济发生了很大变化，种植业、运输业、建筑业等经济部门逐渐形成。牲畜存栏头数，由1924年的1375万头，达到空前的2604万头，全国人均30多头。1948年，开始实施发展国民经济和文化的第一个五年计划，把国民经济建设纳入了计划轨道。

配合苏军抗击日寇

蒙古的政权得到巩固，经济初步振兴，人民生活有了明显改善。但是，国际形势的变化，使它不得不转向战时的轨道。1931年，日本侵略者在中国东北发动九一八事变，组建关东军，成立伪满洲国，蒙古的东部处于日寇的严重威胁之下。1921年进入蒙古的苏俄红军，在帮助蒙军击溃北洋军阀驻军、消灭温甘伦白匪军之后，一直没有撤退，他们大部分驻扎在乌兰巴托东北部的军营里，蒙古百姓称该地为乌兰花（意译为红营盘）。在新的国际局势下，它成了蒙古保卫领土的依靠力量。

应当说，在日军侵华的年代里，苏联军队保卫蒙古不受日军侵犯，的确是起了重要作用。不过，事情并非苏联领导人讲的那么坦荡无私的“国际主义”。苏联只有毫不退让地保卫蒙古，才能保住它的远东地区。翻开东北亚地图，人们一眼就可看出蒙古战略地位的重要。它的广大的弧形领土，像一只展翅的巨雕，掩护住苏联的东西伯利亚和后贝加尔地区，特别是苏联通往远东的运输大动脉——西伯利亚大铁路。这条铁路绕过贝加尔湖南端，就贴近蒙苏边境东进，如果日本人占领了蒙古，在蒙苏边境打断西伯利亚大铁路，苏联远东地区即唾手可得。据说斯大林曾经讲过这样的话：“一旦敌国从外蒙古进攻西伯利亚，那么苏联的远东地区将陷于严重的孤立状态”，“而一个独立的、与苏联结盟的外蒙古，将会保证苏联的长期安全”。

1939年，侵华日军经过两年的战争，占领了半个中国，国民党政府军节节败退，蒋介石在能否坚持抗战上陷于严重动摇，在日本人的诱降之下，派出代表到香港与日本代表举行秘密谈判，国民党统治区妥协投降的空气大为膨胀。在这样的形势下，日军大本营和政府内阁认为，最后解决中国问题已指日可待，下一步在东亚的军事战略是“南进”（打入英美势力范围）还是“北上”（入侵苏联领土），应该予以定夺。坚持“南进”主张的主要是其军内传统影响势力较大的海军，而坚持“北上”战略的主要是掌握军权的陆军。驻扎在伪满洲国（中国东三省）的日本关东军，对于同苏联开仗早就跃跃欲试。“南进”还是“北上”两种主张争持不下，日军大本营决定让关东军试探一下苏军的虚实。

日本关东军早在1938年7月，就曾经在吉林省东部边境与苏联交界的张鼓峰（苏联方面叫哈桑湖）地区挑起过边境冲突，在苏联边防军的坚决反击下，日军败北。日本关东军将领认为这个地区处于吉林与苏联、朝鲜交界处的倒牛角尖内，地域过于狭窄，兵力无法展开，于是决定在海拉尔以南与蒙古交界的诺门坎地区进行突袭，如果苏军不参战或者其参战部队战斗力不强，日本关东军就加大兵力攻占蒙古，为下一步进攻苏联的后贝加尔地区建立基地。

诺门坎（也称诺门罕）在海拉尔以南约200公里的哈拉哈河畔。哈拉哈河（苏联地图称之为哈勒欣河），发源于大兴安岭西麓，流入贝加尔湖。这条河流经的草原，地势平坦、开阔，低洼处有沼泽。翻开蒙古地图可以看出，蒙古东部的塔木察格布拉克突出部，像一只犀牛角插入日本占领的“满洲国”，地理形势对日方不利，日本关东军早就想把它切掉。位于这个突出部东北角的哈拉哈河，传统上是在蒙古境内，但边界从未划定，给了日本人可资挑衅的借口。1939年5月11日，数十名蒙古骑兵越过哈拉哈河进入诺门坎东南15公里的地方巡逻，“满洲国”警备队奉命把他们赶回河的西岸。双方你来我往，冲突范围越来越大，遂酿成一场大规模的战役。

哈拉哈河战役（苏联称之为哈勒欣战役）是一次关系远东战局如何发

展的战役,孰胜孰败无论对日本还是对苏联和蒙古都是十分重要的。

蒙军在哈拉哈河战役中,配合苏军英勇地捍卫了自己的领土,受到了一次实战的“洗礼”。

蒙军从1921年诞生时起,只在当年跟随苏俄红军攻打过北洋军阀部队驻守的买卖城,而那时它只不过是一支二三百人的游击队。后来组建正规军,数量也不多。

九一八事变后,日本侵略军占领了中国的东三省,直接威胁到蒙古东部的安全。蒙古政府决定扩军备战。到1937年,蒙古武装力量(包括作战部队和军事机关、军校等)已发展到四五万人。当时全蒙古人口约80万,军事人员占5% ~6%,这对地广人稀、劳动力缺乏的国度来讲,动员程度如此之高,不能不说是一个沉重的负担。

蒙古是马背上的国家,青年人个个都是善骑好斗,入伍后不需要进行骑马训练,就可以驰骋飞奔;他们性格强悍,经过一番军事训练,就可成为训练有素的勇敢军人。参加哈拉哈河战役的蒙军骑兵师打得很好,蒙军装甲营在巴英查岗的争夺战中打得尤为出色,受到苏军指挥官朱可夫将军的嘉奖。

哈拉哈河战役大体分为两个阶段。

第一阶段从1939年5月11日至31日。

日蒙双方边防冲突逐渐升级之后,日军驻海拉尔的第23师团投入战斗,并动用一个轰炸机中队。蒙军处境不利。苏军驻蒙古第57特别军(1937年9月增驻蒙古)以最快速度调来哈拉哈河前线,该军军长费克连科统一指挥苏蒙部队向日军反击。双方伤亡较大。苏军这么快地介入边境冲突,是日军第23师团长小松原道太郎始料不及的,遂重新调集兵力,于5月28日向苏蒙军发起进攻,并派一个骑兵联队(相当一个团)迂回到敌军侧后进行夹击。没想到苏军坦克、炮兵火力异常猛烈,日军迂回兵力被切断退路、包围歼灭。5月31日日军不得不暂时撤离战场。

第二阶段,1939年7月2日至8月30日。

苏军统帅部基于对日军战略企图的充分估计,迅速调当时任白俄罗斯军区副司令的朱可夫将军赴蒙古指挥。朱可夫于6月5日抵达第57特别军军部、距离前线120公里的塔木乔巴山察格布拉克，了解情况之后，意识到日军很快会有报复性的大规模进攻，而苏方不仅兵力不足，并且57军战场准备严重不足。遂向统帅部建议，增调不少于三个步兵师和一个坦克旅的兵力，还要求大大加强炮兵和空军力量。战役准备的最大问题是运输，好在从苏境西伯利亚大铁路上的博尔集亚车站，南下蒙古东方省会乔巴山，向东折向塔木察格布拉克，1938年就修建了一条窄轨铁路（总共238公里），这时派上了很大用场。在运输兵力和物资的同时，朱可夫奉上级命令，取代了第57特别军军长职务。

日本关东军也在调集兵力。由于日方自视过高，对苏军估计不足，调集的兵力除补充损失较大的第23师团外，只调来关东军精锐的第七师团和一个坦克联队，但大大加强了空军兵力。

整个6月份，双方在调集兵力的过程中，为争夺制空权，空军展开了激战。其中，6月22日这一天，从哈拉哈河前线到蒙境的塔木察格布拉克，日军120架飞机同苏军95架歼击机进行了激烈的空战，双方均有不少损失。

7月2日，日军开始地面进攻。其战役目标是围歼哈拉哈河东岸的全部苏蒙军队，尔后前出河西歼灭苏军预备队。日军指挥部对其胜利十分有把握，甚至把一些外国武官（主要是德、意）和新闻记者请到作战地区观战。但是，由于其投入的兵力优势不大，且遇到苏蒙军的坚决抗击，战争陷于胶着状态。此期间，双方在河东岸争夺巴英查岗地域的战斗异常惨烈，日军第23师团受到重创。

这时，关东军才深感苏军比想象的要强大得多，除将主力第七师团及一个骑兵团全部投入战斗外，又调集第二、第五师团前来，并在海拉尔组建第六军团指挥作战。日方完全没有料到，苏军调集了比它更为众多的兵力，特别是大量的坦克、装甲部队，总共：步骑兵四个师、坦克兵两个旅、摩托装甲兵三个旅、空降兵一个旅，以及大量的炮兵。苏蒙军指挥部由57军军部扩编为第1集团军群司令部，朱可夫就任司令，他决心以绝对优势兵力，全歼日军第六军团。

8月20日，苏蒙军发起了围歼日军的总攻战役。这是一个星期天，日军指挥部认为苏军不会马上进攻，竟允许其将、校级军官到海拉尔等地休假。5时45分,苏军开始地面炮火准备,同时,出动150架轰炸机和近100架歼击机,对日军阵地凶猛突袭。然后,在第二次地面炮火准备开始延伸射击时,8时45分,苏军部队以坦克、装甲兵为先导开始冲击,蒙军骑兵从侧翼配合。一线日军阵地迅速崩溃,但善于近战的日军士兵进行了顽强的抵抗。惨烈的战斗一直打到8月30日,日军第六军团被全部歼灭。

此次战役,双方投入兵力总共10万以上,够得上一场局部战争。苏军沉重打击了日本关东军趾高气扬的凶焰,使日军大本营清醒地意识到"北进"并不像他们1919年打到伊尔库茨克那么轻而易举,在战略的选择上必须贯彻"雷公打豆腐"的原则。

苏军获胜日军惨败后,苏日双方转入外交程式的边界谈判。苏军大部分兵力留驻蒙古,组成一个集团军(苏德战争爆发后,按苏军统一序列编为第17集团军),主力驻扎在塔木察格布拉克,一部分兵力驻乌兰巴托。

二次大战显身手

蒙古人民军经过了哈拉哈河战役的洗礼,全军上下充满着战斗的豪情。1942年在苏德战争的战场上小试牛刀之后,于1945年,在对日军的最后一战中大显身手。

1941年6月22日,德国法西斯对苏联不宣而战,迅速突破苏联的西部防线,长驱直入抵达苏联的腹地。苏联军民展开了艰苦卓绝的卫国战争。

蒙古人民全力支援苏联的卫国战争,仅在1941年就捐献了140节火车车厢的价值6500万图格里克的物资,还通过对外贸易银行捐赠了250万图格里克、10万美元及300千克黄金。苏联利用这些资金和蒙古人民直接的现金捐献,购置了53辆坦克和一个航空大队的飞机。蒙古标号的坦克编入苏军近卫坦克第112旅,从莫斯科一直打到柏林;“蒙古牧民”航空兵大队在苏空军近卫航空兵第二团的编制内,在整个战争过程中取得了不少胜利。1941—1942年,蒙古人民还送给苏军35000匹马,补充了苏军的骑兵部队。

在德军进抵莫斯科城郊,苏联军民英勇保卫首都的危急情况下,蒙古人民军派出两个骑兵团,直接参加了保卫莫斯科的战役。第一骑兵团团长为丹纳多济,第二团团长为阿尔拜格,他们都是苏联伊尔库茨克军官学校的毕业生,都曾参加过哈拉哈河战役。两个团总共兵力1万多人,配备了最好的马匹和精良的马刀及自动步枪,于1942年2月1日,乘坐一列专用火车向苏联腹地飞驰。

这时,苏联红军已顶住了兵临莫斯科城下的德国法西斯军队的进攻,转入了局部反击,并在筹划向德军发起总攻。蒙古两个骑兵团团长到达苏军总参谋部,见到了朱可夫大将。朱可夫热情地接待了他们,问长问短之后,决定将这两个团编入西方面军科涅夫上将指挥的部队。他们到达前线,正值总攻将要开始,科涅夫给他们的任务是,利用骑兵机动、灵活,可以脱离后方作战的特点,绕过敌人的炮兵和坦克阵地,从侧面楔入敌人后方,配合正面部队发起猛攻。

总攻开始,蒙古两个骑兵团犹如猛虎下山,骑着剽悍的骏马,挥舞着马刀,踏着厚厚的积雪,绕过了德军正在运动的坦克和炮兵,从侧背冲向敌阵。尤其是丹纳多济一马当先,以一当十,冲在队伍的最前头。蒙古骑兵团的兵力虽小,但使正在后退的德军一时陷于混乱,正面苏军得以迅速推进。到4月20日莫斯科会战结束,丹纳多济出色地完成了十余次冲锋任务,科涅夫上将高兴地称赞他为“马背上的英雄”。

蒙古骑兵更为辉煌的战绩,是在1945年对日军的最后一战。

1945年8月9日,苏联对日宣战,蒙古政府也同时宣布对日开战。百万苏军从西、北、东三个方向发起对日本关东军的进攻。其中主攻方向的后贝加尔方面军,以蒙古东部塔木察格布拉克突出部为中心,向两翼扇面形展开,齐头并进。蒙古军队第五、六、七、八总共四个骑兵师,被编在方面军右翼的第17集团军的右侧,越过蒙古东南部的无水草原和部分沙漠戈壁,向中国境内多伦到张北一线的日军和内蒙古德王的伪军发起进攻。

蒙古经过战时动员，军事力量增长到8万至10万人，动员能力已达到其总人口的近1/10，就是说只要能上前线的青年人都参军了。虽然武器装备都是苏联供应，但吃穿用对蒙古国民经济来讲也是沉重负担。好在进攻发展神速，只用了8天就占领了张北、多伦和赤峰。

蒙军的英勇作战，得到苏联领导人的高度评价。当时担任后贝加尔方面军的参谋长、战后曾任苏联国防部第一副部长兼武装力量总参谋长的扎哈罗夫元帅，在其主编的《结局》一书中这样写道：

> 蒙军在后贝加尔方面军的右翼实施的进攻，具有重大的战役意义。它切断了日本在满洲和华北之间的交通线，而在华北，敌人配置了预定调往满洲的重兵集团。
>
> 敌人无论如何也未预料到，苏蒙军队会从察哈尔沙漠实施二战远东战役蒙军强渡河川如此沉重和迅猛的突击，致使关东军指挥部陷于这般境地。可是，苏蒙骑兵(按：苏军在这个方向上只有一个第59骑兵师)却越过无水的沙漠和盐碱地实施了这样的突击。这次沿沙漠草原实施的机动，打乱了日军指挥部的计划，使其无法在这里组织可靠的防御。
>
> 蒙军官兵是天生的骑兵。无边无际的草原，没有明显的方位物，没有村镇，稀疏的水井，灼人的阳光，这就是蒙古人的故乡景象。他们从小就养成了爱马的习惯，并代代相传；入伍后，他们不需要进行骑马训练，就可以实施长距离的行军。他们是训练有素的勇敢军人，一周驰骋六七百公里，对蒙古战士来说是很普通的现象。

扎哈罗夫接着描写蒙古骑兵前赴后继强渡山洪滚滚的河流的动人情景。如果苏联人不是对“黄祸”代代禁忌，扎哈罗夫说不定会称赞蒙古骑兵战士不愧为成吉思汗的英雄后代。

1945年9月14日，为了表彰蒙古军队在远东战役中的重大贡献，苏联最高苏维埃主席团，授予蒙古人民军21名将军和军官以苏联勋章。这批将军和军官，后来都成为蒙军的中上层骨干。一直到70年代初，蒙军领导人还是这些参加过“哈拉哈河战役”和“远东战役”的英雄。

第十三章 “有限主权”的枷锁

俯首帖耳的领导人

中华人民共和国成立,并执行向苏联“一边倒”的对外政策,蒙古的国际处境空前优渥,北面是“老大哥”,南面是“老二哥”,可以高枕无忧、自由自主地从事建设。从 1948—1957 年,第一、第二个五年计划期间,它得到来自苏联和中国两方面的大力支援,国民经济发展迅速,人民生活大为改善。50 年代堪为蒙古的黄金时代。到 1960 年,农牧业基本实现了合作化,工业总产值比 1940 年增长了 4.4 倍。但是,苏联仍然是“控制你没商量”,蒙古无法摆脱“有限主权”的枷锁。

“有限主权论”,是勃列日涅夫在 1968 年苏联出兵捷克,扼杀“布拉格之春”时公开提出来的,实际上苏联领导人的这种指导思想早就存在,甚至可以追溯到 1943 年第三国际解散之前。二三十年代,各国的共产党都是第三国际的一个支部。当然,以苏联为基地的第三国际,在帮助各国共产党的建立,并指导它们开展革命斗争方面,贡献是毋庸置疑的。但是,在斯大林时代,“联即国际”,不仅对各国共产党颐指气使,而且直接指派各国党的领导人。更有甚者,在苏联 1937—1938 年肃反扩大化时,在其境内和境外误杀了不少忠诚的共产党人,当时波兰共产党的领导班子就几乎被杀光。二次大战后,中国和东欧国家的共产党相继取得政权,成为执政党。苏联领导人虽然几经更迭,但他们的大国沙文主义和社会主义国家主权有限的指导思想根深蒂固。

蒙古人民革命党，是继苏联之后世界上第二个执政的无产阶级政党。苏联给予它的支持和帮助是举世共认的，而对它的控制也丝毫没有松手。苏联的历史经验：要控制一个党一个国家，最重要的就是在那个党那个国家里，安置自己可靠的代理人。斯大林“慧眼识英雄”，就像30年代初选择王明、博古来控制中国共产党一样，40年代初选择了蒙古青年泽登巴尔，将他派回蒙古。

尤睦佳·泽登巴尔，1916年9月17日生于蒙古西北部的乌布苏省邻接俄国边界的达布斯特县，是蒙古少数民族杜尔伯特人。1929—1938年，在苏联伊尔库茨克中学和财经学院学习，毕业回国后在乌兰巴托财经学校短时任教，1939年加入蒙古人民革命党。由于在苏联留学期间经人推荐，受到斯大林的赏识，回国后受到乔巴山的器重而青云直上。入党后仅一年，就被选为中委，任政府财政部副部长，继而又做部长兼国家银行行长，当时只有24岁。1941—1945年，还曾担任人民军副总司令兼政治部主任。1943年进入政治局，1945—1946年任国家计委主席，1946—1952年任部长会议副主席，1952年起担任部长会议主席，1958年11月蒙党十三届二中全会上，当选为党中央第一书记。

泽登巴尔从政之后，怀着对苏联的感恩戴德之情，无论国内和国际上有什么变化，他的政治指北针从来没有摇摆过，总是亦步亦趋，跟随苏联。

乔巴山在40年代就刻意培养泽登巴尔为接班人，甚至于把这个在军事上不甚了了的泽登巴尔安排为自己的副总司令，给予中将军衔。但是，乔巴山1952年1月逝世以后，在赫鲁晓夫1956年大反斯大林时，泽登巴尔秉承苏联的旨意，在蒙古全国掀起了一场大反乔巴山“个人迷信”的运动，大肆攻击乔巴山时期的各项制度和政策，也效法赫鲁晓夫，把蒙古国内从中央到地方各级部门来了个大清洗，借机安插自己的亲信占据重要岗位。

蒙党元老之一、在乔巴山生前担任党中央第二书记的达希·丹巴（也译为达姆巴），在1954年就任党中央第一书记后，强调发展民族工业，指出“苏联的经验不是唯一的经验”，“不能机械地抄袭和教条地搬用”,宣传中国的经验“可供学习”,认为教条主义对蒙古“有更大的危害性”,并采取一系列措施克服教条主义。在国际共运问题上,丹巴指出:“宣传和平方式是从资本主义向社会主义过渡的唯一方式,这是修正主义的主要表现之一”,修正主义思想在蒙古起到“削弱民主专政的作用”。丹巴的这些言论和主张,在苏联看来显然不仅不合自己的胃口,而且有向中国倾斜之嫌。在赫鲁晓夫的策划下,泽登巴尔在蒙党内率先展开对丹巴的批判。经过几番斗争,丹巴降为第二书记(半年之后又被赶出政治局),泽登巴尔取代了蒙党第一书记职位。支持丹巴反对教条主义和修正主义的第二书记其米德道尔吉·苏伦扎布不久也被撤职,并被赶出了政治局和书记处。

达拉姆·图木尔奥其尔,蒙党十二大的中央委员,十三大当选为政治局候补委员、中央书记,主管意识形态工作,因支持泽登巴尔反对丹巴有功,1959 年升为政治局委员。但在第二年,他又因反对乔巴山“个人迷信”过于积极,危及乔巴山时期对乔巴山言听计从的泽登巴尔的地位,被赶出政治局。后来,泽登巴尔为笼络人心,巩固自己的统治,故作姿态,于 1962 年初,又将图木尔奥其尔拉进了政治局和书记处。泽登巴尔运用“翻云覆雨”的手段使得这个“风派”人物就范,更好地为自己服务。但是,图木尔奥其尔“煽动民族主义情绪”,主张在成吉思汗诞辰 800 周年时大搞纪念活动,并决定在成吉思汗家乡肯特省树立大型纪念碑,为此触怒了苏联;加以当时的党中央第二书记鲁布桑策伦·曾德,想乘泽登巴尔在苏联养病之机,联合图木尔奥其尔搞掉泽登巴尔。泽登巴尔闻讯取得苏联的支持,马上返国于 1962 年 9 月召开中央全会,以突然袭击的手段解除了图木尔奥其尔的党内外一切职务,罪名是“怀疑党的马列主义性质”、“怀疑蒙苏友谊”。对于曾德,因其有过“怀疑蒙苏友谊和经互会对蒙是否有好处”等触怒苏联的言论,泽登巴尔在赫鲁晓夫的直接支持下,于 1963 年底的中央全会上,解除了他的中央第二书记、政治局委员职务。

蒙古人历来民族主义情绪比较强烈,知识分子尤甚。如上所述,这种民族情绪不时在蒙党领导集团中有所反映。苏联以“苏蒙友谊”的名义和“国际主义”的说教,加以大量派出苏联顾问,以及必要时挥舞"反苏"罪名的大棒,控制蒙古几十年,但并未能使蒙党内民族主义情绪消融。因此,它在不放松政治控制的同时,也在其他方面采取了"放长线"的策略。

从文化教育着手进行同化,是苏联成功的措施之一。1944年,蒙古当局废弃了成吉思汗时代创立的蒙古文字,决定改用斯拉夫语系中的俄文字母(个别字母由蒙方自己创造)为基础的新蒙文,并于1946年1月颁布正式使用。蒙古文字改革,人们至今评价不一,但由此为苏联文化进入(即使不用侵略二字)大开方便之门,却是不争的事实。孩子们从小学四年级就必须学俄文,这是60年代蒙古教育大纲的硬性规定。蒙古国立大学的某些课程及其所属的综合技术学院的全部课程,都用俄语讲授;为各门课程规定的教材和参考书,也都是苏联出版的俄文书籍。苏联为了培养忠于"蒙苏友谊"和"国际主义"的蒙古人才,吸纳留学生是一个重要手段。蒙古政府每年都要派出大批留学生到苏联,这些留学生归国后,绝大部分都能进入重要岗位,许多成为高级官吏。1970年前后,蒙古各省的省委书记,66%是在苏联共产党中央高级党校学习毕业的。当然,留苏学习回国的人不一定都亲苏,更不消说"终生不渝"了。蒙古知识界有形无形地拒绝着苏联的文化渗透。我担任临时代办后,参加蒙方一些大型招待会,原以为蒙方官员都会讲俄语,就只带俄文译员以为既能同蒙古人也能同驻蒙古外交使团的人交谈,结果经常碰壁,许多蒙古官员明明会讲俄语,他就是不讲。我国使馆同蒙古外交部电话联系事务时可讲俄语。但正式约见时蒙古官员从不讲俄语,我还注意到蒙方的记录员用的是老蒙文。

"结亲政策"是苏联控制蒙古的另一种有效手段。中外古代历史上,"和亲政策"的事实屡见不鲜,在一定时期收到良好的效果,但那只限于王朝皇室的上层,苏联则把这种政策加以普及。客观条件是第二次世界大战中,苏联损失人口2600多万(原来公布的700万人不够准确),其中大部分是男性,因而战后几十年人口构成女多于男,50年代苏联人私下说男女人口比例为1:6。男娶女嫁,以至国际通婚,都是正常的。但是苏联当局把它作为一种"入室控制"的手段积极推行。最为典型的是泽登巴尔娶来的苏联夫人。泽登巴尔1940年留学苏联毕业归国并取得高位之后，苏蒙双方领导人撮合，将当时莫斯科卫戍司令费拉托夫中将的女儿嫁给了泽登巴尔，嫁后全名为：阿娜斯塔霞·伊凡诺夫娜·泽登巴尔-费拉托娃。“入室”之后，对泽登巴尔的一言一行，有无逾越“雷池”之嫌，就了如指掌了。

我在乌兰巴托多次见过泽登巴尔-费拉托娃。其中一次是参加泽登巴尔夫妇举行的招待会，他们与进场的宾客一一握手。虽然中蒙关系已经恶化，但他们还未达到不顾礼仪拒绝与我握手的地步。这一次我从最近的距离观察了这位蒙古的第一夫人——高高的个子，肥胖壮实的身躯，穿着黑色晚礼服；红红的面孔，配上金栗色泛红的浓发，真有点“凶煞”的样子；特别是一双灰褐色的眼睛，恶狠狠地盯着我这个中国人，使我感到她眼神中那种“有你无我”的内涵。这情景虽然只有几十秒钟，却深深地留在我的记忆里。

还有一次，大约是1970年夏天的周末，我与使馆几个同志在乌市街道上散步，路过泽登巴尔的官邸，通过豪华的铁栅栏门，看到费拉托娃沿着花园式的甬道正向铁门走来，后面跟着保镖。她突然发现了前方有一伙中国人，扭头就往回走。是恨？是怕？还是别的什么？这只有她自己知道，也许在她转身的一刻，这几种情绪都存在。其实，1970年中蒙双方已着手缓和两国关系。

费拉托娃和泽登巴尔结婚后，多是与丈夫一起出现在公开场合，在泽登巴尔以党的第一书记兼大呼拉尔主席团主席前不久，她就任蒙古儿童基金会中央委员会主席，就单独公开露面，频繁进行活动，名字经常排在一些部长级领导人的前面。

蒙古高层领导成员中，娶苏联人为妻的，已知的还有政治局委员、部长会议第一副主席迈达尔，政治局候补委员、乌兰巴托市委第一书记阿勒坦格尔勒，政治局候补委员、中央书记、蒙苏友协主席贡布扎布，中委、部长会议副主席兼国家计委主席索德诺姆，中委、国防部第一副部长朝克上将，中委、外交部第一副部长云登。

中层干部夫人是苏联人的更是大有人在，据说达到15% ~20%之多。这些苏联“夫人”嫁给蒙古官员之后，包括泽登巴尔·费拉托娃在内，仍然保留苏联国籍，按规定都要按时到苏联驻蒙古大使馆去“谈话”。中国古语说“妻以夫贵”，在苏联控制下的蒙古则变成“妻尊夫贵”，娶了苏联人为妻，就可得到更多信任和不断提拔。以乌兰巴托市委第一书记阿勒坦格尔勒为例，26 岁入党之后，立即被委任为食品工业部部长，第二年又当选为蒙党中央委员，29 岁起担任乌兰巴托市委第一书记，据说其苏联妻子与泽登巴尔·费拉托娃关系异常密切。

附庸性经济与政治

蒙古是一个畜牧业国家，天然牧场占整个国土面积的 83%，居世界第六位；人均草场面积则列世界之首。牲畜存栏头数，1940 年达到 2604 万头的空前高峰，按当时 80 万人口平均，每人 32.6 头，老百姓的日子是相当好过的。但到 60 年代，人口增加到 120 多万，而牲畜头数 1960 年只有 2298 万头，1970 年又降到 2255 万头，只能维持简单再生产。究其原因，主要在于苏联掠夺性的贸易。蒙古对外贸易 80% 以上都是同苏联进行的，日用消费品的 70%，机器设备的 90%，都靠苏联供应。苏联通过贱买贵卖、不等价交换的手段，对蒙古巧取豪夺。60 年代，苏联卖给蒙古的拖拉机每台 3000 卢布，而同期世界平均价格只有 1800 卢布；苏联卖给西方国家的石油每桶 1.26～1.31 美元，而卖给蒙古则为 2.61 美元。蒙古外贸逆差很大，为了抵债只有加大出口畜牧产品。苏联在同蒙古接壤的地区，建立数座大型肉类加工厂，专门加工从蒙古进口的活牲畜，加工后选取其精华（羊皮、羊肠衣、羊绒和马肉等）向西方出口，赚取外汇。1961—1965 年，苏蒙长期贸易协定规定，蒙古每年要向苏联供应活牲畜 350 万头，占其当年全国牲畜总数的 15.5%。

1966 年夏天，我同中国驻蒙古建筑公司 566 工地的负责人老杜和他的工程师去色楞格省会苏赫巴托以西、靠近蒙苏边界上的扎尔迈勒河，查看该工地在这个河上修建的钢筋水泥桥梁使用情况，正赶上蒙古牧民驱赶成千上万头绵羊和山羊过桥去苏境。陪同我们的蒙古运输部门官员，一动不动地凝视着，流露出恋恋不舍的神情。我问为什么蒙古不自己宰杀以后运苏联，他凄然一笑说：“我们没有条件，只在不久前才有了捷克援助在乌兰巴托修建的一个肉类联合加工厂。”谁都知道，活牛羊浑身是宝，二次大战以后其产品几乎年年升值。

蒙古于1924年确定了“非资本主义发展道路”的总路线，战后于1948年开始实施发展国民经济和文化的第一个五年计划，迫切希望建立自己的民族工业。但到这个五年计划完成，苏联只帮助建了中央发电厂、汽车机械修配厂、洗毛厂、锯木厂等几个小厂，真正的机械工业和畜产品加工工业，一个也没有。1967年蒙方驱逐华侨教师而引发的“五二一”事件时，蒙古警察审问培才学校被捕的华侨小学生，在辩论中被激怒的警察咆哮起来：“你说你们国家好，滚回你们国家去！”这位四年级的小学生毫不示弱：“我们国家就是好，不像有的国家，搞了40多年连根针都不会造。”弄得警察十分尴尬，火冒三丈地把这些学生轰出警察局。

到50年代末60年代初，东欧国家的经济从战争破坏中复兴起来，他们纷纷到蒙古来参与开发畜产品和矿产品。这些国家距离蒙古上万公里，他们不可能把活牲畜拿走，于是，就投资兴建肉类联合加工厂、皮革加工厂、皮衣皮件厂、羊肠衣厂、地毯厂等等。蒙古出现了一些像样的加工工业。如果说苏联对蒙古采取的是掠夺性明显的“商品输出”，那么东欧国家则是剥削性比较隐蔽的“资本输出”。蒙古同东欧国家的经济关系热乎起来。

于是，1962年6月，苏联对蒙古进行威逼利诱，使其加入了以“国际分工”为根本原则的“经互会”。让蒙古在“经济一体化”的旗号下，进行“生产专业化”，主要发展畜牧业和矿产采掘，蒙古进一步丧失了发展民族经济的权利。

苏联基本上不允许东欧国家染指蒙古的矿产资源，但也不肯提供条件让蒙古自己独立开采和提炼。50年代以前，蒙古在东戈壁省会赛音山德以南的宗巴音地区，发现并建成一个小型油田，1960年产量达到2.8万吨。如果苏联肯予扶持，蒙古就有了自己的能源工业。但是，苏联在“国际分工”的幌子下，要求蒙古降低和减少石油生产，由它向蒙古倾销自己的石油产品。蒙古的东戈壁油田，到60年代末被迫封井，完全停止生产。

蒙古的矿产资源十分丰富，有煤、石油、铜、钨、金、银、钼、钴、萤石等五十余种。其中煤蕴藏量约500亿到1000亿吨、石油15000亿升、萤石800万吨、金3000吨、银7000吨，按人口平均矿产资源居世界前列。60年代前期，苏联派出地质勘探队，对蒙古矿藏进行普查，发现多处有色金属富矿，东欧国家闻讯，纷纷谋划与蒙方合作开发。苏联一向把蒙古矿藏视为禁脔，岂容东欧国家下箸！

60年代末，苏联开始致力于蒙古矿藏的开发，除加大肯特省原有的贝尔赫萤石矿产量外，又新建了哈珠乌兰新萤石矿区，并在苏赫巴托省的布伦朝格特开发了钨矿，在陶拉盖特开发了金矿。此外，还在布尔干省开发了世界十大铜钼矿之一的额尔登特铜钼矿，矿砂精选后运往苏联冶炼。为了解决新兴城市达尔汗的能源问题，以及大量苏军入蒙古和在蒙古的苏联经济技术人员及其家属猛增的需要，在色楞格省离达尔汗只有60公里的沙林河，开发了露天优质煤矿，省却了从苏联境内远途运输供煤。为开发有色金属矿而成立的"蒙苏有色金属公司"，名义上蒙方股份占51%，苏方股份占49%，实际上苏方人员当总经理操纵一切。

到第四个五年计划(1966—1970)完成的时候，蒙古政府对外宣布自己的国家已从农牧业—工业国，转变为工业—农牧业国家，用大量的统计数字掩盖了半殖民地经济的实质。经济不能独立，政治不能自主，加以泽登巴尔集团追随苏联破坏了同中国的关系，并与苏联秘密协商引入苏军进驻，……蒙古老百姓的不满情绪与日俱增，使得蒙古处在一个历史转折的关头。就在这关键时刻，蒙党中央委员会爆发了一场严重斗争，一批中央委员起来要打倒泽登巴尔，由蒙古人自己掌握国家的命运。

1963年，无论对苏联同中国的关系，还是对蒙古同中国的关系，都有一个重大转折，即党的关系基本决裂。苏共二十二大于1961年召开以后，苏联领导、苏联报刊，和在苏联影响下的许多国家的共产党领导，包括蒙古的泽登巴尔集团，都连篇累牍地发表决议、声明、文章，攻击中国共产党。中共于1963年7月,发表了《关于国际共产主义运动总路线的建议》,苏共立即发表了《给苏联各级党组织和全体共产党员的公开信》,使中苏的争论进一步公开化,空前激烈化。蒙古的泽登巴尔集团,紧跟苏联的指挥棒走在反华的最前列。蒙古《真理报》7月间发表社论,恶毒攻击中共是"愚笨的、专啃书本的教条主义者和机会主义者";泽登巴尔8月亲自为苏联《真理报》撰文,诬蔑中国对苏联进行"没有根据的恶毒指责"。其后,9月4日他又在莫斯科对记者发表谈话,对中国指名进行攻击和诬蔑。不一而足。泽登巴尔又于1963年12月,操纵蒙古人民革命党第十四届五中全会,通过了《关于中共领导人给世界共产主义运动制造的分裂和蒙古人民革命党的立场》的反华决议,使蒙古的反华宣传达到了空前高度。1964年,蒙古当局把反华扩大到国家关系,撕毁了劳动力援助协定,赶走全部中国援蒙员工,并开始对中国援蒙公司的工程项目制造障碍,……同时制造谣言,诬蔑中国对蒙古怀有领土野心,谎称中国军队将要入侵,以便为重新引进苏联军队常驻蒙古制造借口。

在这样的情势下,蒙古老百姓特别是知识分子中对泽登巴尔集团的不满已是"怨声载道"。这对领导层中忧国忧民的高级干部不能不有所触动,他们瞻念国家前途,认为等待下去局势只会更糟,必须酝酿采取行动。1964年10月,赫鲁晓夫被迫下野,泽登巴尔去莫斯科参加十月革命庆祝活动(对苏联同中国有无改善关系的可能进行摸底)未回。蒙党中央委员、国营农牧场管理局局长朝克特奥其尔·洛呼兹,串联中央统计局局长班地·苏尔玛扎布、南戈壁省省委第一书记巴勒丹道尔吉·宁布、国家计委第一副主席阿姆嘎朗·奥特根巴雅尔等一批中央委员,在1964年底召开的蒙古人民革命党第十四届六中全会上发难,对泽登巴尔亲苏反华的内外政策,进行了较为全面的揭露和批判,指出蒙古的党和国家不是独立的,真正威胁压迫蒙古的不是中国,而是苏联。他们要求蒙党中央改变政策,撤掉泽登巴尔的第一书记职务。从莫斯科仓促赶回开会的泽登巴尔没有料到这一场突然袭击,但老奸巨滑、谙于党内斗争的他很快恢复镇定,背后依靠苏联领导集团,采取分化瓦解加上高压手段,把这批造反的"秀才"很快镇压下去。据说,洛呼兹(这是汉语“老虎子”的音译,传说是华侨帮他母亲起的名字)也曾串连过军方领导人,这些人在中央全会上见势不妙反戈一击。会后,苏联专派苏共主席团委员、克格勃头子谢列平率团坐镇乌兰巴托,对洛呼兹派及其同情者进行了大规模的清洗,报刊上天天有“揭发批判”的文章,一时间搞得中上层干部人人自危。洛呼兹本人被流放到前杭爱省哈尔和林农牧场放羊。

从此,蒙古中央领导层中,再也没有人敢于仗义执言,普通蒙古人只好私下里咒骂。中国使馆文化处的毛家义,接触蒙方一位基层干部,聊得比较投机,这个干部骂道:“泽登巴尔算什么东西!他家乡那个地方的人,过去都是四条腿走路的!”泽登巴尔是蒙古西北边陲乌布苏省与苏联接壤一带的杜尔伯特人,这个部族直到蒙古独立还在赶着驯鹿过着游猎生活。这位干部的情绪,虽然反映了蒙古主体民族哈拉哈人对少数民族的轻视,但却更多地显示了普通蒙古人对泽登巴尔的诅咒。

泽登巴尔好酗酒,加以几十年绞尽脑汁内争外斗,为“丈人国”冲锋陷阵,政治生涯经常处于“旋涡”之中,50岁刚出头就显得苍老,患有多种疾病。

1968年的蒙古国庆招待会上,南斯拉夫驻蒙古大使指着正在致词的泽登巴尔对我说:“你看泽登巴尔的身体怎么样?”

“看样子还不错,只是这几年苍老得比较快。”我答。

“不,您看他的肚子,正常人是肚脐下面大,而他是上边大。”

“肝不好?”

“对啦!酗酒过分的结果。”

苏军重新大举入蒙

1963年7月,也就是与中蒙关系剧烈改变同步,蒙古与苏联秘密签订了《关于苏联帮助蒙古加强南部边界的防务协定》。此后,苏军派出许多勘探小分队，到蒙古铁路两侧及其以东的边境省份活动，他们都配备有野外通信电台车，成员均着便衣，对外声称是给草原找水，实际上是为苏军进驻勘察阵地。

1963年，中蒙边境没有任何异常。中国此刻正在为克服三年天灾人祸酿成的危机，对经济进行“调整、巩固、充实、提高”。如果说军队有调动，那是向南而不是向北，因为退踞台湾的国民党军队，想乘大陆经济困难进行“反攻”。因此，苏军重新入蒙，只能做这样的解释：支持泽登巴尔集团，更严密地控制蒙古。扑灭“洛呼兹事件”使苏联领导集团感到必须依照“历史经验”，用“刺刀”保卫蒙古的亲苏政权才能安全。

1964年，蒙古在全部赶走中国援蒙员工的同时，引进了苏军的一个建筑旅。这个旅的大部驻扎色楞格省的达尔汗，修建大量的楼房住宅；一部分进入乌兰巴托，主要是为即将进驻的苏军盖营房。1965年，苏军第二个建筑旅秘密开进蒙古，从事军用机场和各种基地的修筑。

1966年1月，苏共中央第一书记、苏联最高苏维埃主席团主席勃列日涅夫访问蒙古，同蒙古签订了为期20年的《苏蒙友好合作互助条约》。这个条约实际上是一个军事同盟条约。其中第五条规定：“缔约双方将……在保证对方的防御力量方面互相提供援助，缔约双方……为保证两国的安全、独立和领土完整起见，共同采取包括军事方面的措施在内的一切必要措施。”这个条约签订以后，入蒙苏军的活动逐渐公开化，乌兰巴托街头不但有越来越多的苏联军用汽车，而且也有一些苏军士兵在郊区游荡，有的还到中国驻蒙古公司的建筑工地讨酒喝。乌市东北的乌兰花热闹起来，大量建筑材料运进去，入夜电焊火花一直在闪烁，据说要在那里建指挥部。通往中蒙边界的铁路沿线，也传来了苏军在一些车站附近开始修筑机场和营房、仓库的消息。

1966年夏天一个下午，使馆全体人员打扫卫生，有几个同志在院子里剪除枯草，猛然发现从使馆与音乐舞蹈学校交界的墙头，先后跳进了几个苏联士兵，他们旁若无人、大模大样地并排向办公楼走去。使馆办公室的小刘马上截住他们进行询问，他们起初爱理不理，后来听说这是中国大使馆，随便进入就是侵犯了中国领土，都显得有点发慌，一个下士连忙表示道歉，说走错了路，不知是中国大使馆，一面说一面带着士兵向使馆大门走去。使馆工作人员马上把他们兜住，带进使馆的办公楼门厅，办公室主任老刘让小沈和小毛分别进行盘问。个个小兵都不开口，只有那个下士答话，说他是副班长，奉上级命令寻找失踪的几个士兵。问他为什么跳墙进入中国使馆，他讲上级命令是全连拉成一道防线，从东往西推进，遇到任何障碍都要越过，不能绕行。问他们属于哪个部队，他说属于第二建筑旅。接着他又连忙道歉，请求放他们走。之后，小沈把他们交给大门外值班的蒙古警察，那个副班长迈出使馆大门时，还回头望望办公楼上的中国国徽。

驻蒙古苏军为了寻找失踪的士兵，就明目张胆地在蒙古首都搞“拉网搜查”，可见他们把蒙古的主权践踏到何种程度！对中国大使馆他们不敢妄为，在蒙古老百姓的居住区那不是要搞得鸡飞狗跳！

1967 年 3 月，蒙古与苏联秘密签订在蒙古境内部署苏联军队的协定，由双方的国防部长签字。4 月，苏联的陆、空军作战部队开始进入蒙古，据说有大批坦克绕过乌兰巴托向南开进。乌兰巴托街道上的苏联军车越来越多，不但有黑牌子的建筑部队车辆，还有蓝牌子的作战部队车辆，许多车开得飞快，时常发生车祸。据华侨协会主任向使馆报告：夏天，有一骑摩托车的华侨被苏军车撞翻受伤，苏军司机开车扬长而去；更令人气愤的是，在乌市郊区，苏军车把一华侨撞死，苏司机啐了一口唾沫，依然驾车飞驰，过路的蒙古司机看到后，专程奔告华侨协会。我问侨协主任，为什么不到乌兰巴托市政府控告？他痛苦地摇摇头。由此我不禁回忆起，抗战胜利后，1946 年在中国国民党统治区，美军吉普车在大街上横冲直闯，肆意行驶，经常撞死撞伤中国人，而死伤者家属却无法讨回公道。但当时在解放区的烟台市，“救济总署”的美国司机开车撞死人力车工人，人民政府不仅索要赔偿，还责令该司机在送殡时披麻戴孝。两种不同政府，人民就有不同命运。

1967 年 11 月 7 日，蒙古庆祝十月革命 50 周年，乌兰巴托举行盛大的节日阅兵和群众游行。

在这前一天，11 月 6 日下午，蒙方举行了庆祝十月革命 50 周年大会，邀请外交使团各馆馆长参加。这是我接任临时代办后，第一次参加蒙方举办的大型活动。大会在蒙古政府大厦东侧的国家剧院举行，各国驻蒙古大使和临时代办分别在两个包厢里就座。

大会刚开始，蒙古外交部礼宾司工作人员送来了主讲人泽登巴尔的讲话稿。小毛紧忙看有无指名反华词句，因为国内指示只要有指名反华的内容，就应退席以示抗议。小毛在讲话稿的1/3处找到了一大段反华内容，指名我国领导人进行攻击。我跟小毛商定，他讲到点名处我们就退席。匈牙利使馆的三秘蒙文很棒，一面给他的大使做同声翻译，一面时而斜眼瞅瞅我们。当我们站起来挪动座椅往外走时，罗马尼亚大使和南斯拉夫大使扭头看着我们离去。

回使馆的路上，小毛对我说："他指名反华，我们退席，早早回家，不耽误吃晚饭，也不错。"他看到我生气的样子，有意缓解一下我的情绪。

"我第一次参加蒙方的大型活动，他就指名反华，而我们只能静悄悄地退席，我实在感到憋气。"当然，生气也没有用，后来经历次数多了，也就习以为常了。

11月7日早饭后，使馆接到观礼邀请的全体外交官开会，我讲了昨天蒙方在庆祝大会上反华的情况，主管交际工作的小刘提出了蒙方一旦反华时的应对方案。决定至少去3名蒙文译员，仔细听现场讲话，有反华词句时集体退场，绕行观礼台下，我们十几个人的退席抗议，会引起人们注意的。另外，布置在使馆内留守的同志，听现场广播（当时蒙古没有电视台），搞好录音，以便事后核对。

上午9时15分，我们离开使馆，按照蒙方规定的路线，绕行乌市北侧，切过几条横街，从西面进入政府大厦前的广场。这几条东西向的横街上，排列着参加游行的队伍；接近政府大厦后身的横街，则是准备接受检阅的蒙古军队。

"看！苏联军队！"小刘眼尖，指着一条横街喊起来。

"今天有苏联军队？"大家一起往他指的方向看，但因汽车很快驶过横街路口，大都没有看清楚。

"听说苏军作战部队4月秘密开进蒙古，难道今天真要公开亮相？"我近乎自语地回答大家。

9时45分，我们来到广场的观礼台上，站在苏联驻蒙古使馆一伙男男女女旁边，他们好像故意给迟来的我们留出这么一块地方。

10时整，庆祝活动开始，天气不太冷，但是阴沉沉的。首先是蒙古领导人讲话，广场里回声挺大，我们的3位蒙文译员，两位侧耳静听，一位用小收音机通过耳机听蒙古电台的即时播音。约20分钟，讲话结束，没有反华内容。我有点纳闷，这样的场合指名反华，不是影响更大吗？

阅兵开始了。首先，蒙古人民军事务部部长勒哈格瓦苏伦上将乘车检阅参阅部队，大概因为参阅部队多，用了很长时间才返回主席台发表讲话。然后，分列式开始，蒙军仪仗队走过，蒙军汽车载运部队、装甲输送车部队、炮兵部队、骑兵部队等方阵接连进场。蒙军过完，冷场五六分钟，以两辆小型装甲汽车为先导的苏军出现了。我不禁心底一震："今天果然有苏军！"接着，苏军的履带式装甲战斗车、榴弹炮和加农炮、反坦克火箭、防空导弹等，排着方阵开过去，最后是80余辆T62坦克（大约一个坦克团）排成的几个方阵，在街尽头加速时冒出一团黑烟，然后轰隆隆从观礼台前驶过。观礼台上的苏联人和一些蒙古人热烈鼓掌。全部机械化的苏军队列用了半个多小时才过完，坦克吐出的浓烟在观礼台前缭绕，我当时的确感到一种心理上的压力。

阅兵分列式结束，群众游行开始，队伍中除了举着蒙苏两国国旗外，还举着苏共中央主席团全体委员的画像，而蒙古领导人的画像，只有泽登巴尔和大呼拉尔主席团主席桑布两个人，令人看后觉得甚不相称。游行群众，头几拨情绪相当热烈，不断呼口号，后来的就稀稀落落，举举手中小旗喊几句。最后是体育表演队伍，其中摔跤手光着膀子，不断挺着胸脯，拍拍大腿，跳跃走过，零下十几度的天气，他们显得毫不畏葸。

苏军作战部队公开出现在蒙古的阅兵式上，显然是对中国的一种示威行动。

回馆路上，小沈发问："为什么蒙方今天没反华？"

小毛说："他若今天反华，我们全都退席，他们就没有示威对象了。"

小毛这话说对了，苏蒙当局是要中国使馆的人亲眼看看他们的军事实力，以便向北京报告。

小沈告诉大家，群众游行时，他同旁边一位苏联使馆的妇女交谈，她50年代在中国呆过几年，说中国同志热情友好，两国那时互通有无，日用商品什么都有，现在国家关系坏了，中国的东西看不到了，用中国话来说，只能是有眼泪往肚子里咽。

在苏联军队的坦克隆隆开过的时候，苏联一位妇女（估计是苏联使馆外交官的夫人或者工作人员）竟有另外一种想法，真是"百步之内必有香草"！

1968年，苏军加紧在蒙古中东部构筑军事基地、机场和其他设施。据了解，至少修建了四个现代化的军用机场，一个在乌兰巴托以东30多公里那来赫矿区附近的草滩上，一个在东方省会乔巴山市附近，另外两个在通向二连的铁路沿线；在乌兰巴托以南70公里的铁路旁，还在修建包括各种仓库在内的大型野战后勤基地。此外，在一些要点修筑了防空导弹阵地。在乌兰花修筑的军事指挥部和大片的部队营房已接近完工。蒙古大地已不再是静谧的草原，而是到处长出了苏联的军事"犬牙"，泽登巴尔集团已把自己的国家紧紧地捆在苏联的"战车"上。

1968年3月，蒙军领导机关——人民军事务部，改为国防部，扎米扬·勒哈格瓦苏伦上将任国防部长。从30年代起，蒙古政府内设有国防部；50年代初，驻蒙古苏军陆续撤走，1956年蒙古国防部改为人民军事务部，作战部队大部改为建筑旅，从事经济建设，一部分充实边防部队。人民军事务部又改回国防部，标志蒙军将重建作战诸兵种，配合入蒙苏军来对付中国。

中国的"文化大革命"还在热火朝天地进行，虽然1966年的红卫兵狂热、1967年的"夺权风暴"已成过去，但是内乱仍然不止，不少地方的武斗死灰复燃，甚至动用了坦克。驻蒙苏军中传出这样的狂言：一旦莫斯科下令，苏军坦克就开进北京，支持"健康力量"掌握局势。

中蒙关系似乎已开始进入军事摊牌的单行线。

到1968年底，驻蒙古苏军作战部队兵力部署基本就绪。1969年3月，中苏边界爆发武装冲突后，又进一步增兵。从有关方面获悉：整个兵力为一个集团军，司令部设在乌兰巴托市东北的乌兰花，司令是彼得洛夫斯基少将(不久后升为中将)。

集团军下辖两个摩托化步兵师、三个坦克师,是一个突击力相当强的坦克集团军。部队重点部署在乌兰巴托及其以北,和东方省的乔巴山市周围,部分驻扎在距中国边界240公里的重镇赛音山德(又称沙音山达)。

驻蒙古空军两个歼击轰炸航空兵师、三个直升机团和一个运输机团,共有飞机300多架。这些空军部队以团为单位分别部署在新修的乌兰巴托、巴彦、乔依尔和乔巴山等四个大型机场上。另有三个野战机场,供现有飞机转场之用。

整个驻蒙古苏联陆、空军的武器装备,主要有:坦克1800辆、战车和装甲车2500辆、大炮1400门、固定翼飞机192架、直升机123架,还有近程可带核弹头的地-地导弹发射器22部。

防空部队有2~3个防空导弹旅,3个雷达团。此外,还有其他一些特种部队。

驻蒙古苏军作战部队总人数约为8万人。

蒙军扩编已达相当规模,作战部队有:2个摩托化步兵旅、2个独立团、11个独立营;防空部队有1个歼击机团、1个雷达团、1个高炮团、2个防空导弹营。加上1个建筑旅、3个建筑团,以及军事机关和院校,合计兵力约5万人。

苏军在蒙古部署大体完成以后,就经常举行演习。蒙军有时作为辅助部队参加,有时自己单独进行。其演习设定,多半是设想中国人民解放军越过大漠向蒙古发动进攻,苏蒙军阻击后转入反攻,然后向我国的二连—张家口方向和多伦—承德方向突击,直接威胁北京。按照苏军战役战术规程,集团军的进攻速度,在不断克服敌方抗拒的条件下,每天必须推进70公里。北京离蒙古边境不到500公里,就是说他们的预案是一周时间打到北京城下。而北京的防御,在张家口以北都是草原及沙漠戈壁,无险峻地形可以据守,而沙漠戈壁在现代化战争中,已起不了多少屏障作用。

从上述情况可以看出,苏军入蒙以后对我国构成的威胁是多么巨大!我国内忙于搞“文化大革命”,不会也不可能主动进攻蒙古,苏蒙军演习设定的前提，不过是掩人耳目，其真正目的是必要时直接发动进攻。但是，直到1973年我离职返国时为止，驻蒙古苏军的军事部署，仍将主力留驻在乔依尔以北，即离中蒙边界360多公里的二线，和乌兰巴托及其以北接近蒙苏边界的三线。也就是说，从其战役布局来判断，暂时还处于防御态势，而不是进攻态势。当然，在苏军的对华战略中，把蒙古作为进攻中国腹地的前进基地，是毫无疑问的。

我作为中国驻蒙古的外交人员，亲眼看到屯兵蒙古、蓄势待发的苏军作战部队，对它给我国所构成的严重威胁，不能不感到深深不安和焦虑。

应当感谢马克思的在天之灵，中苏之间的军事摊牌终于没有发生。苏联当局派遣如此大量的军队进驻蒙古，所投入的人力、物力和财力，按卢布结算可能近乎天文数字，而蒙古人民也为此做出了巨大牺牲。

苏联戈尔巴乔夫上台后，1988年12月，宣布两年内从蒙古撤出全部苏军。实际上到1992年才撤干净。此后蒙古报纸刊登一项统计：苏军驻蒙古部队和武器装备，分布在乌兰巴托4个区、全国18个省中的15个省、64个县，使用土地413951.53公顷（折合4139平方公里），共建有机场7个、兵营55座、军官住宅136幢（6600单元房），对蒙古草原的破坏和自然环境的污染十分严重。而这些营房和住宅，多建在荒郊野外，蒙方接收后无法维护和利用，眼睁睁地看着它们变成废墟。蒙古当局向俄罗斯政府提出，要求总的赔偿25亿美元。

这正如中国俗语所说："搬起石头砸了自己的脚。"

第十四章　中蒙关系恶化再恶化

“文革”浪潮汹涌而来

1966年来临了！冷淡的中蒙关系，虽然还没有达到零度，但也已是“二九”天气。使馆的外交活动还能照常进行，不过受到的限制和冷遇也逐渐多起来。开年之初，蒙古外交部就照会各国驻蒙古使团，离开乌兰巴托20公里以上的外出，必须事前提出申请。这种限制对苏联和东欧国家使馆是不会起作用的，实际上主要是针对中国大使馆。其目的既有政治性的一面，也有实用主义的一面：为苏军入蒙而开始修筑的军事基地和设施，尽量不让中国人看到。

中国援蒙建筑公司继续履行双方的协议，他们的职工在国内欢度春节后，陆续返回蒙古。随着天气日渐转暖，建筑工地上又开始沸腾起来。而在友谊街东头的高地上，出现了苏联建筑兵在盖高层楼房。他们盖楼给谁住呢？不久传出苏联要增加在蒙古“专家”的消息。驻蒙公司宗哈拉工地来乌兰巴托的职工说，在北面色楞格省的达尔汗，有更多的苏联建筑兵在盖大片楼房。看来，蒙古已决心让苏联建筑部队取代中国在蒙古的建筑工人了。

1966年5月，按说已进入春季，但在蒙古街头仍是枯树枝桠，使馆院内也还是大片枯草，早晚寒气依然袭人。5月底，外交信使来后（他们每月两次来馆），张灿明大使马上召集全馆人员大会，传达5月16日《中共中央通知》。大使态度严肃，表情有点沉重，显然事前他看过这个通知。他用浓重的四川腔，把这个《五一六通知》读了两遍。散会后，回到文化处，我们几个人议论起来。通知说彻底揭露批判反党反社会主义的“学术权威”，同时“必须批判混进党里、政府里、军队里和文化领域等各界里的资产阶级代表人物，清洗这些人，有些则要调动他们的职务”，大家觉得事情来得突然又相当严重。小毛说《通知》没提外交界，老姜说都可以算在政府里。我回忆起在离开北京的火车上，看姚文元文章时那种下意识的敏感，事情果然临头了。

此后，从国内的广播里、报纸上，听到看到的都是揭露和批判，以及要掀起文化革命的消息，一批批高级领导干部，以“反党集团”的名义被揭露出来、撤了职务。报纸上没有公布罪状的领导人像刘少奇、邓小平，他们未来的命运，也通过各种渠道传播到使馆。蒙古报纸对北京发生的事情，起初是客观报道，后来就加上了自己的评论，字里行间有一股掩饰不住的幸灾乐祸的情绪。

7 月，政务参赞魏宝善从国内休假回馆，大使夫妇和姜振忠等几人回国休假，老魏任临时代办。9 月中旬，国内发来毛主席的“九九指示”：“来一个革命化，否则很危险。”事情的由来是，奥地利和非洲某国的革命“左”派，给中国领导人写信，说中国驻该国大使，“乘坐豪华汽车，外交招待会奢侈浪费……”毛主席 9 月 9 日批示，要求所有驻外使馆来个革命化。老魏根据在国内看到的《毛主席语录》大行其道的情况，很快要中国驻蒙古建筑公司派来木工，制作大型语录板，在对外比较显眼的墙上，都挂上了红底金字的毛主席语录板。在使馆楼迎门两边的墙上，分别挂着“领导我们事业的核心力量是中国共产党”和“指导我们思想的理论基础是马克思列宁主义”两块语录板，把楼前厅映得红彤彤的。在礼堂里与门相对的墙壁上则是一块高 1.5 米、宽 5 米的大语录板，上面分两大段刻着：“捣乱，失败，再捣乱，再失败，直至灭亡——这就是帝国主义和世界上一切反动派对待人民事业的逻辑，他们决不会违背这个逻辑的。”“斗争，失败，再斗争，再失败，再斗争，直至胜利——这就是人民的逻辑，他们也是决不会违背这个逻辑的。”

不久，使馆举行了一次电影招待会，蒙古方外交部长、和平友好委员会主席和一些政府官员，以及各界人士出席。他们一进礼堂看到这块大语录板，就有点愣神，外交部懂中文的官员显出“触目惊心”的表情。魏代办向蒙古外交部长解释语录的含义,周围的官员都挤过来静听,大概是理解到没有具体指名,也就进到舞台前坐下。

8月初召开的中共八届十一中全会制定的“十六条”,在使馆及驻蒙公司、友谊医院传达后,特别是毛主席给清华大学附中红卫兵写信,随之在全国掀起的红卫兵运动,对我国驻蒙古使馆人员影响很大,有一些人要求在国外组织红卫兵闹革命。魏代办根据国内要求驻外单位正面学习不搞运动的指示,通过各级领导说服了这些同志,但人们的思想情绪越来越激烈化。国内发来了各种外文版的《毛主席语录》,要求驻外使馆散发。驻蒙古使馆当然积极性也很高。除了外交官直接送使团人员外,还让驻蒙古建筑公司、友谊医院和培才学校设法散发。

培才学校是使馆附近的一座华侨小学。原来是为对蒙劳动力援助的员工子弟办的,学校领导和教员都从国内派来。“劳援”被迫撤走后,这所学校转为华侨子弟小学,学校的领导班子仍是国内来的那些人,但吸收了华侨中一些年轻知识分子替代国内派来的教员。在国内“文化大革命”的强烈影响下,毛主席著作成为必修课,师生们的“革命”情绪很高涨,他们把《毛主席语录》带回家,不仅念给父母听,也向蒙古邻居广为散发。

培才学校原址

蒙古当局的反华宣传日渐加剧，紧跟苏联报刊反华的调子，直接指责我国的“文化大革命”，甚至点名攻击我国领导人，称毛泽东思想为毛主义，希望中国的“健康力量”能起来掌握局势，这就使两国关系由冷变恶。蒙古有关方面对中国驻蒙古公司的刁难和对培才学校的限制，都在不断加码。

9月，张大使夫妇返馆，主持了9月30日的使馆国庆招待会，蒙方出席人员规格虽未明显下降，但人数已大为减少，气氛也没有往年热烈。

国庆节过后，我国外交部通知驻外使馆，所有人员必须分批分期回国参加“文化大革命”。魏代办夫妇在11月返国，我同其他几名使馆人员与之同行。

在使馆，对于“文革”只从报纸上、广播中有所了解，缺乏感性体验。因此，回到北京以后，我就迫不及待地上街看看。从宽街步行到王府井，街道两旁几乎贴满了打倒这个、打倒那个的大标语，中医医院、隆福医院、科学院图书馆的大门两旁，密密麻麻地贴满大字报，内容多是批判本单位的“走资派”。从灯市西口到王府井大街，几乎所有商店的门窗和外墙上都刷满了红纸写的大标语或大字报，什么同升和

作者于国庆招待会举行之前

鞋店、盛锡福帽店、百草参茸国药店都找不到了，据说是为了欢呼刘、邓下台，根据什么人的“指示”搞的“红海洋”。信步走进一个卖工艺品的小商店，看到小型的毛主席半身塑像做得挺精致，我指着问这个多少钱，售货员瞪了我一眼没吭气。这时，进来一个戴造反派红袖标的外地青年，对售货员讲：“我要请一张毛主席像。”售货员马上热情接待。我一看不好，再呆下去说不定得挨批，就赶紧走了出来。

我一面走一面想起小时候的事：旧历年关将到，跟随父亲去赶集，为了腊月二十三日（过小年）祭灶神，父亲在一个货摊前恭恭敬敬“请”了一张灶王爷和灶王奶奶并肩而坐的像，让我用双手捧回家。……

我在这种大不敬的胡思乱想中，走进了百货大楼。门窗玻璃糊满了大字报，里面黑糊糊的，买东西的顾客先对了语录才能买东西：顾客说“毛主席万岁”，售货员说“为人民服务”，或者一方说“造反有理”，另一方则说“文化大革命万岁”，然后才洽谈买什么。我既感到挺有趣，又觉得挺别扭，因为不会对语录，也不敢买东西。

1967年1月，随着全国造反派的“夺权”风暴，外交部的造反派成立了联络站，领导外交部机关和使领馆回国人员搞“运动”。外交部的业务工作，由原来的一些领导加若干新人组成的核心组领导。姬鹏飞等几位老的部领导，由于是“当权派”，既要主持繁重的日常工作，又要随时接受造反派的批判。回国参加“文革”的各个使馆人员，都成立了战斗队，开始批判“当权派”。大使首当其冲，参赞是准“当权派”，受冲击稍小；随员以下参加战斗队成为“大批判”的骨干；一、二、三秘游离其中，但必须站在造反派一边，否则就要挨批。驻蒙古使馆由于人员

“文革”初期驻蒙使馆临时主要负责成员
（前排右一为临时代办刘吉德）

构成的关系，战斗队里除个别人“造反精神”特强，其他人尤其是一些年岁较大的公勤人员，大都比较“保守”，批判会开得还算文明。

春节之前，张大使夫妇奉调返国参加“文化大革命”，使馆由办公室主任刘吉德担任临时代办。

张大使到京，驻蒙古使馆战斗队仿照其他使馆做法，接站汽车直接把大使拉到战斗队，让他站在方凳上背语录，其目的是“煞煞当权派的威风”。

有一天，外交学院的造反团来揪张大使去清算“于、窦事件”，驻蒙古使馆战斗队起初不同意，认为此事应由使馆的人批判深究，但外交部的造反联络站支持造反团的“革命行动”。结果，张大使去后即被扣上投降派的罪名，不仅戴了高帽子，坐了“喷气式”，还被拳打脚踢，肋骨被打断两根，腰椎受伤不能直立。大使夫妇回来后，在院子里靠墙坐下，我从他们身旁走过，大使夫人杨波含着眼泪对我说：“这还怎么活下去！”我不敢接茬，只能默默地点了点头，心想你们无论如何要坚持活下去。

在这样情况下，我只能努力“韬晦”，希望尽快脱离“苦海”。7月，机会来了，使馆的战斗队提议，经外交部第二亚洲司批准，派我和其他几个同志去蒙古轮换最后一批未参加运动的同志。去前，我见到伤势有所好转的张大使，向他告别。他高兴地连声说：“你去好，你去好。”我的妻子本来“文革”前已做好出国前的一切准备，“文革”一来，停止所有初次出国人员外派，我又是茕茕一人踏上“征途”。

“五二一”事件和“八九”事件

我回到乌兰巴托，街道两边的树木已长出嫩叶，举眼望去满目青翠，蒙古的春天终于来了。但使馆里却是一片愤怒消逝后的沉默，这是由于5月21日发生了一起严重事件。

培才学校师生学习和宣传毛泽东思想，引起蒙古当局的特别注意。华侨子弟通过其家庭同蒙古社会有着广泛的联系，他们散发的数量可观的小红书——《毛主席语录》，已深入蒙古民间，这是蒙古当局绝对不能容忍的，于是想方设法寻找借口进行打击。

培才学校与蒙古消息报社同处一个大院，该社的展览橱窗展出的蒙古政府领导人的照片被涂抹，蒙方认为是华侨学生所为，就单方面关闭了共同使用的大门，让学生使用仅容单人进出的小旁门，这显然是一种挑衅行为。学生嫌小门太窄，上下学进出拥挤，就敲打大门让蒙方警卫开门。于是，蒙古当局就以"3 名华侨老师带领学生踢打报社大门"，"破坏了蒙方法律"为借口，宣布驱逐 3 位华侨教师出境，实质上是想借此达到"杀一儆百"的目的。

蒙古当局的无理宣布，激起培才学校师生的愤怒情绪，酝酿届时集体到火车站欢送，并以 1 月 25 日发生在苏联莫斯科红场上的中国留学生的英勇斗争事迹相激励。1967 年初，中国政府通知派往世界各国的留学生请假半年，回国参加"文化大革命"。留法、留芬兰学生总共 69 人抵达莫斯科后，在"革命"情绪的激荡下，于 1 月 25 日到红场瞻仰革命导师列宁的遗容。当日天气特冷，他们依然排队耐心等待。苏联军官"好心"地把他们插进"参观者"(实际上都是便衣警察)的行列。他们走到列宁墓前的大理石平台上排成方阵，献上花圈，开始脱帽默哀。还不到 1 分钟，苏警就气势汹汹地喊"够了，够了"！默哀后，一名留学生走出队伍，领导大家读《毛主席语录》，苏军一名少校一挥手，苏军和便衣警察就一拥而上，企图冲垮中国留学生队伍。留学生手挽手高唱《国际歌》，气急败坏的苏联军警二三百人将中国学生和使馆陪同人员分割包围，三四个围住一人大打出手，最可恶的是便衣警察，在棉手套里藏有铁块，把中国学生打得鼻青脸肿，鲜血直流，有的甚至伤筋断骨。打了约半小时，不少市民和各国驻莫斯科记者闻讯赶来。几个苏联老人喊道："不要打他们！他们是学生！"有些苏联工人还上前帮助中国留学生撤出包围圈。这就是 1967 年有名的"莫斯科红场事件"。此后不久，国内给驻蒙古使馆发来"红场事件"的照片，让张贴揭露苏联当局的暴行。结果，展出不久，展览橱窗玻璃就在夜里被砸，照片被撕碎扔进使馆大门。

临时代办刘吉德，鉴于蒙方对“红场事件”照片展出后的反应，考虑到华侨师生一旦到车站集体欢送，蒙方可能会模仿“红场事件”对中国留学生的做法，招致蒙古警特镇压。遂于5月19日发电国内，建议组织集体欢送，有序进行，不读语录、不喊口号、不唱《国际歌》。当时外交部造反派还未夺权，但已对业务部门实行监督，因此在复电中强调组织集体欢送，应坚持“三要”——读语录、喊口号、唱《国际歌》。当晚，使馆再次向国内请示，讲明情况，陈述利害，建议在集体欢送时免除“三要”，国内未予置理。

蒙古当局获悉华侨师生计划去车站搞集体欢送，5月20日上午，蒙古外交部第一副部长托依夫约见我驻蒙古使馆临时代办，提出不得在车站举行欢送集会等无理要求，否则后果由中方负责。刘代办予以拒绝。蒙方这样提出要挟，对情绪激愤的华侨师生无异于火上浇油。刘代办回馆后，立即向国内报告，建议顶住蒙方无理要求，届时在车站举行适当规模的欢送，但不形成集会，不读语录、不喊口号，不唱《国际歌》，以避免事态不可控制，希望国内21日10时前复示。但等到21日傍午，仍无回音。刘代办不得不再次紧急请示，国内答复按前电执行。刘代办无奈，只能在组织工作上采取一些防范措施，例如把领喊口号的师生埋藏在人圈内，不使蒙古警特发现。

5月21日下午3时，华侨师生秩序井然地前往乌兰巴托车站为3名被逐教师送行，使馆4名外交官及中建驻蒙公司、友谊医院、华侨协会等单位的代表也来到车站，总共200余人。未经组织个人自动来送行的华侨及培才学校低年级学生，也有150～200人。送行者向被逐教师献花后，齐声朗读毛主席语录。这时，预伏的大批警察加便衣，冲进人群动手抓人。华侨师生高唱《国际歌》，高呼口号，蒙古警特大打出手，连许多只有十几岁的女学生也被打倒在地。在场的中国外交官向蒙古警官提出强烈抗议，蒙古警特不仅置之不理，而且动手扭打中国外交官，并将之强行关进车站临时拘留处。其中一名外交官被拳打脚踢，衣服纽扣被撕掉，胸侧肋骨挫伤。华侨师生和侨协干部20余人被蒙古警特肆行殴打后，又被关进另一临时拘留处。中国使馆临时代办刘吉德闻讯急忙赶到现场，向在现场幕后指挥的蒙古外交部第一副部长托依夫进行交涉,托依夫避而不见。刘代办遂向亲自上阵指挥抓人、打人的蒙古国家警察总局副局长兼乌市警察局长艾林亲浩尔洛提出最强烈的抗议。艾狡辩一通之后,被迫承认华侨学生举行欢送仪式是合情合理的,承认蒙警非法殴打、拘捕了我外交人员,答应立即释放。刘代办与被释放的使馆外交官和工作人员一起返馆,关于释放华侨师生及侨协干部的问题,艾说:“请向蒙古外交部交涉!”

刘代办返馆后,深夜约见蒙古外交部礼宾司副司长图门,对车站事件向蒙古政府表示最强烈、最严重的抗议,并提出三项要求:(一)全部释放被无理逮捕的中国公民;(二)向遭受毒打和被扣押的全部中国人员赔礼道歉;(三)立即采取措施保障使馆外交人员和中国公民的安全,保证今后不再发生类似事件。

在我方强烈抗议和要求下,被扣押的华侨师生很快被释放,但侨协干部贾秀文却被送往外地监狱关了起来。3 名被驱逐的教师,离开蒙境前在扎门乌德没有遇到什么麻烦,回到北京受到有关单位的热烈欢迎。这次“乌兰巴托车站事件”等于是“莫斯科红场事件”的重演。在当时的历史条件下,国内没有什么人出来正确地总结经验教训。

在北京,5 月下旬以后,外交部“文革”运动中极左思潮甚嚣尘上,在苏联驻华使馆门前已游行示威数日,砸了“扬威路”的街牌,换上了“反修路”的路标。人们得知蒙古当局驱逐培才学校教师,在车站拘捕使馆外交官,都感到异常激愤,立即组织队伍到蒙古驻华使馆游行示威,递送抗议信的几个人企图冲进使馆当面质问蒙古大使,受到门卫解放军的阻拦。连日来的抗议示威,使蒙古驻华使馆感到十分紧张。

在越来越激烈的反对“大修”(苏联)、“小修”(蒙古)的声浪中,中蒙关系一下子陷入低谷,外交往来只限于强烈抗议、最强烈的抗议,抗议照会有时是在文字上蒙文难以表达的“最最强烈”的字句。

无独有偶,8 月 9 日在北京发生了一次更为严重的事件。这时,我已回到使馆。据了解,国内“文革”运动中的极左思潮在 7 月底 8 月初发展到登峰造极的程度。外交部的造反联络站在王力、戚本禹等人的直接煽动下,夺了外交部的权,周总理直接领导的外交工作失去了控制。联络站在“打倒帝修反”的口号下,指挥外交系统的造反派,并影响社会上的若干造反组织,向好几个国家驻华使馆“四面出击”。其中最严重的是砸了缅甸驻华使馆,火烧了英国驻华代办处。就是在这样的情势下,8月9日在北京东华门大街烧了蒙古驻华大使策伯格米德专用的轿车。

“八九”事件的过程大致是:这天上午,蒙古驻华大使策伯格米德的夫人及另两名外交官夫人乘坐大使的专车,到坐落在东华门大街的友谊商店购物,司机达希敖额尔特把车停在马路边,然后倚在车头上观望手持小红书来来往往的红卫兵队伍。突然,行进队伍中有人发现汽车刹车的踏板上有一张印有毛主席像的海报。这时,蒙古大使夫人等3人从商店出来坐进汽车,司机踩油门开车,踏上了毛主席像。围拢来的红卫兵怒火沸腾,脚踩伟大领袖毛主席还得了!队伍中有懂蒙语的红卫兵,立即把蒙古司机揪了出来质问,蒙古大使夫人等吓得下车跑进了商店。人群中有人领头高喊:“侮辱伟大领袖毛主席罪该万死!”“打倒苏修的走狗蒙古修正主义!”蒙方司机起初拒不认罪,还企图撕毁毛主席像开车逃跑,但汽车被群众团团围住开不动。愤怒至极的红卫兵命令他站在凳子上示众,让他下跪向毛主席像请罪,有人还把轿车上挂的蒙古国旗扯下来,要他放在地上用脚踩。友谊商店售货员出来说,大使夫人在打电话求救。这无异给愤怒的红卫兵火上加油,有人喊:“把汽车烧掉!”众多红卫兵齐喊“一、二、三”,把汽车掀翻,有人点起火来,围观的人群齐喊:“毛主席万岁!”“文化大革命万岁!”等到消防车开来,熊熊大火已把这部海鸥牌高级轿车烧得只剩躯壳。在汽车已经烧起来的时候,我国外交部的一位处长来到现场,说服群众将蒙古司机交他处理。蒙古司机当即被北京市公安局拘留,经过审讯,他在人证物证面前不得不认错,并亲笔写下《认罪书》。我国外交部第二亚洲司负责人召见蒙古驻华大使,交给他一份照会,对蒙古使馆工作人员达希敖额尔特侮辱伟大领袖毛主席像提出最强烈的抗议,并称中国政府决定将他驱逐出境。这个司机离境前,在二连车站又站在高凳上被批斗了一次。

8月9日当天,驻蒙古使馆对此事一无所知。傍晚下班时,蒙古外交部来电话称,其副外长托依夫晚8时紧急召见刘代办。两国间又发生了什么事？大家都感到有些紧张。刘代办让研究室注意收听蒙古电台广播，并把应召时间借故推迟至晚10时。从蒙方广播的简单消息中，大体了解了这一严重事件的梗概。刘代办和译员小刘按时去蒙古外交部。蒙古外交部副外长托依夫沉着脸，寒暄的话也没讲，就当着刘代办的面宣读《蒙古政府声明》，要求中国政府对火烧蒙古驻华大使汽车和侮辱司机一事承担责任，并赔偿损失。蒙方在声明中抵赖其驻华使馆司机的言行，反诬中国政府执行大国沙文主义政策，并一再直接指名攻击毛主席。刘代办严词驳斥了蒙方的反华论调，对其指名攻击毛主席提出强烈抗议。至于蒙方提出的要求，以未接国内通报、不了解事实真相为由，予以拒绝。

第二天晚上，外交部来电通知驻蒙古使馆，说明了事件经过，要求使馆提高警惕并采取措施，准备应付蒙方策动群众冲击使馆。铁路小联运的列车员抵达乌兰巴托，即来使馆汇报。描述了8月9日烧蒙古大使汽车的现场情况，并叙说最近两天北京革命群众和红卫兵到蒙古驻华大使馆门前示威游行，在其围墙上和道路上刷了许多大标语。其中有“打倒蒙修”、“打倒苏联的奴才泽登巴尔”。刘代办连夜召集使馆全体和驻蒙古各单位领导开会，布置应急措施。顿时，一片紧张的气氛笼罩了整个使馆。

60年代曾发生过我国驻外使馆被驻在国暴徒冲击事件，人员被打伤，文件被抢走。驻蒙古使馆内部没有任何防卫设施，一旦被冲击，只能是靠人力抵挡。大家纷纷表示决心，誓死保卫使馆，宁死保守机密，人人的神经都极度紧绷。

一天、两天过去了，除了蒙方报纸刊登其政府声明，以及发表文章进行反华鼓噪外，未见他们有任何冲击使馆或前来游行示威的迹象。而在北京，我国外交部第二亚洲司负责人8月18日再次召见蒙古驻华大使，对其政府9日声明做出强烈反应，并正告蒙古当局，对中国人民所犯下的每一桩罪行，中国人民是一定要清算的。

时间过了五六天，罗马尼亚驻蒙古大使主动来拜访刘代办，告诉说前两天蒙古外交部召集各国驻蒙古使节开会，蒙古外交部副外长托依夫首先宣读了《蒙古政府声明》，让到会人看了“东华门事件”的照片，接着说了些攻击中国政府的话，最后宣称蒙方不准备采取报复措施，以避免两国关系进一步恶化。但对罗大使一家之言能否确信，刘代办决定通过外交活动摸摸情况，便前去拜会越南驻蒙古临时代办。中越两国使馆关系十分亲密，我国对越南抗美全力支援，仁至义尽，我国驻蒙古使馆也在物质生活上，对其驻蒙古使馆多方给以关心和帮助。但是，越南临时代办在交谈中，对刘代办说明“八九”事件过程光听不语，对蒙古外交部召开会议及可能采取的措施也一声不吭。

刘代办召开使馆全体会议，讲述了上述情况，大家认为罗马尼亚大使的话是可信的，虽然对蒙方仍存疑虑。我感到蒙方如果真的不采取报复措施，在外交上采取高姿态，就会使中国方面显得无理，而使自己赢得了声誉。我们这些中国外交人员面对我国形象受损，只有内心说不出来的痛楚。刘代办讲述中，对比了越南和罗马尼亚两家使节的态度，我不由得想到小学课本上的甲乙两个好朋友野外遇到黑熊的故事，觉得越南人太不够朋友。

“八九事件”带来的余波，在使馆来讲是安全地度过了，但中蒙国家关系更进一步恶化，到了无可修补的地步。1967 年 9 月 30 日，刘代办主持举行国庆招待会，蒙方最高来宾已由过去的一两名政治局委员和部长会议副主席，降为外交部长与和平友好委员会主席，往年出席的一些友好人士全都不见了。10 月，蒙古政府撤回了其驻华大使策伯格米德。

刘代办于 10 月底，与商务参赞王琢之，以及其他几个同志一起回国参加“文化大革命”。王琢之在张灿明大使回国后，与临时代办刘吉德一起成为使馆主要领导。“五二一事件”发生后，他曾让中建公司驻蒙工地给杀一口猪，改善一下使馆人员的生活，也含有对进行斗争的同志慰问之意。此举惹起了馆内几个年轻人的批判，说他是在庆祝挨打。我回到使馆后，他曾向我诉说这件事，委屈得含着眼泪。面对这位头发斑白的老参赞，我在那种情况下能说些什么呢？只能说些不着边际的安慰话。

刘吉德、王琢之回国后，外交部来电任命我做临时代办。不久，经援专员王琨和领事部主任孙立殿相继返馆，我们 3 人成为使馆主要领导。任临时代办对我来讲当然是一副极其沉重的担子，而且没想到从 1967 年 11 月到 1970 年 4 月，我竟临时代办了两年半之久，这在我国驻外使馆的历史上是少有的。

去隆县拜年

冬天很快来到了。入冬以后，乌兰巴托的天气比之往年不算怎么冷，但对中国驻蒙古使馆的外交工作来讲，够得上一个真正的严冬。外交活动极少，使馆人员基本上是“蛰伏”越冬，并在“蛰伏”中迎来了 1968 年。

新年过后，为了试探蒙方的态度，中国驻蒙古使馆照会蒙古外交部：中国驻蒙古临时代办拟按惯例到蒙中友好合作社祝贺牧民节。原以为蒙方会借故阻挠，不料却很快获得答复，他们要中国使馆告知确切日期，以便通知蒙中友好合作社。

蒙中友好合作社坐落在乌兰巴托以西 120 公里的隆县，是一个以农业为主的农牧合作社。50 年代，中蒙之间为了显示各界的友好关系，在彼此首都附近相互建立友好合作社。蒙古的牧民节与中国的春节基本上是同一天，这是从中国农历新年演化而来。蒙古语称这一天为“查干萨拉”（意为“白月”或“正月”），男女都要穿素色和白色绸缎衣服，以表示心地洁白善良。1960 年，蒙古政府将传统的“查干萨拉”定为农牧业合作化社员节，简称牧民节。每年在这天以前，中国使馆要派人前去祝节、赠礼，开始是大使或参赞去，后来改为使馆二秘以上外交官轮流前去。

离春节还有两天，我同小毛乘坐一部吉姆轿车前往。去隆县的路上，风雪交加，十分寒冷。好在我们乘坐的汽车暖气特别好。公路基本上是来往车辆在草原上轧出来的，虽然不正规但行车平稳快速，相反个别低洼地段铺了石子垫高压实的硬路面，车走起来颠来颠去，不仅速度慢，人也不舒服。风刮着碎雪，迎着车头一阵阵卷过来，车前窗玻璃上的雨刷只能刷出一个扇面形的雪洞。司机老周说，这种天气叫飞白毛雪，气温至少有零下 30 度，如果汽车在半路抛锚那就糟了，车要冻“死”（开不动）人要冻伤。他说得我有些担心。小毛说不要紧，这部吉姆车较新，马力也大，不会抛锚，如果换了“伏尔加”和“华沙”就难说了；其次，这条路是乌兰巴托通西部省份的主要公路，来往车辆较多，必要时可以相互救援。

下午 4 时左右抵达隆县边境，农牧社的社长和书记按照蒙古的古老传统，在与邻县交界的地方迎接我们，然后一起回到合作社驻地。

社长首先把我们安置在一个砖瓦房的招待所里，让我们喝热腾腾的奶茶，围着炉子取暖。这种炉子不烧煤而烧牛粪，蓝荧荧的火苗，暖和而没有什么气味。

晚上，在一个大型的蒙古包里，设全羊宴用马奶酒招待我们。一进蒙古包，迎面扑来浓烈的羊膻味，这比乌兰巴托蒙方一些单位的会客室里厉害得多。

为了照顾我们不习惯席地而坐，蒙古包内设了 T 字形的长条桌，我和小毛在社长、书记的陪同下，坐在桌子的横头，面前摆着一只制作好的全羊和其他食品，桌子的竖条两侧按惯例坐着特邀的老年人和生产能手，司机老周懂点蒙文，同他们坐在一起。

社长是一个 40 多岁的中年人，首先致词说，今年的牧民节同中国的春节恰好碰到同一天，这是个吉祥的日子，中国使馆的同志来与我们共同迎接这个日子，我们非常高兴。接着他讲了一下农牧社一年来的成绩，还说了一些祝福的话。

我简单讲了些友好祝福的话，就赠送礼品。礼品是一箱二锅头白酒，另加几瓶山西汾酒和陕西西凤酒，还有简装中华烟和茉莉花茶，以及杭州织锦风景画。这些礼品是他们十分喜欢的，尤其是白酒。蒙古人酷爱饮酒，度数越高越好，乌兰巴托酒厂生产的白酒不好喝，苏联的伏特加度数也不够。近两年中蒙贸易量下降，蒙古进口中国的酒较少，根本分配不到县以下。

赠礼后，社长让主宾切全羊。小毛告诉我怎么切法，我就拿起刀在羊臀部片了一小块肉放到嘴里，然后把刀交给社长转与一老年人。这位老人一会儿就把全羊分解成小块，盛在碗里送与在座的每个人。

招待所的女服务员把一碗碗马奶酒端到每人面前。马奶酒我过去听说过，但从没喝过，一口下去觉得味道香醇，度数不高，就接连喝了几口，没想到马上冲上脑袋，弄得晕晕乎乎。小毛怕我喝醉，就向服务员要来一杯酸马奶让我喝。社长问我加糖还是加盐，解释说蒙古中西部喝马奶是加糖，东部喝马奶要加盐。我回答当然是加糖，为了同他们取得一致。

大家喝着吃着，社里年事最高的老人唱起民歌——长调，旁边有人拉起马头琴，歌声高亢悠扬，配以忽高忽低琴声的呜咽，令人有游荡在大草原上的感觉。长调是蒙古民间歌唱形式，多在喜庆日子演唱，歌词有的是传统继承，有的是老练歌手即景生情按调自编，之所以叫长调，不仅歌唱时间长，而且每句调之后要拖长腔，就像我国京剧末字要哼半天。欢乐气氛一直持续到夜深，蒙古包里暖洋洋的，人们忘记了外面刮的白毛雪。

回到招待所，只有司机老周不肯脱衣就寝，坐在那里默默地抽烟。我问他怎么不睡，他告诉我，招待所没有车库，我们的车只能放在露天，这种天气晚上每半小时就得把车发动一次，要不即使水箱冷冻液经得住，传动轴里的机油也会冻实。他白天雪中行车够辛苦，晚上又尽职尽责地守夜，这样的老师傅实在令人感动。我乘车颠簸疲劳，加上喝了马奶酒，很快就入睡了，只是司机开门出去一阵冷风吹进来时，偶尔醒一下。

第二天雪霁天晴，告别农牧社的领导，踏上归途。雪下得不厚，但迎面反射的阳光十分刺眼。我说这雪下得太薄不顶用吧，小毛解释说这雪正好，下得深了把草全盖住，牲畜冬天就没吃的了；农牧社本身也矛盾，种地希望雪越厚越好，放牧则希望下雪次数多但量不要大。

司机老周问我对蒙古包里的膻味习惯吗，我告诉他来蒙古以前有思想准备，有人告诫过我，能闻膻味、能吃带血羊肉是过两关，否则在蒙古没法呆。我小时候吃了牛羊肉就呕吐，战争期间下乡搞土改，住在一个复员军人家里，那时由于粮食饲料困难，家家户户养羊而不养猪，这位复员军人经常宰羊做羊肉汤下饭，我从开始强咽到慢慢习惯，最后离去时已喜欢上羊肉了。

小毛说要是不能吃羊肉，到蒙古来就惨了。过去使馆有位参赞，出席蒙方宴会只能吃点面包、酸黄瓜什么的，闻到浓重的羊膻味就恶心呕吐，农牧社这样的地方他根本不敢来。

讲到羊膻味，老周补充说，使馆食堂所需鸡蛋，有时蒙古外交商店供应不上，我们就到华侨家收购。华侨家的鸡蛋又大又红，据说是捡蒙古餐馆扔掉的羊内脏切碎喂鸡，鸡吃了这种饲料，冬天照样下蛋，而且零下二三十度也不进窝。

我说，无怪食堂的炒鸡蛋一股羊膻味，说得他们两人都笑起来。

我问他们：为什么外交商店供应的鸡蛋个个都编号码？

小毛说蒙古人不会养鸡，外交商店的鸡蛋是中国援建的养鸡厂生产的，数量极其有限，怕工人偷吃就编了号。

我问小毛，蒙中友好社对我们的招待比之往年怎么样？

小毛说没有什么变化，还像过去一样那么热情友好。

我问，为什么中蒙关系恶化对他们没有什么影响？

小毛说，蒙古普通百姓都认为中国是真正的朋友，他们政府说的那一套，老百姓不相信。

从隆县回来的第二天，就是农历除夕，当晚在使馆礼堂举行了春节晚会，除了使馆的20多人，还邀请了中建驻蒙古公司的留守人员和友谊医院的医护人员，上百人济济一堂。晚会上，大家同唱革命歌曲，医院的姑娘们演出各种节目，最后敲锣鼓、扭秧歌，一直闹腾到半夜，听到收音机传来北京大钟寺的钟声才散会。欢乐情绪是有感染性的，大家忘记了背井离乡身在异域，也忘记了冷若冰霜的中蒙两国关系。

第十五章　意外的一次旅行

“冷板凳”上寻热点

驻蒙古使馆在“蛰伏越冬”的状态中，迎来了1968年的春天。

由于去冬少雪，气候分外干燥，蒙古辽阔的草原上露出了旱象，牧民们担心接羔以后牲畜草不够吃，希望苏联老大哥能支援一些草料。

然而，苏联除了继续运兵入蒙，就是送来一场森林大火。火是从苏联境内后贝加尔地区的山林中燃起的，随后沿着蒙古色楞格省东部以及中央省与肯特省交界的山岭，由东北向西南，断断续续一直烧到离乌兰巴托几十公里处。有时刮东北风，烟火味竟然飘进乌市来。蒙古既没有足够的人力，也没有什么技术装备来扑灭林火，只能眼巴巴地看着好几百年成长起来的松林烧成灰烬。好在蒙古的森林面积占其领土的15%，人均木材蓄积量约为600立方米，烧掉一些森林，看来蒙古政府也不那么心痛。

这场森林大火送走了乌兰巴托短暂的春天。接着，是干旱而炎热的夏天。说是炎热只是与往年比较而言，在乌兰巴托，7月份平均气温18℃，最热的8月初也很少超过25℃，夜里通常在20℃以下，睡觉还需要盖薄被子。即使如此，蒙古人也还是怕热。土拉河边有一所古建筑——夏宫，是本世纪初喇嘛皇帝第八世哲布尊丹巴夏天避暑的地方。这个传统一直延续下来，当前的党和政府的高级领导人，在土拉河南岸、博格多汗山麓盖有豪华的别墅，他们在那里度夏。中层干部在土拉河南岸的河滩上盖有自己的小木屋，作为全家避暑之用。一般干部和城市居民则利用夏季休假，全家到有山泉的树林边坡地上架起蒙古包，有滋有味地度过“炎夏”。我国援蒙的建筑工人说，蒙古人很会享受。

开春以后，随着天气转暖，驻蒙古各国使团间的外交活动也逐渐多起来。开展与各国驻蒙古使馆的来往，这多少缓解了我们在中蒙外交中“坐冷板凳”的苦恼。

朝鲜使馆，由于中朝之间的友好关系源远流长，加以两国军队和人民在抗美战争中，彼此的鲜血流在一起，友谊更加深厚，因而他们在蒙古，并不顾忌苏蒙当局对中国的态度如何，而主动加强与中国使馆的来往。

朝鲜驻蒙古大使原是中国东北延边地区人。其祖辈是在日本吞并朝鲜国土后，移居到延边来的，他从小在中国东北长大。日本投降后，他参加了东北民主联军（后改称为中国人民解放军第四野战军）。1950年秋，美国侵朝战争爆发，他返回祖国，参加了朝鲜人民军。由于作战勇敢，逐级提升，停战后转到外交系统工作。这位大使的经历，使得朝鲜驻蒙古使馆同中国使馆之间的亲密关系更加深了一层。两个使馆间几乎每一至两个月要互相宴请一次，或者举行联欢。席间畅饮中国茅台和朝鲜人参酒之后，大家引吭高歌《金日成将军之歌》和《东方红》，

联欢活动后，作者（中）与朝鲜同志合影

（右一为沈庆沂，左一为刘振鲁）

情绪非常热烈。宴后，双方往往要表演节目助兴，朝鲜大使的“卖糖葫芦”表演，逗得大家捧腹大笑。他用长柄扫把充当小贩的插满糖葫芦的蒙古人的稻草把子，扛在肩上一面走一面用东北腔调吆喝着，真是惟妙惟肖。

夏天到来，两家使馆则到土拉河上游幽静山谷的树林中举行联欢野餐，并邀请经常为朝鲜使馆送医送药的中国驻蒙古友谊医院的全体人员参加。大家又说又唱又表演节目，热热闹闹，轻松愉快地度过一天。

我们与朝鲜使馆互赠食品，也是加深友谊的措施之一。在蒙古几乎见不到绿色的蔬菜，尤其是冬春两季，外交商店里只有土豆和干巴巴的圆白菜。而中国使馆有国内运来的大白菜，自己厨师做的豆腐，还有驻蒙古公司几个工地室内种的西红柿和黄瓜。我们把这些东西送给朝鲜使馆，他们非常高兴，大使夫人用中国大白菜做成原汁原味的朝鲜泡菜回赠我们。

蒙古的冬天晴朗无云，日照条件特好，随意在花盆里栽上一棵西红柿或黄瓜，培上一点羊粪，放在向阳的窗台上，就能长出累累的果实。驻蒙古公司留守职工用大木盆扩大栽种，自吃有余，就给使馆送一些来，成了使馆开展友好外交的礼品。

中国驻蒙古使馆及驻蒙古友谊医院与朝鲜使馆联欢

（朝鲜大使带帽抱小孩，作者半蹲其前）

越南驻蒙古使馆，大使之下包括司机在内只有4个馆员，也同中国使馆的外交官一样不带配偶。我们是由于“文革”的限制，而他们则是由于抗美战争经费困难。越南大使曾率全馆人员到野外挖野菜，补充伙食，这很令人感动。我们也像国内全力支援越南人民抗美战争一样，在物质生活上帮助越南使馆，常送去各种副食和蔬菜，其中豆腐至少每两周送一次。而越南使馆有时也回赠他们自己做的炸春卷，用糯米粥表皮卷炸而成，又薄又脆又香。

越南驻蒙古大使，是抗日战争时期的老干部，汉文底子深厚，他可以看《三国演义》《水浒传》和《红楼梦》，可以写中国古体诗，但却不知这些中国字怎么念。他下中国象棋水平较高，但越南的下法“象”是可以飞过河的。两个使馆间相互宴请，倾谈友谊，但在涉及苏联和蒙古的话题上，他们尽量回避，极力保持“中立”。

罗马尼亚、波兰、匈牙利驻蒙古大使，都对中国怀有友好感情，其中尤以罗马尼亚大使比较突出。这位大使进入外交界以前是一名医生，他看过俄文版的《毛主席语录》，对毛主席讲的“惩前毖后，治病救人”的话非常称赞。在蒙古对华关系上，他有时能及时告诉我们一些

中国使馆人员与越南大使在越南使馆前合影

（右起第三人为越南大使，第六人为作者）

作者(左)在冬季郊游时与罗马尼亚大使(中)、越南二秘合影

内幕消息。波兰大使在同我们的交往中,多次提到1956年波兰与苏联矛盾激化,苏联准备出兵镇压,中共中央派周恩来前去调解,使波兰避免了一次刀兵之灾。

波兰使馆的一秘,直爽、健谈,与我的一场关于汽车的争论,使我经久难忘。他认为中国早晚要发展私人汽车,我说不会,他说肯定会。我说我们周恩来总理说过,要发展公共交通,不搞私人汽车。他说你们总理讲了也没用,到一定时候就会有私人汽车。这话对我有些刺伤,同他一直争得面红耳赤。若干年后,我只能检讨自己认识上的局限性。

捷克斯洛伐克使馆同中国使馆的关系比较冷淡。1968年出现“布拉格之春”(捷克斯洛伐克党中央实行一些改革,受到全国人民欢迎),该馆外交官同我们接触较主动,尤其是与刘振鲁在蒙古国立大学同过学的捷馆三秘,常来谈谈其国内情况和对苏联控制的不满。1968年8月,苏联突然出兵布拉格,进行武力镇压,并迅速占领了捷克斯洛伐克全境。捷克斯洛伐克总统斯沃博达和党的第一书记杜布切克,被裹挟到苏联“谈判”。斯沃博达总统的名字,意译为“自由”,在苏军占领之下，他和全国人民都失去了自由。此时，捷驻蒙古使馆陷于一片混乱，捷馆三秘怕蒙古特务监视，只能夜晚偷偷来中国使馆，讲他们国内人民反抗占领的情况，以及他们大使如何摇身一变，由支持“布拉格之春”，变为忠于苏联的“国际主义斗士”，大整馆内的“反苏分子”。不久，这位三秘被调回国内。

中国使馆同东欧国家驻蒙古使馆的来往，本来可以放开一些，但由于顾及馆内的不同意见，有时不得不缩手缩脚。例如，匈牙利大使夫妇对中国相当友好，只是话不能说得明白。他曾设盛宴招待过我馆的几位主要外交官。在他离职回国前我要宴请他，请示国内未获同意。他夫妇乘中蒙苏国际联运列车离开乌兰巴托，我到火车站送行，本来想送他一瓶他特别喜欢的茅台酒，也因馆内有人反对而作罢。在车站，只好向列车长嘱咐，途中好好照顾这两位老人。

就在春末夏初的时候，驻乌兰巴托的外交使团中，出现一位怪人——法国新任驻蒙古大使。法国在同中国建交后不久就同蒙古建立了外交关系，租住乌兰巴托饭店的房间，建立了法国使馆。其前任大使只在每年夏天蒙古国庆节前后，临时来乌兰巴托住个把月，然后退掉房间返回法国。

法国新大使贝卢希，个子高高的，瘦得干巴巴的，满头白发，背有点驼，他说自己50岁出头，但看上去有60多岁。他能讲法国口音的俄语，还能讲一些中国话。他说起话来非常谦和，不像苏联和东欧某些国家的大使那么架子十足。他到任不久就主动来拜会我，交谈中间跷起二郎腿，不断地喝着青岛啤酒，说他多么喜欢中国。一个星期以后，我去乌兰巴托饭店回拜他。他对蒙古外交部发起牢骚来，说他一到任就申请租一幢楼房正式建立使馆，过去一个多月了，一点回音没有。他指着阳台上斜插着的法国国旗说：“你看，我们的国旗能老是这么挂着吗？”他还说，他的从巴黎寄来的邮件，经常被拆开检查，他为蒙方破坏外交惯例随意检查外交邮件向蒙古外交部提出指责，讽刺地说：“你们检查以后，能否给封好一点，免得里面的东西掉出来。”

又过了一段时间，驻蒙古外交使团举行酒会，欢迎新任法国大使。酒会在匈牙利使馆举行，匈牙利大使，即那个矮矮胖胖的嗜茅台酒如命的和气老者，是本年度使团活动的轮值主席。使团活动用的是俄语，匈牙利大使自己能够对付，我就趁便与他的翻译、那个蒙文很棒的三秘交谈起来。他告诉我，他的蒙文是在布达佩斯大学东语系学的，那个系不仅教学国际现用的东方语文，为了研究东方文化，甚至还保留了中国的满文。这使我十分意外，因为中国的北京大学满文教学早已停课。我问他，匈牙利为什么对东方语文这么重视？他笑着说，难道您不知道我们的祖先是从东方来的吗？我当然知道远在2000年以前，匈奴族从亚洲北部西徙到黑海和亚得里亚海之间，建立了东欧最古老的国家。

席间，罗马尼亚大使悄悄告诉我，法国大使是个“怪人”，朝鲜战争时，他在汉城曾被朝鲜人民军俘虏，在俘虏营里住过一段时间，越南战争爆发时他在西贡，今春“捷克事件”发生时他在布拉格，现在，又来到乌兰巴托。

乌兰巴托凉爽的夏天很快过去了，法国大使不再提租楼房建使馆的事，据蒙古外交部礼宾司工作人员讲，这位大使嫌花钱太多，放弃了申请。冬天来临之前他回国了。我注意到这位大使同他的前任一样来去，只不过在乌兰巴托停留的时间从个把月延长到半年多。后来，我进一步弄清他来去的特点：离蒙古时乘火车经北京飞巴黎，来蒙古时飞莫斯科乘火车到乌兰巴托；有的年份则相反，走时北线，来时南线。据小联运列车员讲，他来去北京—乌兰巴托之间，总是愿意乘小联运，在车厢里摆着一箱青岛啤酒，一面喝一面观景，看到苏军在建的军事基地和机场，就端起小型电影摄影机拍个不停。

这一年的夏末秋初，乌兰巴托新增了一家外国使馆——古巴驻蒙古大使馆。大使还未到任，先派一名二秘担任临时代办，办理建馆事宜。我主动先去拜会，受到了非常热情的接待。交谈中，他盛赞古中友谊，感谢中国对古巴的全面支持并向我详细介绍了猪仔湾事件（古巴军民打败登陆进犯的美国雇佣军）。他让我吸古巴雪茄烟，我这个从不抽烟的人，出于好奇尝新，猛抽了半支，结果告别时晕晕乎乎地离开了古巴使馆。我不禁想起，外交部信使老刘曾告诉过我，抽古巴雪茄烟能抽醉。

突然的旅行安排

国内的“文化大革命”已经进行了两个年头。外交战线在极左思潮影响下，出现了许多严重问题。1967～1968年一年多时间里，与我国建交或半建交的40多个国家中，有近30个国家同我国发生外交纠纷。其中有不少是中国方面处理不当引起的。这就使中国的国际形象严重受损，外事工作陷于困境。对于这些极左错误，周总理和广大外事干部一直表示反对，并努力设法制止。毛主席多次提出批评，要求纠正。经过他们采取的一系列措施，外事工作一度出现的混乱较快地得到纠正，一些不正常状态逐步消除。不久，中国就开始派出一批为参加“文革”而统统调回的驻外使节，对过去主要由于中方的极左行动而损害双方关系的事件，主动进行修复工作。

在驻蒙古使馆，我担任临时代办半年多来，日夜提心吊胆怕出问题的紧张心情，开始得到了一些缓解。使馆主要领导成员开会，回顾“文化大革命”以来受极左思潮影响的对外工作，感到主要存在两方面的错误：一是在对外宣传方面，没有遵循内外有别的原则，把宣传毛泽东思想作为对外活动的主要任务。曾经发生不区分对象，广为散发《毛主席语录》，实际上是强加于人的情况；另一是对待华侨敞开使馆门户，进进出出，还不时举行时事报告会，宣传国内的“文化大革命”，而没有很好强调遵守驻在国的法律法令，以致引发了本来可以避免的大小事故。这两方面的错误，给对外关系，尤其是华侨工作造成一定损失，只是由于蒙古当局追随苏联激烈反华，客观上掩盖了我们某些过火行动的后果。

在使馆内部，因为受国内“文革”的影响，经常意见不一，“唯我独革”大有人在。使馆的一位机要员，回国参加“文革”时，是使馆“战斗队”的小头头。他返馆后，工作上出差错，我批评了几句，他就寻机报复。苏联出兵捷克后，9月初，驻蒙古使团要向乌市苏军烈士塔献花圈，约定先在匈牙利大使（使团长）官邸集合，给我发来请帖。参加不参加？请示国内，建议如国内同意，可不必复电。当天上午，国内来电指示不参加，但这位机要员要弄“边缘政策”，要待我迈出使馆楼门时通知我。而我因别事提前离馆，使馆办公室的同志不得不派车急奔，从匈牙利使馆门前把我找回。所乘汽车掉头时，正好罗马尼亚大使乘车迎面而来，他探身车窗外询问发生了什么事，我感到十分尴尬，只好磕磕巴巴敷衍了几句，就急驰回馆。这类事情在馆内时有发生，由于我们使馆主要领导坚持“外交工作授权有限”的原则，对外事务大小都向国内请示报告；对内工作致力于巩固队伍，领导以身作则，加强团结，加强外交纪律；因而，200多天的日子，算是安全度过。

我国政府在外交工作上的一些做法，特别是修复因中方原因而损害的某些国家关系，引起了国际上的注意。蒙古当局继续追随苏联发表一些反华文章的同时，其外事人员在同中国使馆的日常交往中，显示出若干想改善关系的愿望和姿态。

1968年6月，中蒙之间年度贸易谈判在乌兰巴托举行。中国对外贸易部派来官员，我问他们双方的贸易额怎么样，他们告诉我：“1967年只有61万卢布(270.8万图格里克)，降到空前的最低点，而1960年曾经高达3129万卢布(1.3亿图格里克)，是1967年的50倍。今年也不乐观，你看，半年都快过去了，才开始谈判。”

贸易谈判结束，双方的协定由我和蒙古外贸部一位女副部长签字。在交谈中，她说今年两国贸易额只保持了去年水平，实在太低了，过去乌兰巴托的百货商店里，到处都是中国的商品。我说要增加贸易额必须双方共同努力。她摇了摇头，不再说什么。

1967年以来，中蒙之间的文化、体育、科技交流全部中断，只剩下外贸“半死不活”的一条细线。各自驻对方使馆的开支，按例由各自的外贸收入中冲销，现在区区的贸易额，几乎不够使馆的日常维持费。蒙方从事实际工作的人员，不能不对中蒙关系的恶化感到切肤之痛。

7月，正当“炎夏”开始的时候，使馆突然接到蒙古外交部的通知，准备安排中国使馆临时代办到外地旅行。这对我来讲，当然是求之不得，比我早来使馆的外交官，都去过蒙古的不少省份，而我只在来蒙古的列车上瞥见过大片戈壁滩。不过，为什么在中蒙关系恶化再恶化之后，蒙方要安排这次外地旅行？分析原因可能有二：一是想以主动安排，换取其驻华使馆临时代办到外地旅行，观察中国的“文革”形势；二是看到苏军进入蒙古之后，中苏关系会更加紧张，一旦爆发战争，蒙古必然沦为战场，想以不惹苏联注意的小动作，来缓和一下中蒙关系。我尽快把蒙方的通知和对其意图的分析报告国内。国内同意让我接受去外地旅行的安排。

办公室的小刘去蒙古外交部礼宾司谈旅行的具体安排。我本想向南走，以到前杭爱省疗养胜地哈尔和林参观成吉思汗行宫古迹为借口，绕行南部三个戈壁省份，沿铁路回到乌兰巴托。小刘回来说，蒙古礼宾司副司长图门说，天气热，戈壁省份温度高，不适宜旅行；准备让临时代办到北部的布尔干省和库苏古尔省去，那里树多水多，风景好，气候宜人。我说，她讲得那么体贴关照，使人不好讨价还价。其实是怕我们去追索苏军的足迹，否则为什么不安排去色楞格省？那里的自然风景是全蒙古的精华，而大批苏联人也住在那个省里。

当然，既然国内已同意成行，客随主便好了。

蒙古中北部那山那水

7月上旬启程，随同我旅行的蒙文译员，是来领事部不久的李景阳，他是中国派往蒙古的最后一批留学生。由于中蒙关系恶化，未能读到毕业即来使馆，在文化处工作了一段时间，就回国参加“文化大革命”了。馆内有一个不成文的规定，外出旅行尽量照顾未去过蒙古外地的同志。因此，小毛尽管在“工人事务处”时跑遍了蒙古的绝大部分省份，外地情况非常熟悉，也只好“让贤”了。小李同小毛一样，妻子也是友谊医院的护士，而且是在使馆结婚，时间不久。行前他问我是否带上几本《毛主席语录》看情况散发，我讲国内已有通知，宣传毛泽东思想不要强加于人。这次旅行，各地出面的，估计都经蒙古外交部挑选过，不会有人主动索要。他同意我的看法，而且连自己使用的《语录》也没带。

寂寥的蒙古大草滩

草滩沼泽

蒙方陪同的是蒙古外交部二司专员古尔斯德，能说一口流利的中国话。据说，他原是中国内蒙古人，抗战时期随同家庭迁移到外蒙古，在乌兰巴托上大学，因而蒙文、中文基础都比较深厚。这个人个头不高而有些横宽，是"同"字体形。过去封建时代考武举人，把参与选拔的人的体形，分为"同"、"天"、"贯"、"日"四种类型：下身粗壮个头较高为"天"字形，细高挑儿属于"贯"字形，而"日"字体形则是矮粗精悍的小个头儿。古尔斯德的"同"字体形，配以短脖颈和扁平方脸，令人乍见想到的是中国古代帝陵神道两旁的石雕武士。

由于近几年我们同蒙古外交部二司办交涉（大部是"强烈抗议"），蒙方均由古尔斯德充当翻译，因此中国使馆的同志对此人印象不佳。在整个旅行中，他对我们监视极严，生怕我们散发《毛主席语录》，宣传毛泽东思想。我们一早出发，古尔斯德乘坐一辆半新的嘎斯－69为先导，我们乘坐有外交车牌的伏尔加跟随其后，沿着去隆县的主要公路行进。中央省西部平坦的草原已是一片嫩绿，与我在牧民节去龙县时见到的冰天雪地大不相同，因而感到神清气爽。但是路不好走，硬路面经过铲刮，变成了"搓板"路，汽车颠簸抖动，令人甚不舒服。走到距龙县还有50多公里的地方，在一个大居民点附近停下休息。古尔斯德介绍说，这个地方叫巴彦朝格特，是蒙古最大的农场之一，播种上百公顷小麦。好年成，全国小麦产量自给有余，还可出口一部分，今年天旱，恐怕要减产。

穿过巴彦朝格特，汽车离开了西向的主要公路折向西北。硬面公路变成了草原上来往车辆轧出来的沙土路，虽然松软，但不颠簸，车速也不需降低。中午过后，跨过下游的土拉河，河床没有蒙古的乌兰巴托附近那么宽，水也不深，清澈见底。在河畔休息，吃了自带的午餐。蒙方司机是个身体粗壮的汉子，看去挺憨厚，我们的司机老张拿出使馆厨师做的酱牛肉，他特别喜欢吃，大块大块地抓着往嘴里放。

过了土拉河，就进入布尔干省境内，地形逐渐变成丘陵草原，路边的土坡上逐渐出现越来越多的低矮灌木丛，说明这个省的地下水位比中央省要高。

土拉河下游

太阳傍落的时候，我们到了鄂尔浑河畔的居民点——鄂尔浑农牧社。布尔干省副省长等在这里迎接我们，一同到农牧社的招待所喝奶茶、吃奶酪。副省长热情友好，听说我喜欢钓鱼，还随车带了鱼竿，坚持要我到他们的鄂尔浑河钓鱼。大家一同去到跨河约50米的水泥桥上。副省长介绍说，这座桥是中国工人帮助建造的，很牢固，有一年大水漫过桥面，而护栏没冲坏一根。

我们站在桥上望去，河宽水大，太阳落山后光线渐暗，河面显得黑幽幽的。我把鱼竿拴上“拟饵”（不锈钢片做的带锚钩的小假鱼）甩进河里，不等沉底就慢慢收线，因为这条河的鱼都属肉食性的中上层鱼。这根鱼竿是前代办老刘帮我买的，是青岛崂山竹子做的指绕轮海钓竿，钓个几十斤的大鱼没问题。副省长说，这条河里的鱼非常好钓，还有一二米长的大鱼，苏联人钓住它，鱼轮摇不动，就用小口径步枪射杀，然后拖上岸。我甩了几次竿，没有动静。天渐渐黑下来，副省长显得有点焦急。突然，鱼竿梢头一沉，鱼咬钩了。我紧忙收线回拽，手感不重说明鱼不很大，拉上来一看，是一条狗鱼（脂肪较多的寒带无鳞鱼），3斤多重。副省长为我没有扑空而高兴：“今天晚上用这条鄂尔浑河的鱼来招待临时代办。”我略微感到遗憾，没有钓上条大鱼。

水势丰满的鄂尔浑河

在省会布尔干的一座宾馆里，副省长设了丰盛的晚餐招待我们，席间说了许多友好的话，特别是讲到过去中国员工在这个省里帮助建设的往事。我们带去的礼物有酒、烟、茶。他汾酒一喝，话就多了，古尔斯德不时拿眼瞪他，他也不在乎。我感到这位副省长对中国的友好情谊，像是压抑多年又突然迸发，把每个中国人都看成是阔别多年的老朋友。席散后，小李告诉我，副省长有不少话，古尔斯德没有给译出来。

第二天早晨，我们离开布尔干西行。副省长没有露面，据说昨晚"喝醉了"，让省的责任秘书（相当我国的秘书长）送了我们一程。布尔干西部的丘陵草原，由蒙古"母亲河"——色楞格的许多支流滋润着，虽然天旱，水草依然肥美，野生动物较多。行车途中发现远处有一只灰鹤，小李端起小口径步枪，"砰"的一声打中了，下车看看，一只翅膀折断，倒在草丛中哀鸣。古尔斯德提起来看着说："这种灰鹤应该是禁猎的！"我问他为什么说"应该"而不是"严格"呢？他说蒙古政府还没有野生动物保护条例，凭人民自觉去做而已。小李听了这种婉转的批评，不大自在地转身上车。我问古尔斯德什么动物不禁猎呢？他说像旱獭、黄羊这样的东西可以打。

色楞格河

上午10点来钟,从布尔干省的西北渡过色楞格河。这是蒙古境内一条真正的大河,河面宽约百米上下,河水静静流淌,两岸许多大柳树和灌木丛长得十分茂盛,绒毯般的草地上杂花丛生,不时有蝴蝶飞舞,使我像是回到我国华北的一些河流身旁,真想不到蒙古还有如此的自然美景。

河上没有桥梁,在渡口,靠两岸斜拉的钢缆用滑轮借水势把船划到对岸。由于河水深,渡船较大,装上两辆汽车还有余地。安全渡到对岸,我回头望望,问古尔斯德:"渡船回南岸,逆水侧上怎么办?"他说:"您看对岸有一个大绞盘,靠人力把船绞回去。"

过河后,我们又在河边似绿地毯的草地上流连了一会儿,我恋恋不舍地离开了这个地方。行车不久开始进入库苏古尔省,当晚赶到该省的一个县的中心——伊赫乌勒。蒙古把县称为苏木。我们离开乌兰巴托不久,不慎把汽车右前窗玻璃撞破,本想在布尔干换一块,而当地的汽车修理厂没有这种伏尔加车的窗玻璃,说是到库苏古尔省会木伦会有的,那里同苏联交通方便,布尔干省的汽车零配件,都是经过木伦转运来的。但是我们等不得到木伦,因为刚进入库苏古尔省就遇到了一场雨,用雨衣挡住车窗也解决不了问题。到了伊赫乌勒县招待所,首先询问这里有没有汽车修理厂,听说有,司机老张很高兴,第二天一早就由蒙古外交部司机带领去找修配厂。我和小李早饭后同古尔斯德在招待所闲聊，等待两位司机修车回来。

古尔斯德介绍了库苏古尔省的一些情况，他特别强调这个省在西部省份的交通枢纽作用。他说：省会木伦以北不到 100 公里，有个库苏古尔湖，长 90 多公里，宽一二十公里，是全国的第二大湖。第一大湖是乌布苏省的乌布苏湖，那是个咸水湖。而库苏古尔湖是淡水湖，水深，鱼类丰富，湖的四周群山环绕，山上杂树丛生，湖畔栖息着各种鸟类，此地的自然景观每年吸引来许多游客。在湖的北端港口汗赫，建有鱼品加工厂，向苏联出口鱼类罐头。这个湖更重要的作用是通往苏联的便捷通道，湖上有客货班轮定时往来。苏联那边从贝加尔湖畔西伯利亚大铁路上的斯留甸卡车站，向西沿蒙苏边境修了一条铁路，直通库苏古尔湖北端港口汗赫。湖南端的港口叫哈特哈勒，有一条较好的公路通往省会木伦。中西部省份从苏联进口的货物，都通过这条交通要道转运，比经过乌兰巴托转道西运，既省时间又省钱。

听了介绍，我对古尔斯德说，希望这次旅行能到库苏古尔湖看看，而且，在鄂尔浑河钓鱼没过瘾，想到湖上去钓条大鱼。他听了笑起来，说尽量安排。我们在闲聊中过了一个上午，也不见两个司机回来。到中午饭时，才见他们开车回来，说是这个县的修理厂也没有伏尔加车窗玻璃，只好用普通厚玻璃代替，现割现磨，费了很大劲才安上去。我说，县的修配厂能把普通玻璃装上去就很不简单了。司机老张说，玻璃固定死了，摇不动了。我说那就委屈小李，坐在前面兜不了风了。大家一面谈笑一面走进餐厅就餐。

交通要道上的敖包

下午，离开伊赫乌勒，沿色楞格河上游河边公路西行。路上，在河边一个山坡草地上休息。蒙方司机说这段河里有大鱼,拿走我的鱼竿,同老张一起走向河边。我们在等待他们的大鱼,到木伦晚餐时又可享受一番。半晌,他们空手而归。老张说,的确见到一条大鱼卧在河底,足有2米长,河水清澈,看得清清楚楚,但把鱼钩甩到它旁边,它动也不动。蒙方司机摊开两手,做了个无可奈何的姿势。

傍晚,我们进入木伦市,也是一位副省长接待我们,晚餐丰盛,比在布尔干多了好几个鱼菜,但席间气氛差多了。副省长很讲礼貌,喝了中国的白酒,连声称赞,但多余的话一句不说,使得大家都有些不自在。古尔斯德反客为主,侃侃而谈,想多少冲淡一下冷场面。我心里想,都是您这位老古,事前电话交代得过头了。

第二天上午,由蒙方司机带我们上街走走,古尔斯德要与乌兰巴托通电话,留在宾馆里。木伦市街道比布尔干好多了,还有点洋味,街道两边可以见到不少俄罗斯式木屋,油漆成天蓝色的门窗。商店里也可见到一些苏联商品。

回到宾馆,古尔斯德告诉我,库苏古尔湖去不成了,去那里的公路被雨冲坏。当然,这是根据乌兰巴托的指令而编造的借口。

午饭时,古尔斯德提出,下午结束这次旅行,返回乌兰巴托。我听了这话不大愉快,但考虑到库苏古尔湖去不成,呆在木伦也没意思,只好客随主便了。古尔斯德感到有点抱歉,说返回时走另外一条路,请你们看看野生群居的旱獭,旱獭皮毛是蒙古出口的大项目之一。

午后离开木伦,副省长送了我们一程,告别时一再道歉说留驻时间太短,招待不周。我也客气地说了一些感谢的话,希望他有机会到乌兰巴托时来中国使馆做客。

车从原路返回伊赫乌勒,然后从一座30多米的桥上,向南跨过了色楞格河。这里已是色楞格河上游,河床比来时河的中游窄多了,但河水依然丰满。桥是苏联人给建的,有点年久失修。

过了河,向南走了一段路,又折向东行。大草原上行车一两个小时见不到一个人,显得十分寂寥。

汽车来到一片起伏不大的丘陵上,奇观出现了:在路旁100多米远的大片草坡上,一群群旱獭足有几百只,翘着小脑袋东张西望,在夕阳的照射下，看得非常真切，个个欢天喜地似的，有的还咕咕叫。停车下来观望，那群小东西似乎有些察觉，齐刷刷地向我们看着。

小李问："这东西让不让打？"古尔斯德神秘地笑笑说："可以打，打多少都可以！"小李马上取枪向草坡蹑手蹑脚地走去，走了不到20米，旱獭在咕咕叫声中，一齐钻进身旁的洞里。这时草坡上呈现出一大片土洞，洞与洞之间几乎是等距离。小李扫兴地走回来。

古尔斯德开腔解释说："旱獭一般是夕阳傍西下时出来，从不离洞太远。打旱獭要有技术，猎人必须身穿狗皮衣，头戴狗尾巴帽，摇摆着爬行去接近。旱獭看到狗一样的怪物，乐得呱呱叫，而不会钻洞。距离一二十米时，猎人伏身突然开枪，猎枪一扫，起码能打倒几只，小口径步枪不行，顶多一枪打一只。"听了古尔斯德有趣的描绘，再望望在洞口探头探脑的那群小动物，实在感到是蒙古草原上的一个奇观。

汽车继续前行赶路，又接连看到几片旱獭群，天色落黑时赶到一个牧业社——巴扬阿格特。社长热情友好，现宰活羊，用新鲜羊肉招待我们。端上一盘微微带血的羊肉，嫩是嫩得很，只是膻味太大，我虽然经过两年多羊膻气的熏陶，变得偏爱羊肉，但此时此刻也只能勉强下咽。古尔斯德一面津津有味地吃着，一面说："这里宰羊不放血，是在羊胸膛开个口子，伸进手去捏住心脏使之停跳，这样一来血存在肉里，既富有营养，吃起来又很鲜嫩。"小李终归是在蒙古多呆了几年，吃得也很开心。饭后他问我吃饱没有？我摇摇头。就寝前，他要来一杯奶茶和一些硬奶酪，让我填饱肚子。

第二天清晨，天刚放亮就动身赶路。古尔斯德打算近400多公里的路当天跑完，傍晚回到乌兰巴托。早饭吃了些他从木伦带来的面包、香肠、酸黄瓜，喝着苏联格鲁吉亚的矿泉水。这些外交冷餐会上的食品，吃了很对胃口。

汽车高速地驶过一片丘陵，突然在车旁不远发现一只旱獭，胖胖的跑不太快。小李马上跳下车，追上去，用小口径步枪压住它的脑袋，想让司机老张拿绳子绑住。但它挣扎得很厉害，尖利的指爪把人都抓伤了，最后不得不开枪打死。为什么这只旱獭不在自己的窝边呢？古尔斯德说:“洞可能就在附近,汽车一冲它迷了路,如果不是它怀了孕,小李你是追不上的。”蒙方司机想要这只旱獭,说它的肉很好吃,小李舍不得给,当作战利品带回使馆。

中午,冒着一场阵雨,汽车驶进布尔干省东南、接近中央省的布列格杭盖农场。由于天旱,这个农场播的小麦,苗儿还没有出全。

场长热情地接待我们,接连说:“感谢临时代办给我们带来一场好雨。”我说:“您太客气,这是老天爷开恩,不是我的功劳。”几天来顶着似火的骄阳跑路,鼻孔都觉得冒火,喉咙干痒就更不用说了。今天冒雨行车,的确是不亦乐乎。而场长又说得那么中听,虽然是外交辞令,我心里还是感到挺滋润的。

午饭后雨停,抓紧时间赶路,草原上轧出的沙土路被淋了一场雨,空气湿润可人,也使我们免去了扬尘之苦。

车行不久,坏事了,我的肚子剧痛一阵,开始屙肚,每隔一两个小时,就要停车屙一次,显然是带血羊肉吃坏了。草原上虫子很多,大便时备受其苦。服了消炎药,肚痛逐渐好转。我顾不上看雨后翠绿欲滴的草原景致,躺在车里,任凭汽车狂奔。

由于我的耽搁,近400公里的路程,汽车竟跑了10个多小时。深夜11时才回到使馆。

这次旅行使我对蒙古中北部的省份有了进一步的了解。翻开蒙古地形图,可以看到两个庞大的弧形山系(杭爱山系、肯特山系),环抱着把蒙古中部隔成里外两层,外层是广袤的草原、戈壁和沙漠,低洼处有一些水泊和湿地。而里层,包括色楞格省、布尔干省和中央省北部、库苏古尔省东部,地势由南往北逐渐降低,与俄罗斯接壤的边境,海拔只有500米左右,比中部下降1000米有余。

水量充沛的色楞格河、鄂尔浑河及其一些支流土拉河、依罗河、哈腊河,都流经这块土地。特别是来自北冰洋越过西伯利亚吹来的湿润空气,被中部高山阻挡在这里,夏天多雨,冬天雪厚,适宜农耕,物产丰饶。

有人说蒙古是穷山恶水,这是十分片面的。这一次旅行,使我有了深一层的感性认识。

蒙方要我国移交援蒙工程

回到使馆的第二天上午，躺在床上休息，被小刘叫起，说蒙古外交部二司司长额尔敦比列格要约见。什么事这么急，回馆不久就约见？我同小刘分析了一阵，也不得要领。

下午，我和小刘去蒙古外交部二司。额尔敦比列格给中国使馆外交官留下的印象中很坏。去年，刘代办在一次交涉中，严厉地驳斥了他的观点，他竟不顾起码的外交礼仪，起来开了收音机下“逐客令”。而这一次对我笑眯眯的，十分客气。

首先，他说：“临时代办不顾旅途疲劳应约会见，非常感谢！”接着问了一些旅途的情况。

我拣旅行中主要之点，强调蒙古各地朋友对中国的友好情谊，表示感谢蒙古外交部的这次安排。

转入正题，他说：“今天约临时代办来，是想递交一个照会。”然后，他念照会，古尔斯德一句句翻译。

哦，原来是希望中国政府“按照现状”，将中国援蒙未完工程移交蒙方。我脑子里马上闪了一下：安排这次旅行，不正是为了这次约见，而缓和一下过去一年多彼此之间的紧张气氛吗?!

我说：“蒙古政府的照会，我将转报我国政府。中国援蒙工程的停顿，您也知道，不是由于中国方面的原因，而是蒙方停发中国建筑公司职工的来蒙古的签证，迫使在建工程不得不停顿下来。刚才念的贵国照会，不是也讲了 1967 年 1 月起不再承担有关中国驻蒙古公司的义务吗?”

“过去的事就不提了，否则，我们也有好多话要说。希望代办同志把这份照会尽快报告贵国政府。”额尔敦比列格以暗含威胁的口吻封住了话题。

“过去的事不等于就过去了，但是，着眼于未来是对的。请您放心,贵方的照会我会尽快地报告我国政府。”我说完,就同小刘一起告辞,古尔斯德送我们下楼,我向他表示了对陪伴我们旅行的谢意。

这次旅行,我有几个意想不到:意想不到蒙方在两国关系一再恶化之后,能安排我外出旅行;意想不到各地蒙古朋友,在泽登巴尔集团连续几年反华的情况下,还是对中国这么友好;意想不到蒙古北中部省份的夏天,竟像我国华北风光那么美好;更意想不到的是,蒙方的实用主义这么露骨,以安排旅行来缓和气氛,递交照会。

蒙方的照会报告国内以后,一直没得到回音。在此后的一些外交场合,额尔敦比列格客气地问过我几次,听说中国政府没有回音,后来也就不问了。

援蒙未完工程陷于停顿,完全是蒙方的责任。1967 年初,中国援蒙建筑公司的职工准备返回蒙古继续施工,这个公司的上级单位——中国建委对外局,将返蒙古职工的护照经对外经济联络部转送蒙古驻华使馆,按照惯例申请办理签证。没想到蒙方拒签,也不说明理由。正在国内休假的援蒙友谊医院的医护人员,其上级单位卫生部,听说蒙方拒发援蒙职工的签证,马上令他们立即返回蒙古。由于他们持有享受互免签证的公务护照,不是援蒙公司职工的那种普通护照,居然顺利通关,回到了乌兰巴托。他们好不容易盼到回国休假,与家人团聚,结果是春节也没过成。而且此行一去,竟在蒙古抛锚七年之久。

不久,蒙古当局看到苏联政府在“红场事件”之后已经单方面取消了与中国互免签证的协议,1967 年 2 月 21 日,蒙古驻华使馆向中国外交部领事司发了一个照会,内称:鉴于两国关系的现状,蒙方决定修改两国互免签证的协定,今后中国赴蒙古一切人员都必须到蒙古驻华使馆逐个办理签证,否则不能入境。这突如其来的照会,出乎我方的预料。十几年来,两国外交人员和公务人员,一直实行互免签证,如果要修改协定,应该通过双方外交部的领事部门谈判解决。现在,蒙方单方面撕毁协议,目的是逼我援蒙建筑公司、友谊医院和培才学校主动撤走,以及限制中国使馆的来往人员。我国外交部第二亚洲司负责人,2 月 22 日召见蒙古驻华大使,对蒙古当局的片面行动提出抗议,并宣布从即日起采取对等措施,停止执行两国间互免签证的协议。

这时，中国援蒙的建筑工程，566 工地承建的道路工程已全部完成，准备接建新的项目；569 工地在建的乌兰巴托市土拉河和平桥头的 16 层大楼也基本完工；宗哈拉工地承建的酒精厂、淀粉糖浆厂都已全部完工，住宅楼工程也大部分只待交钥匙，只有几座还未装修。这些未完工程，蒙方拿到手后，不需费多大力气就可交付使用。

友谊医院在蒙方破坏劳动力援助协定，赶走全部援蒙员工之后，一直坚持开诊为旅蒙华侨看病。经华侨介绍，大量的蒙古市民被友谊医院精湛的医术和良好的服务吸引而来。蒙古当局甚为担心中国影响在蒙古老百姓中继续扩大。

培才学校，更被蒙方视为眼中钉，必欲赶走而后快。

蒙古当局追随苏联反华，对待中国的援助以怨报德，早已使中国援蒙工人义愤填膺。现在，它想以拒发签证，逼中方移交工程，用工人的话讲：“他们枕着扁担睡觉，想得宽！”

我国外交部及援蒙公司、友谊医院在国内的上级单位，联合通知在蒙人员坚守阵地，不谈移交。从此，三个单位留守人员总计近 200 人，坚守在各自的“阵地”上，等待局势的发展。有工作可做的友谊医院、培才学校还好，停工无所事事的驻蒙公司各工地，留守工人的日子就不那么好消磨了。

第十六章　度过奇冷的冬天

可怕的冰冻事故

1968年冬天奇冷,白毛雪一阵阵卷地飞舞,气温每天都在零下35度以下。乌市街道上很少有行人和车辆,郊区大草原上,更是“千山鸟飞绝,万径人踪灭”。

将近年底的一天,蒙古报纸报道:驻蒙古苏军的一名少校带两个士兵由达尔汗乘车到乌兰巴托,傍晚在离乌市不远的雪原上迷路,汽油耗尽,3人被活活冻死在车里。第二天,驻乌市的苏军派出车辆四处寻找,最后找到冻得完全僵硬的尸体,而在离他们嘎斯69车不远处,有尚未被雪完全封埋的卡车轮带痕迹,说明夜里曾有车从旁边驶过。看了这段报道,使人颇费思量:按蒙古不成文的法律规定,在草原上行车抛锚,特别是恶劣气候下,过往车辆有义务相互救援。为什么这辆苏联军车无人援救呢?

我同小毛二人去参加蒙古政府举行的新年招待会。酒会进行中,发现苏联驻蒙古大使和乌兰巴托市委第一书记在高声交谈,像是发生了什么事情。我俩借同蒙古朋友碰杯寒暄,挪近去听听他们在谈什么。小毛告诉我,苏联大使在训斥乌兰巴托市委第一书记阿勒坦格尔勒,责问为什么夜里不派人到郊区去寻找那辆车,为什么过往车辆见死不救……苏联大使个头挺高,身材憞壮,面皮本来就红,又加上喝酒助劲,站在小个子阿勒坦格尔勒面前,居高临下地指着对方鼻子发脾气,活像古庙山门里四大天王中那个红脸的恶煞。阿勒坦格尔勒则左一个“大使同志”，右一个“大使同志”，赔着笑脸想解释几句，总也插不上嘴。这种情景完全像老子训儿子、主人对仆从，我真替蒙古同志感到可怜。

这个冬天在中国使馆里也发生了一起相当可怕的冰冻事故。

1969 年新年过后，不几天就是农历除夕，使馆举行春节联欢晚会，驻蒙古建筑公司的留守人员，及友谊医院的医生护士们全来参加，一片欢乐气氛，大家暂时打消了“每逢佳节倍思亲”的乡愁。突然锅炉工慌慌忙忙来报告，后院锅炉房通往食堂的热水管冻结了，初步检查冻结的一段是在宿舍楼前的地沟里。我和经援专员老王一听就有点慌神，急忙问室外温度多少，锅炉工说零下 39 度。坏了！热水管冻裂，使馆的二十几号人吃饭怎么办呀？

我同老王商量，晚会不能停，不能冲散大家的欢乐情绪，由领事部主任老孙主持继续进行。我俩悄悄地传唤使馆的工作人员，总共十几个人，立即跑到后楼去抢修热水管。经查明，冻结水管所在的地沟里又矮又窄，但要修理，必须下到地沟用喷灯烤化冻结点，时间不能拖延，否则整条管子冻结，热水通不了，管子就可能爆裂。我的内心真是火急火燎，没有感到耳朵都冻僵了。老王马上打发司机去工地借来喷灯，然后 5 人一拨下到地沟去烤管子。在地沟里，人坐着刚能直起腰来，要用喷灯烤只有仰面躺下，端起灯来向管道喷火。30 多米的管道，冻住的部分约有一半，这样每人管 3 米，全然不顾地沟气闷，空气稀薄。正烤着，发现冰冻向管道另一头迅速扩展，很快 30 米都冻住了。这时已近半夜，气温降到了零下 40 度。

我和老王也急忙拿喷灯下地沟，七个人每人管 5 米。地沟只有两端出口，里面本来空气不通畅，加上七个喷灯火焰带出的一氧化碳，熏得人出不来气，第一拨下去的人有的已感到头晕。第二拨八人马上下沟换班。上来的人大口大口喘气，看来有的同志已经有点一氧化碳中毒。老王指挥，10 分钟后再换一轮，他不让我再下，可是我怎能不下呢！我下沟烤了一会儿，就感到气闷头晕，刚换班上去的司机大扈主动下来换我，说留下馆长好对外。这种顾全大局的同志感情，实在令人感动。接着又换了两轮，总共用了 40 多分钟，锅炉工来报告，循环泵启动了,管子热水通了。大家松了一口气,十来个人顾不上零下40度的严寒,躺在地面上喘着粗气,有的同志已晕得迷迷糊糊。参加晚会的医生、护士赶来了,诊断为一氧化碳中毒,马上都抬到医院去连夜救治。

这是一场拼命抢险的“战斗”,虽然规模不大、时间不长,事后想起来也够惊心动魄了。蒙古的冬天实在是可怕,一点也不敢大意。

抢救热水管后不几天,使馆又发生了一个小插曲。一名苏联士兵,夜间从友谊医院与使馆之间的隔墙跳进使馆来,就近跑到锅炉房取暖。据锅炉工用馆内电话报告说,这小兵冻得浑身发抖,说不出话来,锅炉工吓唬他,做出要把他填进炉膛烧掉的举动,他跪下哀求,说的什么话也听不懂。我让锅炉工把这个小兵送到前楼来,由办公室的小刘审问。这个士兵冻得筛糠似的发抖,断断续续地讲,他是苏军建筑旅的,想到中国使馆政治避难。问他为什么,他流着眼泪讲,他是图瓦人,在部队受不了俄罗斯人的欺辱,一直想开小差回家乡,到了蒙古听说离中国不远,就想到中国去,因为中国不歧视少数民族。小刘向他解释,中国虽然不歧视少数民族,但却不能收留苏联人去政治避难,使馆里他也不能久呆,早一点回部队去,趁其长官没有发现,就不会有事。小刘给他搞来面包、牛奶、黄油、火腿,让他饱餐一顿。他热得敞开空身军棉袄。问他为什么光着上身穿棉袄,他说军官怕士兵逃跑,晚上得把衬衣脱下光着上身睡觉。吃完饭,他脱下军靴,重新裹了一下包脚布。小刘发现他的军靴只不过是厚帆布制作,外面涂了一层发光的涂料,乍一看像是皮靴,苏联士兵也真够苦的了!他跳墙进来,又让他从原处跳墙出去,如果交给把守使馆大门的蒙古警察,这个苏军小兵那就惨了。

小刘送走苏联逃兵以后,回来问我:“图瓦在什么地方?”我来蒙古以前看过有关边界谈判的资料,对“图瓦问题”印象颇深。我告诉小刘,这个地方在蒙古西北的苏联境内,历史上叫唐努乌梁海,本来是中国领土。清朝在蒙古西部重镇乌里雅苏台(现蒙古扎布汗省境内)设有戍边将军,管辖蒙古西部一些盟旗和唐努乌梁海。由于同蒙古边境上有一脉较高的横断山岭阻隔,对外交通甚为不便,直到1921年蒙古事实上独立,这个地方仍处在游猎社会,以狩猎得来的贵重皮毛与来自内地的商人交换日用品。蒙古独立,这片中国领土即孤悬在外。1924年,苏俄囊括中亚和高加索等地区,建立了幅员广大的苏维埃社会主义联盟,本想把唐努乌梁海吞并,但因同中国北洋政府谈判"历史悬案"(主要是废除划占中国领土的一些不平等条约问题)未获结果,这块连不平等条约也未写进去的17万平方公里领土,不明不白地被苏联划进它的版图,但苏联政府并未敢正式对外宣布。一直到1940年,中国抗日战争正处于空前困难的时期,苏联最高苏维埃以法令形式公布:唐努乌梁海"申请"加入苏联,改名为"图瓦自治共和国"。小刘听了我的介绍,颇有感慨而气愤地说:"苏联欠我们的实在太多了!"

1969年春节过后不久,气温仍然是滴水成冰。孤悬在乌兰巴托以北200多公里的宗哈拉工地,发生了一起意想不到的恶性事故。这个工地留守工人和技术人员原有20多人,到1968年冬,由于身体不好或家中有事,返国一半以上,剩下不到10人。已完工等待交钥匙的几座楼房,已经通了水、电和暖气,本来留守工人冬季可以住进去,但为了信守协议,他们宁肯住在未装修的无水、无电、无暖气的架子楼中,做饭自己轮流动手,水从楼外打来,取暖烧煤炉子,夜间点蜡烛,大小便要到楼外露天厕所,生活是相当艰苦的。这个工地,处于宗哈拉市的郊区,周围一片荒野,深夜时常听到狼嗥。援蒙建筑公司领导也一再告诫他们,警惕蒙古坏人抢劫和绑架。

1969年2月的一天下午,宗哈拉工地负责人邱恩,冒雪匆匆赶到使馆,汇报前一天夜里发生的意外事故:早晨,值班人员捅旺炉火、清扫房间,发现在堆放杂物未住人的房间里,屋角有一张摊开的大幅毛主席像,上面有人屙了一泡大便。老邱让值班人员不要声张,把门锁上保留现场,自己急匆匆地赶来使馆。

我们使馆主要领导成员和援蒙公司的两位领导人听了汇报顿时一愣,长时间没人讲话。大家都意识到,在"文化大革命"期间发生这种事故,一旦宣布,就成为典型的现行反革命事件。良久,经援专员老王开口,请大家实事求是地仔细分析一下。老邱补充说明了留守工人良好的政治思想情况和他对这件事情的看法。在座的同志讨论后,一致认为这绝不是有意污辱伟大领袖，而是夜里便急又不敢出门上厕所，就跑到空屋摸黑扯出一张纸（屋角有成卷的毛主席像）来方便，准备第二天折叠起来扔掉，如果他想到会是毛主席像，即使胆大包天也不敢那样做。会议决定：这件事不做追查，既不上报，也不下达，如果泄露追究责任，由使馆主要领导集体承担。老王说应该由他个人承担，大家齐声表示："集体负责，集体承担。"在当时的历史条件下，对上对下隐瞒这件事，是冒着极大风险的。

在宗哈拉援蒙新建楼前
（前排中间为经济专员王琨，右为作者）

实事求是地处理了宗哈拉工地的这个事故，对加强使馆领导班子的团结具有重要作用。在"文革"年代，人们"话到嘴边留半句"，"见面不抛一片心"，而能够集体负责来"欺上瞒下"，说明相互已可"全抛一片心"，彼此有了高度信任。

中苏边境武装冲突

蒙古奇寒的冬天没有过完，又发生了使中蒙关系陷于"奇寒"的国际重大事件。这就是 1969 年 3 月，中国和苏联的边防部队在中国东北乌苏里江上的珍宝岛发生的武装冲突。这使刚刚有点缓和气氛的中蒙两国关系,跟随着一下跌入冰冻的深渊。

珍宝岛在乌苏里江主航道的中国一边,与陆岸只隔一道枯水季节可以徒涉的河岔。按国际惯例,江河边界应以主航道划线,但是苏联地图把它的边界线统统画在所有江河中国一侧岸边,于是,乌苏里江和黑龙江主航道中国一侧的100多个岛屿,都被画过去成为苏联的领土。因此,两国边防分队巡逻时,不断发生摩擦和碰撞。在两国的边界谈判中,中方主张在没有解决这些有争议岛屿的问题之前,双方边防部队都不要进入;苏方蛮横地声称,根本不存在争议岛屿,苏联地图边界线内的都属于苏联所有,并依仗其军事强势,硬是继续在这些岛屿上巡逻,摩擦和碰撞逐渐升级为棍棒交加,甚至用装甲车冲撞。

珍宝岛的武装冲突,爆发于1969年3月2日。中方边防站长率领一个排的巡逻分队,在岛上突然遭到苏方两辆装甲车和70多名边防军的袭击,中方分队奋起还击,双方互有死伤。7日,苏边防军3辆装甲车越过乌苏里江主航道,在珍宝岛与我陆岸间河岔上示威性地开过。15日,苏军20辆坦克、30辆装甲车及步兵200余人大规模进犯珍宝岛,气势汹汹。中国边防部队退守陆岸,与身后高地上的炮兵密切配合,用火箭筒和反坦克炮的密集火力,激战九小时,将苏军坦克、装甲车打退。苏军坦克中有一辆过分冲前,在珍宝岛与陆岸之间河岔的冰盖上被打伤抛锚。17日,苏军步兵100余人和坦克3辆,企图趁夜色救回抛锚坦克,又被中方猛烈炮火打退。

这次边界武装冲突,中国军队由于指挥正确、战术灵活,加以地形有利,陆岸上的陡峭高地,俯瞰珍宝岛一览无余,距离不过一二公里,炮兵可以直接瞄准射击,沈阳军区及时调来两个炮兵团部署在高地上,步炮密切配合,因而取得胜利。苏军伤亡较大,其边防军一辆受伤抛锚的T62坦克,苏联人怕被我军拖走,就多次用炮火轰击,不让中国军队靠近,结果轰塌坦克周围冰盖,使之沉入河底。后来,我军潜水员下水绑上钢缆,用4台拖拉机乘夜色把它拖上岸。这辆当时比较先进的坦克,成了我边防部队的“俘虏”,后来运到北京公开展览。

珍宝岛边境武装冲突,以苏边防部队失败告终,对苏联和蒙古震动很大,他们同中国之间的局势骤然紧张起来。据事后了解,苏共中央政治局讨论此次边境武装冲突事件,国防部长格列奇柯狂言要实施核打击,“一劳永逸地消除中国的威胁”,他的主张未获通过。事后,苏联国防部第一副部长兼总参谋长奥加尔科夫曾对熟人讲不能这么干,因为在向美国进行外交试探时,美方警告这样做要引发世界大战。

蒙古当局的反华宣传迅速升级。国内给使馆发来珍宝岛的历史归属和武装冲突实况的照片,小毛兴高采烈地张贴到使馆大门外两侧墙上的宣传橱窗里,不少来往的蒙古人,还夹杂着一些穿便衣的苏联军官,纷纷驻足观看。夜里,两个橱窗玻璃都被砸碎,照片被撕碎,其中被击毙的苏边防军上校照片,及中方缴获的苏军武器照片则不翼而飞。使馆马上向蒙古外交部提出抗议,对方未给任何答复。

西方媒体不久即透露,苏联军队领导层里,有一些好战分子大肆叫嚣,说要对中国进行报复,实施核打击,把中国打回到“青铜时代”,要对中国核设施实施“外科手术”式打击。

1969 年 4 月 1 日,中国共产党第九次代表大会在北京召开。除了有关“文化大革命”这一主题外,备战成为重要议题。会后,即开始全国性的挖防空洞和加紧三线建设的许多备战工作,全国一片紧张气氛。政府为战备投入了大量的人力、物力和财力。

苏联不甘心在珍宝岛的失败,8 月 13 日,在新疆西部边境铁列克提的巴尔鲁克山以西地区,寻衅闹事。当时,一个排的中国边防分队,沿中国一侧向南巡逻,突然,从苏联境内冲出 4 辆装甲输送车,在 2 架直升机的掩护下,未做任何警告即向中国军队开火,中国分队据守695. 5 高地仓促还击,寡不敌众,整排官兵除了一名被俘外,其余 27 人全部牺牲。铁列克提边防站本想派兵前去支援,但因兵力不足,而且695. 5 高地前出,与巴尔鲁克山麓之间有一大片开阔地,兵力难以运动上去而作罢。其实巴尔鲁克山居高临下,而苏方地形是一马平川,如果不麻痹大意,事前在山上预伏炮兵,对巡逻分队予以火力掩护和支援,可能战斗就会打成另外一个样子。

中苏之间,党的关系决裂,国家关系恶化,从意识形态到政治、经济全面对抗。经过两次边境冲突,又出现了军事对抗局面,搞不好,就可能发生大规模的军事摊牌，局势是十分严重的！

在这样险恶的形势下，毛主席通过周总理委托四位老帅陈毅、徐向前、聂荣臻和叶剑英，研究国际战略形势及决策问题，并让外交部派熊向晖、姚广参加“国际问题研究小组”，协助陈毅等工作。九大政治报告中，出于对战争危险性的严峻估计，曾提到要准备苏联和美国一齐来，同它们早打、大打和打核战争。但在 1969 年 1 月，尼克松就任美国总统以后，通过各种方式同中国接触。因为美苏对立是他面临的严重问题，美国要尽快消除越南战争败局造成的影响，并挽救它在世界上霸权地位的中落，要对付苏联的挑战，需要改善同中国的关系。而中苏关系恶化的加剧，又使他的这种设想具有现实的可能性。就中国方面来说，要着重对付苏联的战争威胁，也需要实现同美国的和解。四位老帅的研究小组，从 1969 年 6 月到 9 月，先后将题为《对战争形势的初步估计》和《对目前局势的初步看法》的书面报告报送周总理。最后经毛主席同意，形成了决策性的概念：对苏联政治上进攻，军事上防御，着手同美国改善关系。据说毛泽东把这简单归纳为：打击一个，缓和一个。

苏联领导人自己也清楚：与以美国为首的北约集团几十年冷战对峙使双方保持着核威慑的“恐怖平衡”；美国正在设法从越战脱身，并谋求改善同中国的关系。在这样情况下，苏联如果同中国开战，一旦陷入一场旷日持久的战争，这将意味着什么。中国有句古话：“螳螂捕蝉，黄雀在后。”苏联领导人不得不仔细考量。

1969 年 9 月 3 日，越南人民领袖胡志明逝世。当晚，周恩来率中共代表团飞抵河内吊唁，第二天同越南党政领导人会谈后返国。

9 月 9 日，胡志明的葬礼在河内举行。李先念率中国党政代表团前去参加。苏联部长会议主席柯西金也率政府代表团去越南首都，参加胡志明主席的葬礼。他想在河内同李先念接触，葬礼结束时，主动与同站前排的李先念握手，李未予置理。下午，越南外交部长受柯西金的委托，向李先念转达柯西金想在返国途中路经北京，与周恩来会谈两国间的紧张局势。李要中国驻越大使速报国内请示，一直没有收到国内指示，李决定去机场准备回国。将要登机之际，中国使馆参赞飞驰而来,气喘吁吁地报告说国内同意柯西金去北京会谈。李先念当即告诉了给他送行的越南总理范文同。范说柯西金一个小时前已起飞返国。柯西金乘专机经印度飞回国内途中,当专机在塔吉克首都杜尚别短暂停留时,收到越南方面转来的消息,说中国方面肯定答复,同意他去北京谈判。据当时随行人员中的苏共中央联络部中国处处长库里克后来回忆,他们正在宾馆围着桌子喝啤酒,柯西金突然进来宣布:大家马上集合,到飞机场去。一个小时飞机起飞了,随行人员都很奇怪,这是往哪儿飞呀?说是到伊尔库茨克。原来计划是回莫斯科,怎么又到伊尔库茨克?这时,柯西金把外交部第一远东司司长贾丕才叫去,告诉他要去北京跟周恩来会谈,让他们准备一下谈判需要的材料。

9月11日上午10时30分,柯西金乘坐的伊尔-62专机在北京首都机场降落。其代表团的主要成员有卡图谢夫、雅斯诺夫、巴扎诺夫等党政要员。周恩来、李先念、乔冠华等前往迎接。之后,两国总理在北京机场的贵宾室,进行了为扭转中苏紧张关系的长达3小时又40分钟的谈判。对中国来说,在苏联重兵压境,国家安全受到严重威胁的情况下,一方面被迫加强战备,另一方面仍然力求通过谈判来解决边界争端,缓和两国间的紧张局势。在谈判中,周恩来建议同柯西金达成谅解,即认为中苏之间应该继续进行边界谈判,而边界谈判必须在不受任何威胁的情况下举行。为此双方应首先签订一个维持边界现状、避免武装冲突、双方武装力量在有争议地区脱离接触和双方遇有争议时由双方边防部门协商解决等四项内容的协定。柯西金当即表示:“您讲的四条我完全赞同。”并说,“周恩来同志,缓和边界紧张局势是我们由衷的真正的愿望,我们能够也一定能够做到。”据参加谈判的库里克后来说,周恩来对谈判做了全面而充分的准备,而苏方则是准备了什么说什么。谈完以后,柯西金指着库里克和苏联外交部第一远东司司长贾丕才,对周恩来说:“是他们把事情搞坏了,像咱们这样高级别的领导人,所有的问题可以在5分钟之内得到解决。让我们把所有的分歧都装进麻袋里,扔进黑龙江去怎么样?”周恩来始终装作没有听见。

高瞻远瞩的周恩来知道,柯西金在谈判中没有充分准备而同意达成的谅解，回到莫斯科之后是会变卦的。果然，中苏边界谈判在10月20日恢复以后，苏方反对讨论签订“双方武装力量在有争议地区脱离接触的协定”，后来虽不得不同意讨论，却又不承认中苏边界存在“争议地区”。因而，边界谈判又时断时续、长期无效地拖下去。

不过，中苏之间剑拔弩张的军事对抗形势，却因两国总理的会见与谈判，而暂时有所缓解。

等待蒙古“气候”转暖

蒙古报刊在中苏边界武装冲突之后，跟随苏联大肆叫嚣，诬蔑我军侵占苏联领土，挑起武装冲突。其电台广播中，甚至模仿苏联的调子，叫嚷应该给中国以惩罚。但是，蒙古政府的态度却较谨慎，尤其在柯西金到北京与周恩来会谈之后，其外交部人员在同中国使馆人员接触中，不断做出一些微小的友好表示。据我观察，蒙古当局很怕苏联同中国的边境武装冲突进一步扩大，因为如果爆发中苏大战，蒙古领土势必成为战场，后果不堪设想；何况一年前开始的为接收中国援建工程，而设法缓和两国紧张关系的进程需要继续下去。但是，由于受必须紧跟苏联对华政策这个大前提的制约，蒙古当局只能在外交接触中做些友好姿态。外交关系处于一个转折，哪怕是小小的转折，都往往是从双方轻微的表态中显现出来，这也就是古书所说“知微知彰”吧！

1969年“五一”国际劳动节，毛泽东主席在天安门城楼上会见一些外国驻华使节，同他们进行友好的谈话，实际上是传达中国愿意同世界各国改善和发展关系的信息。对于改善同蒙古的关系，我国外交部也着手进行考虑，年底前“投桃报李”安排了蒙古驻华使馆临时代办到南方一些省份去旅行。

这时的中蒙关系，正如毛主席那首七律《冬云》诗句：“高天滚滚寒流急，大地微微暖气吹。”我们等待着中蒙政治气候转暖。

“五一”节之后，尽管政治气候仍然寒风料峭，却有一件令整个使馆兴奋不已的事情，就是国内给使馆发来了国产的红旗轿车和国产的越野(吉普)车。此前，1968 年秋天，国内曾运来过一辆国产的上海牌小轿车，开去外交商店采购时，引起了许多使馆司机的兴趣。苏联司机说："это китаиская волга."("这是中国的伏尔加"。其意是苏联伏尔加轿车的内腔，中国换了个外壳。)当打开上海牌前盖一看，他傻了眼，发动机不是"伏尔加"的，懂行的司机认得，这是联邦德国奔驰车的一种机器，不由得挑起了大拇指。这次运来的大红旗和越野车，就不仅引起了他们司机的注意，连他们的外交官也不得不感到惊奇，中国在"文化大革命"期间，竟能给驻外使馆配备国产轿车，而对车内的豪华装潢，他们尤感兴趣。

我乘上自己国家生产的高级轿车去参加外交活动，感到万分自豪。我对司机扈希成讲起 11 年前的一段往事。那是 1958 年秋天，在北京展览馆举办全国工农业成就展览，是为检阅"大跃进"的成果而举办的。在国产几种型号卡车的中间，有一辆崭新的国产小轿车，我很感兴趣，费劲挤到前面去看，说明牌子上讲这车最高时速可达 160 公里。我一看就是仿造苏联的伏尔加牌，我说 160 公里是理论速度吧？讲解员盯了我一眼，于是在向观众的解说词中加了一段话："有人瞧不起国产的汽车，想贬低我国'大跃进'的成果……"我赶紧挤出人群，怕下一步会指着鼻子批我。其实我何尝不希望中国尽快造出自己合格的轿车。大红旗轿车由国家领导人乘用已有几个年头，现在配发到驻外使馆，外交上用自己国家生产的轿车多么光彩啊！

1969 年作者与国内新配备的红旗轿车合影

大扈说："的确是这样。开这大红旗参加外交活动，各国司机围过来瞧这瞧那，有的进去摸这摸那，我心里真是美滋滋的。不过，我老实跟你讲，咱们这大红旗跟苏联的海鸥牌比起来，还是差距不小，启动慢，加速慢，油压刹车也不那么灵光。”

我很理解大扈的心情，他是希望开上更加完美的国产轿车。他是一位有20多年驾龄的老司机，原来在呼和浩特市运输公司开长途客车。有一次车在草原一个小斜坡上抛了锚，他把变速杆推到空档下车察看，看到问题出在底部，就钻进去修理，没想到手刹车突然失灵，车轮子从他腰部轧过去。送到医院抢救，摘掉大出血的脾脏，捡回来一条命，因为草原上沙土地软，对他腰部起了缓冲作用。

这位老司机，开车修车技术都是一流的。后来，有一次去乌兰巴托机场为罗马尼亚大使送行，车开得比较快，抵近机场是个上坡，更需加油加速，可是到机场入口这个90度的拐弯处，大扈却把车一直朝前开去，没进机场大门，而径直奔向飞机跑道北端的夜航灯附近，由于沙土地的阻滞，车子慢慢停了下来，滑行的距离足足有2公里。怎么回事？大扈擦擦额头的大汗，回过身解释说：“刹车失灵了，如果硬要往机场大门里拐，非翻车不可，只能往前溜，我也不敢吭气，怕你们发慌。”回馆后，他在其他司机的帮助下，把油压刹车换成了普通刹车，保证了安全行驶。

1970年4月底，我国外交部向驻蒙古使馆派来了政务参赞吕子波担任临时代办，着手研究解决中蒙之间悬而未决的问题。蒙古外交部对于老吕的外交拜会，安排得比较及时，规格也不低。我两年半之久担负临时代办的重任终于卸下。驻外使馆人员的休假，“文化大革命”开始后就取消了，1970年正式恢复，中断达4年之久。我向老吕交代了工作，准备回国休假。

5月里的一天上午，一名身着便衣的苏军少校，进入使馆要求政治避难，吕代办让我处理此事。我同办公室的小刘在使馆里的小会议室里接待了这位不速之客。这个人个头不高，黄色皮肤，身着一套不太合身的深灰色西装，神情有点紧张和拘谨。

我问他：“您从哪里来的？”我用“您”而不用“你”，使他感到是受尊重的。

“达尔汗市。”他怕我不知道这个地方，补充了一句，“就是乌兰巴托北面220公里那个达尔汗。”

“怎么能证明您是一名军官?”

他随即掏出自己的军官身份证让小刘看，同时说：“我是苏联驻蒙古第二建筑旅的少校工程师。”

我看他挺紧张的，想冲淡一下，问：“您不是俄罗斯人吧?”

“是的，我是中亚那边的吉尔吉斯人。”

“啊，那我们是邻居，吉尔吉斯有一段边界与中国新疆接壤。中国有句古话，叫远亲不如近邻哪。”

他看我拉起家常来，紧张情绪缓和下来，反过来问我：“您到过吉尔吉斯?”

“不，没有。您为什么想到中国避难呢?”

“我实在忍受不了俄罗斯人的歧视，他们把自己看得高人一等，而我们少数民族是二等三等公民。”

“他们都怎样歧视呢?”

“待遇不一样。他们不信任我，同样是工程师，俄罗斯人做错了，马马虎虎就过去了，而我做错了事，主管上校就又训斥又责骂。我们第二建筑旅是建军事项目的，他们却让我在达尔汗盖楼房，还不让离达尔汗远去，想到乌兰巴托来玩玩也不行。”

“你们第二建筑旅，在蒙古都建了哪些项目?”

“乌市那来赫附近的机场，还有乌市以南的战备仓库和好几个军用机场。”

小刘不理解我想套问点军事情况，就插了一句：“我们使馆是不能接受苏联人避难的。”

他听了一愣，问：“为什么？那我到北京去！”

我看已转了话题，就回答说：“使馆无法收留您，北京也不能接受您避难。即使我很同情您，想帮助您去北京，您看怎么去？乘火车吗?蒙古军警监视很严，而且到处有苏联军队，您失踪了，他们能不找吗?”

他听了这些话，顿时情绪就低落下来：“那我怎么办？我是今天早晨偷跑出来的。”

“您尽快返回达尔汗，出来时间不长，他们不会怀疑您到过中国大使馆。”

“那我出你们大门时，蒙古警察会抓我吗?”这时已过中午下班时间，大门已经关上。

“您是黄皮肤，跟中国人差不多，如果警察截问，就说是来自新疆的华侨，到中国使馆找华侨亲戚的。”

他无可奈何，站起来要走，喃喃地说：“我没有回去的路费，能不能帮帮我?”

我让小刘给了他700图格里克，开了大门，故意在门口握手道别，蒙古警察没有任何反应。

我看着他离去的背影，心想中苏边境武装冲突之后，两国关系一直紧张，苏军内部的反华教育绝不会放松，而这名少校冒着风险想到中国避难，足见苏联军队里民族矛盾的深重。

我把处理情况向吕代办汇报，并讲到去年苏联图瓦族的小兵来馆要求避难的情况，老吕也深感苏军中民族歧视的严重，还批评我给这个少校700图格里克少了。

6月的一个傍晚，一个意外情况突然发生了。那时我正在使馆主楼前的晒台上与几位同志闲聊，猛然间呕吐不止，呕吐物渐渐变成深咖啡色。我马上被送到友谊医院。血压降到四十几(低压)至六十几(高压)，我躺在病床上处于昏迷状态。呕吐物经化验伴有约250~300cc的血。医疗经验丰富的邵大夫，诊断为胃大出血，在其他医护人员的帮助下，采取止血急救措施。同时，在使馆和驻蒙古公司留守人员中还挑选B型血的同志，准备输血。下半夜，胃出血靠药物基本止住，第二天下午人逐渐苏醒过来。我望着为我忙碌了一夜的医护同志，心中有说不出的感激。如果没有友谊医院在乌兰巴托，去蒙方医院能否及时准确诊断，能否有效地止血急救，都成问题。据来友谊医院看病的华侨讲，他们在蒙古医院抽血化验，护士根本不会用针管抽血，而是将针头插入血管，让血一滴滴滴到小瓶里，看起来令人发怵。

在友谊医院住院治疗十多天后基本痊愈，由于条件限制，没法做进一步检查。我出院后，很快办理签证回国。由于身体虚弱，在列车南开途中,顾不上沿途观察景色,只盼尽快抵达北京。

回到北京后,经过医院的各项检查,确诊为胃小弯溃疡导致大出血,溃疡点已经结疤,需要继续保守治疗。这次胃出血,究其原因,是寒冷的蒙古气候对我患有的慢性胃炎十分不利。加以工作中长期精神紧张,植物神经紊乱,有时外交活动饮酒过多。这次胃出血痊愈了,但在几年之后胃溃疡又复发,不得不做手术,把胃切去了3/4。另外,在蒙古多年受寒,背部患有肌纤维组织炎,很难治愈,有时急性发作,几夜不能入睡。

使馆中,在蒙古工作时间较长的同志,不少患有胃病、关节炎及高血压,后来都是久治不愈,有的同志甚至献出了生命。若干年后,毛家义任政务参赞期间,积劳成疾,突发心肌梗塞而猝死。他亡故之后,既不能就地火化(蒙古无火葬习俗),也未能把遗体运回国内,不得已而葬在乌兰巴托郊区。周总理曾经引用汉朝马援的名言,反其意而勉励驻外人员:"处处青山埋忠骨,何必马革裹尸还。"我每忆及这位当年对我帮助甚大的亲密战友,常常难眠。

中蒙关系开始"解冻"

回北京不久,我到外交部亚洲司(第一、第二亚洲司合并)报到,有关领导同志听了我的工作汇报以后,告诉我说已考虑向蒙方重派大使的问题。我问他援蒙未完工程怎么办,他说打算在驻蒙古大使到任之后,视情况同蒙方开始谈判。他征询我的意见,在蒙古监狱中的窦海玉,是否可与蒙方在我国狱中服刑的那松扎布交换?我表示,只有采取交换办法,才能解决这一悬案。可能有部分同志想不通,但大多数同志不会有问题。他说你返馆以后要好好做做思想工作。

经过几个月的休养治疗,我的身体已完全康复。8月17日至9月18日,参加了一期驻外人员学习班。由于轮换我的人还没有选定,我不得不在1970年国庆节后,重新返回乌兰巴托。回到使馆,听说8月

5日我国外交部指示吕代办，向蒙方提出以那松扎布同窦海玉交换的建议。而在第二天，8月6日，蒙古外交部副部长云登约见了吕代办，正式提出改善两国关系的五点建议：双方重新互派大使；重新互换新闻记者；解决乌兰巴托—北京通讯联系不畅通问题；就蒙方接收中国援蒙在建未完项目事，双方派代表团在乌兰巴托会谈；中方向蒙古移交友谊医院和培才学校。云登在解释这"五点建议"的含义时，特别强调重新互派大使，必须中国先走一步，因为是中国方面先调回驻蒙古大使的。吕代办跟我讲，已将蒙方建议报告国内，尚无回音。我告诉老吕，亚洲司的领导说，重新互派大使和解决援蒙在建未完工程事，部里已在考虑。

10月14日，蒙古报纸发表泽登巴尔答英国《每日快报》记者问，表示蒙古政府希望同中国改善关系，准备重新互派大使，声称蒙方正在做出一切努力使同中国的关系正常化。

蒙方的意图已经比较清楚了，它看到中国在对外关系方面的变化，中国同苏联的关系可能会有所缓和，想在不改变追随苏联继续反华的既定政策下，求得同中国的关系正常化。中蒙两国关系的恶化，"冰冻三尺非一日之寒"，解决起来不那么容易。但是，蒙古是中国的近邻，长期保持临时代办的关系，是不正常的。而且，援蒙建筑公司、友谊医院和培才学校的留守人员，坚守"阵地"已达五年之久，有家不能回，继续拖下去也不是办法。

蒙方在提出"五点建议"后，不断做出一些微小的改善姿态，但基本态度还是观望。当它在10月以后，看到中国向苏联和东欧的大多数国家陆续派出了大使，才真正着急起来，利用一切外交接触试探我方态度，甚至表示只要中方做个回答，马上就考虑派出驻华大使，蒙古政府不愿意做社会主义国家中最后向中国派出大使的国家。

关于以那松扎布交换窦海玉的建议，8月5日吕代办约见蒙古外交部二司司长提出之后，蒙方于8月17日答复同意。双方经过四次协商，8月31日最后达成协议，决定于9月2日，在二连附近中蒙边界上的双方边防会晤点进行交换。使馆领事部主任老孙，奉命前去二连处理交换事宜。窦海玉被从蒙古监狱直接押送至现场，那松扎布也从上海押来。两人的状况一对比令所有在场的中国人伤心:那松扎布身体健康,气色很好,有说有笑。而窦海玉面色苍白,身体虚弱,精神有些痴呆,话也说得断断续续,其家属子女望见以后,大哭不止。看起来,6个年头牢狱生活的窦海玉,受到了蒙方相当程度的折磨,为援蒙而来,竟落得如此下场!

两国重新互派大使进行得比较迟缓。我国外交部亚洲司于11月向部的核心小组提出了关于选派驻蒙古大使的建议。经上面层层审批,1971年6月18日,国内通知驻蒙古使馆,说经中央批准,拟派许文益同志为新任驻蒙古大使。6月21日,吕代办约见蒙古外交部由二司司长新提升为副部长的额尔敦比列格,面交了许大使的简历并征询蒙方意见。7月1日,蒙古外交部新任二司司长策伦朝达勒约见吕代办,正式答复:蒙古政府完全同意许文益同志为中国驻蒙古特命全权大使。

8月12日,蒙古驻华使馆临时代办约见中国外交部亚洲司有关领导,转告说蒙古政府拟派文化部部长索苏尔巴拉姆为新任驻华大使,并递交了索大使的简历。8月30日,我国外交部通知蒙古驻华使馆表示同意。

至此,中蒙之间总算迈出了国家关系正常化的第一步。重新互派大使,这是正常化的首要标志。虽然蒙古当局没有改变它的对华基本政策,但两国之间政治上“奇冷的冬天”基本上过去了。

许大使夫妇于1971年8月20日抵达乌兰巴托,很快递交了国书并开始外交拜会。之后,就着手准备关于解决未完工程问题的谈判,没想到却被一桩特殊事件给打断了。直到1972年夏天,才准备就绪,使馆专用电台也按中蒙互惠原则架设起来。我方组成了以许大使为团长、中国建委对外局局长武庆产为副团长,包括5名团员和13名工作人员在内的中国政府经济代表团。同蒙方几经磋商,1972年10月21日,进入实质性的谈判阶段。经过近半年的艰苦谈判,到1973年3月23日最后达成协议,随后进行移交。中建驻蒙古公司根据国家援蒙工程的条文而承建的22万平方米建筑项目,已建成11.8万平方米,另有7个在建未完项目,共10.2万平方米。已建成和未完工程,总共只折价928万卢布交给蒙方。援蒙友谊医院和培才学校的房产,无偿移交蒙方。华侨子弟小学,由侨协在五道巷及三站新觅场所开办。

1973年5月,坚持在蒙古工作和留守8个春秋没有回国的援蒙公司职工,以及7年没与家人团聚的友谊医院医护人员和培才学校的教师,总共80多人,终于踏上归国的旅途。他们为了维护国家的尊严,为了中蒙两国人民的友谊,无怨无悔地牺牲了个人利益,有始有终地、圆满地完成了援蒙工作。其中,特别是友谊医院的护士,1965年冬天来蒙时,一般都刚20岁上下,而坚持到最后的6个人,都接近或超过了30岁。有的有恋爱对象不能回国结婚,有的则恋爱对象也没有机会去找。她们的的确确是在大漠那边贡献了自己的青春,她们的决心和毅力,实在是可敬可佩!

在北京,胜利返国的80多位同志受到了热烈欢迎,得到了各方面给予的荣誉。但是,他们离土背乡长达8年的岁月,又到哪里去补偿呢?

中蒙两国之间,虽然互派了大使,解决了援蒙未完工程的移交和按照援蒙劳动力(员工)协定来蒙古的友谊医院、培才学校的移交,迈出了国家关系正常化的步伐。但是,因为蒙古当局追随苏联反华的基本政策没有改变,整个70年代两国关系仍有许多波折,总体上只不过维持着一个冷而不断的局面而已。

后 记

20世纪80年代中期,我从国外任职(中国常驻联合国军事参谋团团长)届满归来。有的朋友建议我写写回忆录,讲讲亲眼目睹的林彪外逃坠机现场的情况,以及中蒙间就此交涉的经过。我曾写过两篇两三万字的文章,在报刊上发表。出版界有的朋友看到,劝促我写成一本书。由于种种原因,我手中的笔几提几辍。时光流逝不为我驻,倏忽已达古稀之年。我猛然感到,自己经历的这段历史,搞不好可能会带到八宝山去。于是,从1998年初开始奋笔,1999年3月写完第一稿,接着在出版界朋友的鼓励和帮助下,又经年余的修改补充,完成此书。

在写作过程中,由于身体欠佳,精力不足,除了参阅能够得到的少量书刊资料外,主要靠自己搜肠刮肚的回忆,无法去广征博引。

我参考的书籍和文章主要有:中共中央党史研究室著《中国共产党七十年》,中央文献出版社出版的《林彪反革命集团覆灭纪实》、《在周恩来身边的日子》,张云生著《毛家湾纪实》,前中联部二局编印的《蒙古人事资料》,民族大学出版社编印的《我国周边国家概况》,民族大百科全书的"蒙古"条目,军事谊文出版社编印的《世界各国知识丛书》的蒙古篇,军事大百科全书的《林彪》条目,内蒙古人民出版社出版的《毛泽东与林彪》,张聂尔著《风云"九一三"》,以及中共中央党校于南教授的《林彪集团兴亡初探》,前驻蒙古大使许文益的《历史赋予我的一项特殊使命》,前外交部符浩副部长的《"九一三"事件补白》,《当代中国史研究》1998年第2期丁明整理的《与中苏关系亲历者的对话》,熊蕾的《历史的注脚》,康廷梓的《林彪仓皇出逃目击记》,敖其尔的《今日温都尔汗》,李安定的《林彪之死真相查访记》,新华社《参考消息》刊登的《林彪事件探秘》《林彪遗骸是怎样鉴定的》《林彪坠机事件详情》,《解放军报》刊登的《林彪出逃座机残骸收藏始末》,《中华儿女》杂志刊登的《林彪卫士长李文普不得不说》等。

在本书初稿完成后,承蒙下列同志帮助分别审改有关部分:前空军司令王海、前空军院校部部长王涛、中共中央文献研究室副研究员安建设、前青岛市外经贸委主任刘吉德。分别校改全部书稿的有出版界的朋友和前驻蒙古使馆的几位老友。

本书所使用的照片,除我本人和沈庆沂拍摄的以外,还承蒙于南教授、安建设副研究员、王中远局长,以及驻外朋友提供。

对上述书籍、文章的作者和照片提供者,特别是帮助审稿的各位同志,谨在此深表衷心的感谢!

另外,借本书出版之机,澄清一桩公案:甘肃文化出版社 1998 年 11 月出版的《叶群之谜》一书,作者焦烨,责任编辑安玲。该书附录《林彪之死真相再探》,对原驻蒙古使馆一等秘书张玉璇采访记,张自称 1971 年 9 月 15 日,随许大使去坠机现场视察。经查,驻蒙古使馆从前和现在都没有一秘张玉璇其人,采访记答问的内容,基本上是我过去写过的有关文章。我不明白焦烨先生为什么要这样凭空捏造,鱼目混珠,而责任编辑在卷首"内容介绍"中,还声称"本书所涉及资料详尽可靠"。

就此,我郑重声明:本书出版之后,凡是盗版者,或者未经中国青年出版社和我本人同意,随意引用本书内容,胡编乱造者,我们定将深入追究,必要时诉诸法律。

孙一先谨识

2000 年 11 月 6 日

（京）新登字083号

图书在版编目（CIP）数据

在大漠那边：亲历林彪坠机事件和中蒙关系波折/孙一先著.
—北京：中国青年出版社，2013.3

ISBN 978-7-5153-1424-2

Ⅰ.①在… Ⅱ.①孙… Ⅲ.①林彪反党集团-史料②中外关系-国际关系史-史料-蒙古-现代 Ⅳ.①D652②D829.311

中国版本图书馆CIP数据核字（2013）第016768号

出版发行：中国青年出版社
社　　址：北京东四十二条21号
邮政编码：100708
网　　址：www.cyp.com.cn
责任编辑：吴方泽
编辑电话：(010) 57350509
营　　销：北京中青人出版物发行有限公司
电　　话：(010) 57350517 57350524 57350522
印　　刷：三河市国新印装有限公司
经　　销：新华书店

开　本：700×1000 1/16
印　张：19.5
插　页：6
字　数：270千字
版　次：2013年3月北京第1版第1次印刷
定　价：49.00元

本图书如有印装质量问题，请与出版部联系调换
联系电话：(010)57350526